ベトナム戦争の「戦後」

中野亜里＝編

めこん

ベトナム戦争の「戦後」・**目次**

第二部　ベトナムの戦後と関係諸国

＊撮影者の名前のない写真はその章の執筆者の提供によるものです。

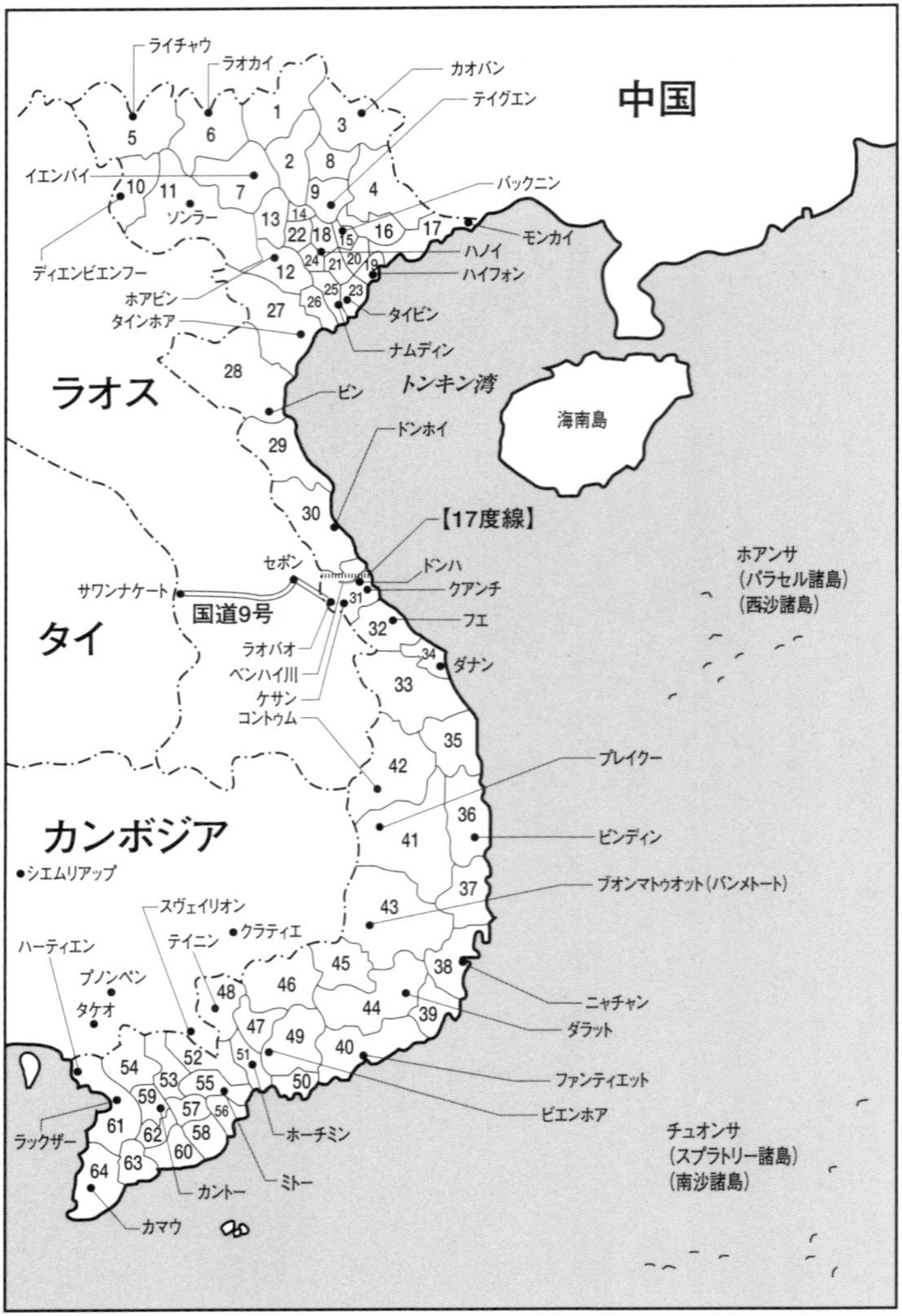
中国
ライチャウ
ラオカイ
カオバン
テイグエン
イエンバイ
バックニン
ソンラー
モンカイ
ディエンビエンフー
ハノイ
ハイフォン
ホアビン
タイビン
タインホア
ナムディン
ラオス
トンキン湾
ビン
海南島
ドンホイ
【17度線】
セポン
ドンハ
サワンナケート
クアンチ
国道9号
フエ
タイ
ラオバオ
ダナン
ベンハイ川
ケサン
コントゥム
ホアンサ
（パラセル諸島）
（西沙諸島）
プレイクー
カンボジア
ビンディン
シエムリアップ
ブオンマトゥオット（バンメトート）
スヴェイリオン
クラティエ
テイニン
ハーティエン
プノンペン
タケオ
ニャチャン
ダラット
ファンティエット
ビエンホア
ラックザー
ホーチミン
チュオンサ
（スプラトリー諸島）
（南沙諸島）
ミトー
カントー
カマウ

ベトナム社会主義共和国省・都市名

1 ハーザン
2 トゥエンクアン
3 カオバン
4 ランソン
5 ライチャウ
6 ラオカイ
7 イエンバイ
8 バックカン
9 テイグエン
10 ディエンビエン
11 ソンラー
12 ホアビン
13 フート
14 トゥエンクアン
15 バックニン
16 バックザン
17 クアンニン
18 ハノイ市（中央直轄市）
19 ハイフォン（中央直轄市）
20 ハイズオン
21 フンイエン
22 ハーテイ
23 タイビン
24 ハーナム
25 ナムディン
26 ニンビン
27 タインホア
28 クアンビン
29 ハーティン
30 クアンビン
31 クアンチ
32 トゥアンティエン・フエ
33 クアンナム
34 ダナン（中央直轄市）
35 クアンガイ
36 ビンディン
37 フーイエン
38 カインホア
39 ニントゥアン
40 ビントゥアン
41 ザライ
42 コントゥム
43 ダクラク
44 ラムドン
45 ダクノン
46 ビンフォック
47 ビンズゥオン
48 テイニン
49 ドンナイ
50 バリア・ブンタウ
51 ホーチミン市（中央直轄市）
52 ロンアン
53 ドンタップ
54 アンザン
55 ティエンザン
56 ベンチェ
57 ビンロン
58 チャビン
59 カントー（中央直轄市）
60 ソクチャン
61 キエンザン
62 ホウザン
63 バックリュー
64 カマウ

はじめに

中野亜里

二〇〇五年四月三〇日は、ベトナム戦争終結から三〇年目にあたる。日本でベトナム戦争と言えば、一般的に一九六〇年代初めから七五年まで、ベトナムの民族解放勢力が米軍および南ベトナム政府軍と戦って勝利した戦争を意味している。しかし、「ベトナム人に『ベトナム戦争』と言ったら、『どの戦争のこと?』と聞かれた」という類のエピソードを時々耳にする。つまり、ベトナム人にとって米軍との戦いとは、数十年にわたる民族解放と社会主義革命の闘いの、あくまで一つの局面だったのである。

一九世紀末にフランスの植民地となったベトナムは、太平洋戦争直前に日本軍の占領下に置かれた。ホー・チ・ミンが指導する革命勢力は、一九四五年八月に日本軍から権力を奪取する「八月革命」を遂行し、同年九月二日に独立を宣言した。しかし、やがてフランスが復帰し、一九四六年末から五四年までの八年間を完全独立をめざす「抗仏戦争」にあけくれた。

フランスに勝利したものの、一九五四年のジュネーヴ停戦協定で国土は南北に分断され、社会主義体制の北ベトナム、アメリカの同盟国南ベトナムという、二つの国家が並立することになった。北ベトナムとそれに支援された南ベトナム解放民族戦線は、南ベトナム政府軍およびそれを支援する米軍と戦い、一九七三年一月のパリ和平協定で米軍を完全撤退に追い込む。一九七五年四月三〇日、革命勢力は南ベトナムの首都サイゴン（現ホーチミン市）を制圧し、南北統一を果たした。この過程は「抗米戦争」と呼ばれている。

ベトナム戦争と聞いて日本人が思い浮かべるイメージは、一九六五年以後の米地上軍の派遣や米軍機による空襲、これに抵抗する民族解放勢力のゲリラ戦が中心だろう。しかし、ベトナム革命の中の抗米救国闘争とは、武装闘争・政治闘争・外交闘争を総合したより長期的で多面的な闘いだった。武装闘争の部分だけ見れば、革命勢力側の犠牲はあまりにも多く、その戦術も必ずしも優れたものではなく、米軍に勝ったとは言い難い（ベトナム人民軍は自らの損害の統計を公表したことがない）。むしろ、敵があきらめて撤退するまで負けなかったと言うほうが正確だろう。日本のメディアでしばしば「智将」と形容されるヴォー・グエン・ザップ将軍も、元は歴史学者でプロの軍人ではなかった。

日本人が見ていた戦争と、ベトナム人が経験したそれとは全く異なるものだった。そういう意味で、本書ではベトナム人にとっての「抗仏戦争」や「抗米戦争」と、日本人から見た「ベトナム戦争」とを区別して呼び分けている。

南ベトナムのサイゴンの陥落をもって抗米戦争は終結した。しかし、それは決して平和な時代の訪れを意味しなかった。ハノイの共産党政府は、南部の社会主義化を急ぎ、経済指導に失敗して人々の生活を圧迫した。ベトナム人民軍は、カンボジアのポル・ポト政権による国境攻撃に対抗して一九七八年末に同国に侵攻、以後一〇年間にこの土地で五万人もの死傷者を出すことになる。カンボジア介入政策の見返りは、中国による対ベトナム「懲罰」攻撃と、諸外国による援助停止だった。戦乱で国力を使い果たし、国際的に孤立したハノイ指導部は事態の打開を図り、一九八六年一二月にドイモイ（刷新）路線を打ち出した。歴史的な路線転換の結果、カンボジア問題の政治解決と対中国関係の正常化が実現したのは一九九一年、アメリカとの国交正常化に至ったのは一九九五年のことである。抗米戦争終結から実に二〇年が経過していた。

長期的な視野で見れば、ベトナム人にとっての戦争とは、「フランス植民地主義者」「日本軍国主義者」「アメリカ帝国主義者とその傀儡」を相手とした戦い（南ベトナム側にとっては「共産主義の脅威」との戦い）、さらに「中国膨張主義・覇権主義者」およびそれに操られたカンボジアの「ポル・ポト派ジェノサイド一味」との戦いのすべてを意味している。第二次世界大戦から一九八〇年代後半まで、ベトナムは何らかの形で外敵との軍事的な緊張を抱え、戦時体制もしくは準戦時体制の下にあった。

そのベトナムを、日本人はどのような目で見てきたのだろうか。冒頭に記したエピソードには、長期にわたる戦乱の犠牲になったベトナム人への同情と憐憫、さらにはベトナム特需（在日米軍から日本企業への大量発注、戦争のための輸出の増加など）で繁栄を謳歌した日本人としての、いささかの罪悪感が混じった強い思い入れが窺える。

ベトナム戦争時代に青年期を過ごした世代、特に反米・反戦運動に携わった日本人の間には、ベトナムと言えば「悲惨な戦争の犠牲になった美しくも哀しい国」、ベトナム戦争と言えば「英雄的な人民の勝利」というイメージが定着している。そこには、いわば二重の神話――社会主義革命という神話と、アメリカ帝国主義に対する民族解放闘争という神話――が形成されている。そして、ソ連ブロック崩壊後も「社会主義志向」を守るこの国に対して、民族解放を成し遂げたベトナム（ソ連や中国、北朝鮮とは違うベトナム）の社会主義だから……と、何かを期待する。そして、貧富の格差や福祉の欠如といったこの国の実情を知ると、「社会主義なのにどうしてこうなのか？」「社会主義の良いところはどこに残っているのか？」と戸惑う人もいる。

一方、ベトナム戦争以後に生まれた日本人の中では、ベトナムはエキゾチックでおしゃれな国として商品化され、かわいい雑貨、ヘルシーなエスニック料理などが消費の対象になっている。今や、多くの若者がグアムやバリに行くのと同じ感覚で、ホーチミン市でショッピングを楽しんでいる。彼らが物乞いのストリート・チルドレンを目にしても、発展途上国によくある現象と受け止めるだけで、社会主義とか革命戦争という歴史的背景には思い至らないかも知れない。メコン川のクルーズに来た女子大生が、「ホー・チ・ミンって誰？　王様？」と平然と口にする光景など、ベトナム反戦運動に情熱を注いだ世代には噴飯ものだろう。

しかし、その反戦世代とて、当時は主にテレビや新聞から情報を得るしかなく、ましてや現地に行くことなど、今からは想像もつかないほど困難だった。社会主義陣営に属する北ベトナムとは一九七三年まで国交がなく、その実態はほとんど知られていなかった。サイゴン「解放」のニュースは多くの人々に歓迎されたが、戦火がおさまり、ジャーナリストが引き上げた後のベトナムの内情については、ますます情報が乏しくなった。

したがって、解放されたはずの南部から数十万の人々が脱出して「ボート・ピープル」と呼ばれる難民となり、アメリカの侵略を撃退したベトナム人民軍が、同じ社会主義の隣国カンボジアに侵攻し、やはり同じ社会主義の中国と戦争を始めた時、このような事態をどう解釈してよいかわからず、混乱した人も少なくなかっただろう。一九七〇年代の後半から八〇年代を通して、日本人は訳のわからないベトナムに対し、次第に無関心に、あるいは冷淡になっていった。ドイモイ路線が公表された時も、ソ連のペレストロイカに倣ったものという程度にしか受け止めず、にわかには関心を寄せなかった。この国が再び日本人の注目を集めるのは、抗米戦争終結から二〇年近くを経た一九九〇年代の前半である。ドイモイ路線下で活発に経済発展する都市の情景がテレビや新聞に登場し、「廉価で勤勉な労働力」「豊富な天然資源」「七〇〇〇万人（現在は約八〇〇〇万人）の大市場」に希望が託されるようになった。それ以前の十数年にわたる混乱期については、ほとんど問題にされることはなかった。その結果、反戦世代がノスタルジアをもって振り返る悲劇的で英雄的なベトナム・イメージと、その一世代下の若者たちが見る市場としてのベトナム・イメージに二分された表層的な認識ができ上がってしまった。

ベトナムの国家や人間は、歴史を見る者の視点によって全く違う姿に映る。誰が善玉で誰が悪玉か、誰が加害者で誰が被害者か、その位置づけによって相手を肯定的に評価するか、否定的に排除または無視するかが変わってくる。反戦運動を経験した世代なら、ベトナムを植民地にしたフランス、侵略戦争をしかけたアメリカ、その同盟者である旧南ベトナム政権が悪役で、それに抵抗する革命勢力、すなわち南ベトナム解放民族戦線と北ベトナムが善玉、と受け止める人がおそらく多数派だろう。しかし、少ない情報に依存しながら、しかも最初から過度の期待を込めて対象を見ていたのでは、バランスのとれた歴史認識を持つことは難しい。

たとえば、革命勢力側に好意的な視線が注がれたため、旧南ベトナム政権は「アメリカの傀儡」という一言で切り捨てられ、その内実は未だに詳しく検証されていない。インドシナ地域に詳しい知識人の中にも、統一後のベトナムから脱出したボート・ピープルを指して、「革命勢力の人々を拷問、虐殺していた連中が逃げ出したのだ」と断言する人さえいた。ベトナム革命勢力の正しさを信じる人々は、一九七八年末にベトナム人民軍がカンボジアに侵攻してポル・ポト政権を倒したことについても、同政権がいかに残虐だったかを強調することで、ベトナムに正当性を見出そうとする。

確かに、ホー・チ・ミンらが掲げた民族解放や社会主義革命の理念は崇高である。その主張通りの国家ができ上がれば、そこには理想的な社会が実現するだろう。だが、理念が完璧であるだけに、為政者が間違いを犯しても、それを批判することが難しい。批判者は、アメリカ帝国主義や反共主義に与する者、社会主義政権の崩壊を望む者、という目で見られてしまうこともある。しかし、革命の理念と現実、つまり革命指導部が言っていることとしていることには大きな隔たりがある。本書でも取り上げているような貧富の格差や、共産党官僚の腐敗現象もその例である。それは否定しようのない現実なのだが、それに強いアレルギー反応を示す日本人もいる。

ベトナムで貧困層の支援活動をしているある三〇歳前後の日本人女性は、反戦運動を経験した父親がいる。しかし、ストリート・チルドレンの実態をはじめ、ベトナム社会の現状を説明しようとしても、父親は断固として耳を貸さない。実際にベトナムに来てもらい、いろいろ案内もしたが、悪い面には目を向けようとしないという。戦争報道を通してベトナムを見つめ、アメリカ帝国主義者を駆逐した後の社会に何らかの理想を期待する世代と、現在のベトナムの有り様を先入観なしに受け止める世代とのギャップを物語るエピソードである。

反戦運動世代の日本人には、今のベトナムの貧しい人々を見て「アメリカが侵略戦争や経済封鎖をしたせいで……」と気の毒がったり、共産党官僚の汚職の話を聞いて、「南ベトナムの資本主義の悪影響だ」と頭から決めつける人もいる。障害者の姿を見ると、反射的に「米軍が撒いた枯葉剤」に結びつけて考える人もいる。抗米戦争期から既に一世代を経ているのに、日本人の方がむしろベトナム戦争から脱却せず、この国を見る時には一九七五年で時間が止まっているかのようだ。

ベトナムの人々は、アメリカ帝国主義の被害者としてしか語る意味がないのだろうか？　正しい理念を掲げて侵略軍と戦い、膨大な犠牲を出した貧しい弱小国だから、その指導者が犯した誤りには触れるべきではないのだろうか？

日本人が抱く民族解放戦争や革命後社会のイメージと、ベトナム人が生身に刻んできた各時代の記憶とは全く違うものである。ベトナムの複雑な現代史は、とても善悪二元論で理解できるようなものではない。外国人が勝手にヒーローと悪役を決め、ベトナム戦争を勧善懲悪のストーリーに仕立て上げることは許されないだろう。

当然のことながら、同じベトナム人でも世代によって戦争に対する認識には大きな開きがある。たとえば、抗仏戦争のディエンビエンフーの勝利（一九五四年）や、抗米戦争のサイゴン陥落（一九七五年）を記念するセレモニーが催されても、戦中派は過去を懐かしみ、誇りに思うかも知れないが、働き盛りの世代は生活に追われてそれどころではなく、莫大な税金を使ったセレモニーなど無駄だと考える人も少なくない。そして、抗米戦争終結後に生まれた若者の多くは、民族解放闘争の歴史には無関心で、知識も少ない。

日本人がベトナムを見る時、一九七五年でいったん記憶が途切れ、ドイモイ以後へと一挙にタイムスリップするのでは、断片的で偏った認識しか持てなくて当然だろう。ベトナム人としても、三〇年以上も前のナパーム弾に焼かれた人々の写真や、近年のオートバイが溢れるホーチミン市の街頭風景だけで自分たちを判断されたくないはずだ。

本書では、ベトナムに対する断片的なイメージのジグソーパズルをつなぎ合わせ、ベトナム戦争とその後の時代を様々な角度から見つめ直し、現代のベトナムを過去からの連続性の上に位置づけることを試みたい。

『ベトナム戦争の「戦後」』というタイトルは、抗米戦争終結後のベトナムが、第二次世界大戦後の日本とは全く異なる道を歩んだという意味を含んでいる。日本で言う戦後とは、過去と訣別した新時代の到来を意味していた。日本人にとっての戦後とは、旧来の価値観を転換させ、また過去への反省の上に立って、平和と繁栄の社会を再構築することだった。しかし、アメリカ帝国主義者を追い出した後のベトナムの「戦後」期とは、戦争指導をしていた権力機構が存続し、北部から全土に拡大し、支配力をいっそう強めた時代だった。国家の指導部は、戦争の勝利者であるが故に、過去への反省や批判を行なうこともなかった。「戦後」は平和と繁栄を約束するものではなく、逆にカンボジア、中国という隣国との新たな戦いによって戦時体制が継続した。ベトナム戦争の「戦後」は、決して戦争が終了した後の時代という意味にはならなかったのである。

そして、かつて外部の敵と戦った人々は、「戦後」は党官僚の強権支配や言論・思想の統制といった内部の敵との新しい戦いに直面した。「今日の戦いは以前より悲痛である。なぜなら、昔の敵は前線にいるとはっきりわかっていたが、今日の敵は、自分たちが守り従わなければならない党・政府の中に存在するからである」（七一頁参照）。しかも、抗米戦争期と違って、この闘いは諸外国の人々の目に触れる機会が少なく、したがってその支持を獲得するのも難しかった。

ベトナム戦争の「戦後」にいったい何が起きたのか。その時代の様相を明らかにし、抗米戦争での輝かしい勝利の陰に隠された見えざる闘いに光を当てることも、また本書のねらいである。

本書の執筆者は、ベトナム戦争と同時代に成長したベトナム人と日本人で、みな当時の記憶はあるが、戦争や反戦運動との直接の関わりはない。成人後に仕事や研究のために、改めてこの時代を振り返るようになった者たちである。敢えてこのような世代の執筆者が集まったのは、ベトナムの革命や戦争に対して過度の思い入れを持たず、ある程度の距離を置いて、戦争期から現在までを客観視できる立場にいるからである。

本書の第一部「ベトナムの戦後」は、各執筆者の専門の視点から、抗米戦争とその後の時代を見直すものである。

第一章「ベトナムの革命戦争」(中野亜里)では、多様な主義主張の民族主義者による民族解放闘争が、なぜ共産党一党支配に帰結したのかという問題意識に立って、抗仏戦争から抗米戦争、南北統一までの歴史を概観している。ここでは、多くの日本人が共感を寄せた南ベトナム解放民族戦線が、北ベトナムの党指導部による革命のグランド・デザインの中でどのように位置づけられていたのかも考察している。

第二章「記者が見た英雄たちの戦後」(グエン・ミン・トゥアン)は、ハノイ出身のジャーナリストが自らの見聞に基づいて、民族解放闘争の英雄たちが南北統一後は腐敗した党官僚によって苦しめられてきた事実を明らかにしている。執筆者は、戦時下の報道管理体制が勝利のために有効だったことを認めながらも、ハノイの党・政府が都合の悪い事実を隠蔽してきたことを批判している。これは、ドイモイ下の経済発展をもてはやし、人々の苦しみに対して関心の薄い諸外国のメディアに対する批判でもある。

第三章「統一ベトナムの苦悩——政治イデオロギーと経済・社会の現実」(中野亜里)は、抗米戦争以後に党・政府が全国レベルの社会主義建設を急いで挫折し、ドイモイ路線に転じた経緯を明らかにする。抗米戦争以後の歴史は、ドイモイ前・ドイモイ後という対比で捉えるのではなく、経済的な行き詰まりからドイモイに至る連続性を見据えるべきだろう。それによって、政治イデオロギーと現実の経済・社会生活、つまり建前と本音が大きく乖離した現在の状況がより理解できるのではないだろうか。

第四章「南部の貧困層と国際NGO活動に見る戦争の影響」（船坂葉子・高橋佳代子）では、ホーチミン市でボランティア活動に携わった筆者たちが、貧しい若者たちの実相を生々しく描いている。福祉政策が欠如し、貧しさゆえに将来の可能性を制限されている若者たちの現実は、資本主義の発展途上国と何ら変わりない。貧困層の支援は諸外国に依存せざるを得ないが、ベトナムの場合、政治体制に色濃く残る戦時体質が、外国NGOによる支援活動の妨げになっている。この国の貧困問題は、決してアメリカの侵略や経済封鎖の結果だけでないことがわかるだろう。

第五章「ベトナム人民軍の素顔」（小高 泰）は、ベトナム人民軍の隠された裏面に光を当て、日本ではほとんど知られることがなかった兵士たちの生活の実態を紹介している。革命政権は、戦争遂行のために人民軍内部のネガティブな現象を隠蔽し、兵士たちの人間的な感情の発露を禁じてきた。諸外国のメディアも、彼らをとかく英雄として美化しがちだった。人民軍研究の専門家としてベトナムに長く滞在した筆者は、作られた英雄像に批判的な視線を当て、さらにかつての英雄の今日の姿を浮き彫りにしている。

第六章「人々の意識を荒廃させた経済・社会政策――ドイモイ前の『バオカップ』制度」（小高 泰）は、統制経済時代の配給制度が、実は人々を苦しめる元凶であったことを明らかにしている。人民の最低生活を保障するために設けられた配給制度は、結果的に国家財政を破綻させ、人々の物質的・精神的生活を圧迫した。制度の廃止後も、その後遺症は社会を停滞させ、人々の思考パターンにまで影響を及ぼした。現在のベトナム人の行動様式を理解するためには、配給制度の時代を知ることが不可欠だろう。

第七章「ベトナム戦争と文学」（森　絵里咲）では、ベトナム出身の文学研究家が、革命政権下の作家たちの内面の葛藤と、権力への抵抗の様を描いている。文芸活動は革命と民族解放闘争を勝利に導く道具とみなされ、作家たちは党の路線に忠実な御用作家であることを強いられてきた。しかし、彼らは権力への批判を作品中に独特の形で表し、また未公表作品の中にその思いを綴った。日本ではあまり知られていない歴史の一側面である。

第二部「ベトナムの戦争と関係諸国」では、抗米戦争に関わった諸外国にとって、この戦争が当時どのような意味を持っていたのか、またその後の時代にどのような影響を与えたのかを検証する。

第一章「日本から見たベトナム戦争とその戦後」（渡部恵子）は、特派員としてハノイに駐在した筆者が、自らの経験を通して、日本人にとってベトナム戦争とは何だったのかを問い直すものである。日本人は、米軍の空襲に晒されるベトナム人に第二次世界大戦期の自分たちの姿を重ね、アメリカのベトナム政策に批判の声を上げた。そんな日本人の視線は自己完結的で、ベトナムを見るというよりも、むしろ自分自身を見つめ直すものだった。多くの日本人が、抗米戦争後のベトナムに対して無関心になった理由も、そこにあると言えるだろう。

第二章「アメリカにとってのベトナム戦争――今も続く『泥沼の教訓』論争」（水野孝昭）では、ベトナム・シンドローム（ベトナム症候群）が後のアメリカの政治・外交にどのような影を落としているかについて、ハノイとワシントンで特派員を経験した筆者が考察している。ベトナム戦争の苦い経験から、ホワイトハウスの指導者たちは他国に軍事介入する際、地上戦闘部隊の投入に慎重になり、世論の動向に敏感にならざるを得なかった。それは、一九九一年の湾岸戦争や、二〇〇三年のイラク戦争でも明らかに表れており、ベトナム戦争がアメリカに及ぼした影響の大きさを物語っている。

第三章「周辺諸国にとってのベトナム戦争」(鈴木 真)では、ベトナム、タイで特派員を務め、さらにラオス、カンボジア各地で取材を重ねた筆者が、これらの国々とベトナム戦争との関係を振り返り、戦争史に側面と舞台裏から光を当てている。外国勢力の抗争に引き裂かれ、翻弄されたラオスの悲劇は、残留地雷・不発弾の被害や少数民族の難民という形で今なお続いている。カンボジアについては、ポル・ポト政権の大量虐殺に世界の関心が注がれたが、そのような現象も、数十年にわたるアメリカや中国のインドシナ政策、またベトナムとカンボジアの民族的な関係性の中で理解しなければならない。タイは米軍の出撃基地となり、自らもベトナムに派兵した国であるが、ベトナム反戦気運が民主化運動を促すなど、この戦争によって内政面に大きな影響を受けた。

第四章「ベトナム戦争と中国」(中野亜里)では、中国がどのような思惑を持って抗仏・抗米戦争に関わったかを明らかにする。北京とハノイの緊張関係は、抗仏戦争期から既に始まっていた。北京指導部はベトナムの民族解放闘争を支援したが、抗米戦争後はベトナムと対立し、遂にはこれに軍事攻撃をかけるまでとなった。複雑な史実を理解するには、社会主義のイデオロギー以前に、中越両国のナショナリズムや国益という視角が必要である。

第五章「国際共同体の一員として」(中野亜里)では、抗米戦争後のベトナムの対外政策を振り返り、試行錯誤を重ねながら国際社会に適応しようとしているこの国の現在の姿を見据える。戦争期には、自分たちには国際社会の支持があるという自負を持っていたハノイ指導部は、ドイモイ外交では自分の側から国際社会のルールに適応すべく努めるようになった。しかし、グローバル化の潮流に積極的に参入する一方で、アメリカの単独行動主義には警戒の目を向けている。

このような構成によって、ベトナム戦争の勝者が語る公的史観とは別に、ベトナムの市民および外国の観察者の目線から戦争と「戦後」の歴史に迫りたい。

各執筆者は、ベトナム革命史に対して厳しい評価を下すこともあるが、現在のベトナムを否定する意図はない。いずれの執筆者も、特定の政治的立場に立つものではなく、むしろ政治体制の如何にかかわらずベトナムとその周辺地域を見守り続け、そこで暮らす人々が平和で幸福な生活を享受することを願っている。

戦争報道を通じてベトナムを見つめた世代の読者には、三〇年を経て歴史に対する認識や評価が多様化していることを読み取っていただきたい。そして、本書がベトナム戦争の時代と改めて向き合う手がかりとなれば幸いである。また、若い世代の読者には、本書がベトナム現代史の入門書の一つとなり、さらに将来の日本とベトナムの関係を考える材料となることを願う。

第一部　ベトナムの戦後

抗仏・抗米戦争の戦死者の名前を刻んだ壁（以下４枚の写真はいずれもディエンビエンフー、2004年。小高泰）

抗仏戦で戦死した無名戦士の墓。

ディエンビエンフーの抗仏戦で戦略上の最重要ポイントとなった橋。

フランスのデ・カストリ将軍が降伏した陣地。現在は展示場になっている。

戦死者墓地の中の兵士像を前に記念写真を撮る元軍人夫婦（以下４枚の写真はいずれもディエンビエンフー戦勝50周年記念の会場で、2004年。小高泰）

抗仏戦に参戦した少数民族の元兵士。

元フランス兵の夫婦。

抗仏戦に参加した元兵士（空港で）。

第一章　ベトナムの革命戦争

中野亜里

ベトナム戦争を総括するため、一九九五〜九八年の間にベトナムとアメリカの当事者による会議が七回にわたって開催された。会議ではこの戦争の契機についても検証が行なわれ、アメリカ側がハノイの革命指導部の意図を理解していなかったことが確認された。つまり、ベトナム労働党（現共産党）の目的は民族解放であり、共産主義[*1]の拡大ではなかったのだが、アメリカはベトナム革命をソ連・中国の覇権拡大の一部とみなし、共産主義の脅威に対抗しようとして戦争を不要にエスカレートさせた、という総括である。

＊1　**共産主義**　理論上は社会主義社会が発展すると共産主義社会に至るとされているが、本書では思想、理念をさす場合は「共産主義」、現存の革命路線や政治体制をさす場合は「社会主義」と表記した。ただし、引用の場合は原文通りである。

日本の識者の間には、ベトナム戦争はアメリカの侵略によって引き起こされたもので、ベトナム革命勢力には戦争をする理由はなかったという見方もある。しかし、戦争のエスカレーションを回避したいという点では、アメリカ政府も同様だった。北ベトナムの意図を誤解し、同国の背後にソ連・中国の脅威を見ていたからこそ、アメリカはベトナムの戦争がソ連・中国との全面対決に発展するのを恐れたのである。

一方、ハノイの労働党指導部にとって、抗米戦争は民族解放の戦いだったというのなら、そこに次のような疑問が浮かび上がる。

一つは、侵略者から民族を解放するのが目的なら、なぜ一九七三年のパリ和平協定で米軍が撤退した後も武力攻勢を継続したのか、というものである。侵略者が退いた後に、南北ベトナム間の対話によって、平和的な手段で国民の広い支持のある政府を作ることはできなかったのだろうか。

二つ目は、南部の「解放」が実現した後に、なぜ労働党以外の民族主義諸勢力を排除しなければならなかったのか、というものである。アメリカのベトナム戦争政策に反対した日本人の中には、南ベトナム解放民族戦線に強い共感を寄せる人々も多かった。それは、この組織が様々な社会階層や職業、宗教教派の人々が参集した全ベトナム民族の利益代表だと信じたからではなかったか。しかし、解放戦線がめざした南ベトナムの中立化は実現せず、北が南を武力制圧した後は、非共産主義的な民族主義組織の活動は容認されなかった。南部解放の担い手になった多様な人々は、社会的に葬られたり、祖国に見切りをつけて国外に逃れたりした。

二〇〇三年、パリ和平協定締結三〇周年を記念して、ベトナム共産党は抗米戦争の総括を行なった。

しかし、戦争の語り部となったのは専ら共産党側の人々で、彼らの口からは「常に正しい党の統一的な指導による輝かしい勝利」のみが語られ、南ベトナム解放民族戦線の貢献は黙殺された。まるで、解放戦線などあたかも最初からなかったかのようだった。多くの日本人が共感した対象は、いったいどこへ消えてしまったのだろうか。

本章では、このような問題意識に基づいて、抗仏・抗米戦争の歴史を再考してみる。

一　民族主義者と共産主義者

❖民族独立運動の担い手たち

一九二〇年代から第二次世界大戦期までのベトナムには、フランスの植民地支配からの独立をめざして多くの民族主義政党が作られていた。グエン・タイ・ホックらが率いる「ベトナム国民党」、グエン・アン・ニンらの「ベトナム希望党」や、「大越国民党」「大越維民」がそれだった。南部では、フランス留学から戻った人々を中心にトロツキスト・グループが活動し、さらに中国に亡命したベトナム人によって「ベトナム革命同盟会」も結成されていた。

一九三〇年二月にホー・チ・ミンが結成した「ベトナム共産党」（同年一〇月に「インドシナ共産党」、

一九五一年に「ベトナム労働党」と改称）は、植民地主義を打倒する民族革命と、封建主義を打倒する民主革命を達成した後に社会主義革命に前進する、という二段階革命路線を策定していた。しかし、第二次世界大戦の時期には、まず日本軍に対抗するために、共産主義者以外の様々な愛国者を結集し、一九四一年五月に「ベトナム独立同盟（ベトミン）」という民族統一戦線を結成した。この時、アメリカはＯＳＳ（戦略調査局）[*2]を通じてベトミンに武器、弾薬を供与し、軍事訓練にも協力している。

ベトミンは、一九四四年に愛国的知識人や民族資本家らが結成した「ベトナム民主党」および労働者、農民、商工業者、在郷軍人、宗教者、女性、青年などの救国団体と連携し、日本の降伏を機に全国で一斉蜂起（八月革命）を敢行、一九四五年九月二日にベトナム民主共和国の独立を宣言した。

ホー・チ・ミンは、前述のベトナム国民党およびベトナム革命同盟会と連合して臨時政府を樹立し、最初の総選挙で圧勝した後も、国会の四〇三議席のうち七〇議席を国民党に、二〇議席を革命同盟会に割り当てた。ベトナムに復帰したフランス軍との間で第一次インドシナ戦争（抗仏戦争）が始まると、ベトミンは広い階層の国民を動員するため、国民党、革命同盟会と共に「ベトナム国民連合戦線（リエンベト戦線）」を結成した。ホー・チ・ミンは全国抗戦アピールの中で、「主義主張、政治的性向、民族を問わず」全国民が闘うことを訴えた。

抗仏戦争期には、フランス側もベトミン側も、それぞれ山岳地域の少数民族を戦力として取り込もうとした。ベトミンは、モン、タイ、カー[*3]などの少数民族の対立関係を利用して、味方の勢力を拡大し、フランス側に与する勢力を容赦なく排除した。また、戦費調達のために、少数民族地域で生産される阿片の占有も図ったと伝えられている［竹内正右　一九九九：七五］。

抗仏戦争は、ベトナム革命勢力にとっては民族独立の闘いだったが、アメリカ政府はこれを東南アジアにおける共産主義の拡大と解釈した。アイゼンハワー政権は、ソ連、中国、北ベトナムを一枚岩とみなし、一九五〇年からインドシナのフランス軍支援に乗り出した。しかし、ディエンビエンフーでフランスの敗北は決定的となり、一九五四年七月、ジュネーヴで停戦協定が調印された。協定は北緯一七度線を暫定軍事境界線と定め、ベトナム軍とフランス軍は各々その北と南に撤収し、二年後に全土総選挙を実施してベトナムの正統な政府を選出することを規定していた。

❖南北分断と南部の民族主義勢力

ジュネーヴ協定締結後、一七度線の北から南へ約九〇万人の人々が移住した。その六〇％はカトリック信徒であったと言われている。一方、南から北にはベトミンのメンバーなど一〇万人が移動したが、共産主義勢力の一部は南部に留まった。南部に残った党委員会や大衆団体の工作員は、将来の選挙に備えて革命勢力を維持するため、地下活動に従事した。

＊2　**ＯＳＳ**（戦略調査局）　ＣＩＡ（中央情報局）と陸軍特殊部隊の前身で、一九四三年に創設された。第二次世界大戦期に全世界で戦略情報の収集・分析と特殊活動を担当していた。戦後は縮小され、一九四七年に国家安全保障法に基づき現在のＣＩＡが設置された。

＊3　**カー**　民族の正式名称ではなく、ラオ語で奴隷を意味する蔑称。主に山腹に住むモン・クメール語族系のラオ・トゥン（丘陵地ラオ人）の総称。ラオ・トゥンは一九〇一年にフランスの植民地支配に対して一斉蜂起したことで知られる。

南部では、フランスが一九四八年に擁立したバオ・ダイ帝を首班とするベトナム国政府が成立し、一九五四年にアメリカの支援を受けた反共・親米的民族主義者のゴ・ディン・ジェムが首相の座についた。ジェムの影響下にあった民族主義諸政党は、伝統王朝の廃止と共和制を要求し、それら勢力の後押しで、ジェムは一九五五年に大統領に就任した。ジェム政権はアメリカの思惑通りに、ジュネーヴ協定で定められた統一選挙をボイコットし、その結果ベトナムはハノイを首都とするベトナム民主共和国（北ベトナム）と、サイゴンを首都とするベトナム共和国（南ベトナム）とに二分されることになった。

南ベトナムでは、かつて親フランス派であった富裕階級をも包摂して、様々な民族主義勢力が活動していた。その中には、フランスに留学していた知識人を中核とし、南北統一選挙の実現をめざす「平和を守る運動」や、後に南ベトナム解放民族戦線の初代議長となるグエン・フー・トらの「サイゴン・チョロン平和委員会」もあった。

ジェム政府は、自己の権力拡大の障害になると思われる勢力には、ことごとく「共産主義者」のレッテルを貼り、過酷な弾圧を加えた。その中には、穏健派の人々や、抗仏戦争に参加した愛国者も含まれていた。政府はさらに、都市部の再開発のために貧困層の居住地区を破壊し、農村ではベトミンが再分配した土地を農民から取り上げ、山岳少数民族地域[*4]でも住民統制のための強制移住を実施した。その結果、ジェム大統領は南ベトナムの広い地域と社会階層の中に敵を作り出すことになった。

民族主義諸派の指導者は、当初は選挙で国会に代議員を送り込むなどの合法的な体制変革を志していた。しかし、ジェムとその一族に権力が集中し、反対勢力への弾圧が激化するにつれ、非合法組織による運動に転換していった。一九五七年半ば頃から自然発生的な武装蜂起が頻発し、やがてジェム政府に反対する地下組織のネットワークが形成され、政府官僚の拉致や暗殺が計画的に行なわれるようになった。カオダイ教徒、ホアハオ教徒など、[*5]政府と対立する各宗派は、元ベトミン戦士のグループと連携し、一九五六年から五七年にかけて一二のゲリラ部隊を作った。中部高原地帯では、各少数民族集団がしばしば反政府蜂起を行なった。

このような武力闘争に、当時ハノイ指導部は全く関与していなかった。労働党中央は、ジュネーヴ協定締結後の一九五四年九月の政治局会議で、南ベトナムでは武装闘争を行なわず、政治闘争のみを推進する決定を出していた。翌年には、各階層の民衆を動員した政治闘争で南北統一選挙を実現させるべく、「ベトナム祖国戦線」[*6]が結成された。ジェム政権が一九五六年の総選挙をボイコットしたため、平和的な南北統一は断念せざるを得なくなった。それでもハノイ指導部は、南部での武装闘争は

＊4　**山岳少数民族地域**　ジェム政権は現ダクラク、ダクノン、ザライ、コントゥム各省の少数民族を統合するため、山村から渓谷地域に移住させ、定住農耕を強制した。民族語の使用を禁止してベトナム語を強制し、民族衣装や生活習慣を捨てさせ、姓名もキン族（狭義のベトナム人）風に改めさせた。

＊5　**カオダイ教、ホアハオ教**　カオダイ教は、一九二六年にテイニン省でレ・ヴァン・チュンらが創始した仏教・道教・儒教・キリスト教などを土台とする混合宗教。一九五四年には信徒一〇〇万人を擁し、政治・軍事組織を備えていた。ホアハオ教はホアハオ仏教とも呼ばれ、一九三九年にチャウドック省（現アンザン省）でフィン・フー・ソーが創始した。一九四二年から諸派に分裂し、一九四五～五五年には各派の武装勢力が活動していた。

時期尚早と見て、ジェム政権への武力抵抗をやめさせようとした。政権の弾圧に対する自衛として武器をとった人々は、「行き過ぎた行動をとった」として労働党から罰せられた［マクナマラ　二〇〇三：三〇八］。

❖世界の革命潮流の中のベトナム革命

ベトナム労働党の政治イデオロギーでは、アメリカおよびサイゴン政府との闘争や、南ベトナムの多様な解放勢力はどのように位置づけられていたのだろうか。

インドシナ共産党は、一九四八年の拡大中央会議で、自らをソ連が指導する社会主義陣営の一員と認定し、ベトナム革命を世界の「三つの革命潮流」の東南アジアにおける最前線と位置づけた。三つの革命潮流とは、第一が社会主義陣営諸国、第二がアジア、アフリカ、ラテンアメリカの民族解放勢力、第三が資本主義諸国の労働者階級による運動を指している。一九六〇年以降のソ連の革命理論に従えば、世界はアメリカを頂点とする帝国主義陣営と、三つの革命潮流とが対立する場であった。ベトナムにおける革命勢力と、アメリカおよびその傀儡（サイゴン政府）との対決は、革命潮流と帝国主義および反動勢力とのグローバルな衝突の最前線だった。

したがって、抗米戦争はベトナム人民だけの戦いではなく、世界人民から成る広範な戦線の支援を受けて展開されるべきものだった。この戦線の中には、アメリカの進歩的な人民も含まれていた。ベトナム民族の帝国主義支配からの解放と、世界の革命潮流との結びつきを、ホー・チ・ミンは「民族の力と時代の力の結合」「民族的義務と国際的義務の結合」という言葉で呼んだ。ベトナム革命勢力の勝利は、そのまま社会主義兄弟諸国とすべての民族独立勢力、およびアメリカ人民をも含む進歩的人類の勝利を意味していた。

党指導部は、革命以前のベトナムを半封建的植民地社会とみなし、そのような社会における革命とは、まず植民地支配の打倒をめざす民族解放革命と、国内の封建制度の打倒をめざす民主革命を遂行し、その後に社会主義革命に進むという「二段階革命論」の立場に立っていた。民族解放革命とは、民族の独立を目標とした反帝国主義闘争であり、民主革命とは、封建的地主階級を打倒する土地改革や、封建的政治・社会制度の改革をめざす階級闘争である。共産主義政党が指導する場合、これらを「人民民族民主革命」と総称することもある［白石昌也　一九九三：二一～三三］。抗仏戦争後の北ベトナムは、既に民族革命と民主革命を達成し、社会主義建設の段階に入ったとみなされていた。一方、南ベトナムは、まずアメリカ帝国主義からの解放をめざす民族解放革命の過程にあるとみなされていた。

三つの革命潮流論に従えば、南ベトナムでサイゴン政府とアメリカに反対し、かつ共産主義者ではない人々も、革命潮流の一部ということになる。したがって、ハノイの党中央から見れば、後述の「南ベトナム解放民族戦線」「南ベトナム民族民主平和勢力連合」、そして「南ベトナム共和国臨時革命政府」を形成していた勢力が、自分たち共産主義勢力と協同するのは必然だろう。また、ラオスと

＊６　**ベトナム祖国戦線**　ジュネーヴ協定に定められた総選挙の実現運動のために一九五五年に北部で結成された人民戦線。一九七七年に南部の民族解放勢力の諸組織を統合して現在の形になった。労働総同盟、農民会、婦人連合をはじめ各社会階層・職能集団による大衆団体を統括し、中央から地方まで各行政単位に委員会を置く。国会への法案提出権を持ち、議長は閣議に参加できる。

カンボジアの革命運動も、ベトナムの革命運動と不可分の関係にあり、ベトナムは両国の革命勢力を支援し、三国の人民はインドシナを一つの戦場として反帝国主義の戦いを展開するものと理解された。

また、前述の人民民族民主革命の論理に従えば、南部の解放は南北ベトナム全体が社会主義へ進むための一つの段階であった。南部の解放勢力の指導者で、共産主義者ではない人々は、労働党が共産主義のイデオロギーよりも民族主義を優先することを信じ、これと共闘した。しかし、労働党にとっては、民族解放革命の後に社会主義革命の段階に進むことは、誰も逆らうことができない「歴史の客観的な法則」なのだった。

二　一つのベトナム・二つの戦略

❖南ベトナム民族主義勢力の統合

一九五六年以降、南ベトナムのゴ・ディン・ジェム政府は反対勢力の弾圧に乗り出した。南部で労働党勢力を指導していたレ・ズアンは、南部革命要綱を作成し、ハノイの党中央に武装闘争を容認するよう求めた。党政治局は、一九五六年六月の決議で武力を限定的に用いることを認めたが、この時点ではまだ政治闘争による統一選挙の実現をめざしていた。一九五八年夏には、南ベトナムの北部にある第五区に革命勢力の訓練基地を作ることを認めたが、武装闘争そのものは許さなかった。

ハノイ側の説明では、武装闘争を認めなかったのは、まだ革命勢力がサイゴン政権を迅速に打倒するほどの戦力を持っておらず、政権側に鎮圧されると考えたからだという。また、武力に訴えて闘争が長引き、アメリカが介入してアメリカとベトナムの戦争にエスカレートするのを危惧したため、とも説明されている［マクナマラ　二〇〇三：三〇九〜三一〇］。しかし、抗仏戦争終結から数年間の北部ベトナムは、復興に専念しなければならず、南部解放の具体的な戦略を打ち出せなかったのも事実だろう。南北統一選挙の実現をめざして結成されたベトナム祖国戦線も、南部では有効に機能しなかった。

党指導部は、一九五九年一月に開かれた党中央委員会総会で、南部では政治闘争を主要な闘争形態としながらも、それに限定的な軍事闘争を加えることを決議した。政治闘争の目標は、翌年樹立される南ベトナム解放民族戦線を中心に、サイゴン政府に代わる新政権を樹立することだった。そのためにサイゴン政府を打倒することが、軍事闘争の目的とされた。「第一五号決議」と呼ばれるこの決定は、南部での武装闘争の比重を相対的に高めたものだった。しかし、南部では第一五号決議を「公然と無視して行動」する活動家たちもいた。一九六〇年にはベンチェやテイニンで、労働党中央の承認も命令もないままに、一連の武装蜂起が行なわれた。同年後半には、サイゴン政府当局者の暗殺が七〇〇件以上も起こったという［マクナマラ　二〇〇三：八八］。

一九六〇年九月、労働党は第三回大会を開催し、北ベトナムの社会主義革命と南ベトナムの民族解放革命を同時に推進することを決定した。南部を基盤に活動していたレ・ズアンが、第一書記に就任したのもこの大会である。こうして、国家の統一という一つの目的と、北部における社会主義革命体制の防衛、南部における民族解放闘争という二つの戦略が確立した。

南部の解放勢力を支援するために、後にホーチミン・ルートと呼ばれるようになる補給路の建設も始まった（一五一頁参照）。チュオンソン山脈を通る物資の供給ルートを開通させるために、一九五九年五月に五五九部隊が結成された。一九六〇年半ばには、兵士の南下を指揮・防衛するために五六五部隊が結成された。補給ルートの大部分はラオス領を通っており、山岳地帯の少数民族は武器・弾薬や物資を運搬する労働力となった。

南部では、一九六〇年一二月二〇日に南ベトナム解放民族戦線（以下「解放戦線」）が結成された。組織結成にあたって、その最高指導者に推挙されたグエン・フー・トは、ジュネーヴ協定で規定された統一選挙の実現をめざす「平和を守る運動」の議長だった人物である。解放戦線の中枢となったのは、医師、弁護士、教員、技術者、企業や農場の経営者、抗仏戦争に参加した在郷軍人などだった。彼らは地縁・血縁や友人のネットワークを通じて、南ベトナムの政界や財界、宗教界の中にも同調者を求め、組織化を進めた。それは、かつてのベトミンと同様、様々な階層の国民からなる広範な統一戦線であり、ハノイ指導部が考える革命とは別個の思想と行動様式を持つ運動体だった。

解放戦線の目的には、南部のあらゆる階層の国民に「その社会的地位、政治的・宗教的見解の如何にかかわらず」国民としての一体感を培うこと、南ベトナムの自決権、民主主義的自由と私有財産権の尊重、耕作者による農地の所有、自由経済体制の確立、非同盟・中立、複数政党制による民族主義的政府の樹立、戦争ではなく交渉による南北統一、という項目が盛り込まれていた。ここからも明らかなように、解放戦線は南部社会の多様性を前提に、各階層の利益を守りつつ、単一の政治イデオロギーに支配されず、いずれの大国の陣営にも属さない自由な国家の樹立をめざしていた。

解放戦線の大部分は、労働党員や共産主義者ではなく、戦闘員の訓練過程でも共産主義の政治思想教育は行なわれなかった。武装闘争の位置づけを高めた前述の一九五九年の労働党第一五号決議も、南の解放勢力が自力で武器を調達して闘争することを前提としており、北ベトナム側が武器や人員を提供するとは言明していなかった。しかし、解放戦線のメンバーは基本的に、民族主義者としてのホー・チ・ミンを指導者と認めており、北ベトナム政府と連絡をとり、その指導と援助を求めた。

❖北から南への指揮系統

解放戦線は多くの非共産主義的な民族主義者を包摂し、当初は北ベトナムからの援助も受けていなかったとはいえ、ハノイの労働党が南部住民による自立的な革命運動を認めたということではなかった。むしろ、この組織の結成で、労働党が南部を組織的に把握し、ハノイで決定した革命戦略を南部に適用する基盤が整ったと言えるだろう。

解放戦線のメンバーとなった労働党員の中には、党員として公然と活動する者もいれば、仲間にもその身分を隠して活動する秘密党員もいた。議長のレ・ドゥック・トは、まさにその秘密党員だった。副議長のフィン・タン・ファットや、中央委員のズオン・キン・ホアもそうだった。労働党は解放戦線に各社会団体を取り込むために、表向きは共産主義者の顔を持たず、南部社会で著名な人物を解放戦線の指導者に立てたのだった。

労働党は一九六一年一月に「南部中央局」を設置し、ハノイの党中央から南部中央局へ、そして解放戦線へと繋がる指揮系統が作られた。一九六二年には、労働党の南部支部として「人民革命党」が設立された。南部中央局が労働党の南部における裏の顔とすれば、人民革命党は表の顔として公然と活動した。その指導部は共産主義に固執することなく、解放戦線やその他の諸党派との連携に努めた。

労働党南部中央局が設置された直後の一九六一年一月三一日、ハノイの党政治局は、南部での勢力バランスが変化したという情勢評価に基づいて、政治闘争をさらに推進し、政治と軍事の両面から攻勢をかけることを決議した。これによって、軍事闘争の比重がより高まることになった。

一九六二年一月、解放戦線は第一回全国大会を開催し、それまで連携していたすべての運動体を統合し、より正統性のある永続的な組織に発展させた。グエン・フー・トを議長、フィン・タン・ファットを第一副議長とする最高幹部会が設置され、南ベトナムからの米軍の完全撤退と、新政権の樹立という目標を達成するために、政治、軍事、外交の三つの戦線で闘争するという方向性が定まった。

解放戦線は、農村地帯で政府軍にゲリラ戦を挑むと同時に、独自の行政機構を設置して、支配下の地域を解放区とし、住民に正統な統治機構として認められるよう努めた。都市部では世論を動員して、サイゴン政府に対し、敵対行為の終結と対話を求める圧力を作り出すべく運動した。そのようにして、やがて民衆の総蜂起を呼び起こし、サイゴン政府を倒すことが最終目標だった。

サイゴン市内では、解放戦線のメンバーが地元の名士たちに働きかけ、新たに「民族自決運動」と称する政治組織を作った。これは、表面上は解放戦線とは無関係に、合法的な政治運動によって、世論の圧力を高める目的で作られた団体で、弁護士や学者、教員、ジャーナリスト、工場経営者など、社会的地位や知名度の高い人々が中心となっていた。一九六四年一二月、フィン・タン・ファットの指令に基づき、解放戦線は民族自決運動の内部に「平和を守る委員会」を作らせた。その指導者の中には、ジュネーヴ協定後にハノイの社会主義政権から逃れて南部に渡った人物や、ゴ・ディン・ジェム政府の要職にあった人物もいた。一九六五年のアメリカの直接介入以後は、解放戦線は労働者や高校生、大学生、カトリック信徒などの青年団体をも糾合して「南ベトナム青年団体連合会」を設立し、民衆蜂起の準備を進めた。

❖アメリカの本格介入に抗して

ケネディ政権は、解放戦線のゲリラ戦に対抗するサイゴン政府軍を支援し、ベトナム国内で隠密の戦争、いわゆる特殊戦争戦略を展開した。それは、南ベトナムを背後から支援する間接的な介入政策で、軍事顧問団の派遣や、北ベトナムに対する破壊工作、山岳少数民族による戦闘部隊の編成、諜報・宣伝活動のためのラオス領への侵入などが主な内容だった。

これに対し、ハノイの労働党は、一九六二年二月と一二月の政治局会議で、特殊戦争戦略に対抗する南部の解放勢力への指導方針を固めた。しかし、この時期には、北ベトナムはまだ戦争の直接的な当事国ではなく、一九六〇年から六三年までの三年間、労働党は南部解放を南ベトナム人民の事業とみなしていた。したがって、北の人民軍が直接戦闘に参加することもなかった。

一九六三年一一月、南ベトナムでクーデターが発生し、ゴ・ディン・ジェム政府は崩壊した。しかし、ジェムの失脚後もクーデターが相次ぎ、政治情勢は安定せず、都市部の住民、特に学生や仏教徒の間で自発的な反米・反政府運動が高揚した。これは、基本的には共産主義者や解放戦線とは別個の自然発生的な市民運動だった。

一九六四年八月、北部湾岸で米駆逐艦と北ベトナム艦船が交戦する「トンキン湾事件」が発生し、米軍機が北ベトナムに報復攻撃を加えた。米議会は、ジョンソン大統領に戦争に関する大幅な決定権を認める「トンキン湾決議」を採択した。一九六五年二月以降は米軍の北ベトナム爆撃、いわゆる北爆が恒常化し、同年三月からは地上戦闘部隊が南ベトナムに派遣された。こうして、米軍が戦闘の主体となる「戦争のアメリカ化」政策が進められた。アメリカの同盟国である韓国、オーストラリア、ニュージーランド、タイ、フィリピンも南ベトナムに派兵を行なった。[*7]

ジョンソン政権による直接的な軍事介入、すなわち局地戦争戦略は、戦争の性格を一変させた。解放戦線も、政治闘争に比重を置いた従来の路線から、軍事闘争を重視する路線に修正を余儀なくされた。ハノイの労働党中央は、一九六四年末に北ベトナム人民軍を南ベトナムの領域に投入することを決定し、翌年から本格的な派兵を開始した。なお、一九六五年六月からは中国の人民解放軍が後方支援部隊として北ベトナムに派遣され、防御施設の構築、物資の輸送、道路・鉄道の建設などに従事している（三六一頁参照）。

労働党の目標は、一九六五年四月八日の国会でファム・ヴァン・ドン首相が表明した四項目に表れている。その骨子は、第一にベトナムの平和、独立、主権、領土保全の承認と米軍の撤退、第二に南北ベトナムに対する外国勢力の不干渉、第三に、解放戦線の綱領に従って外国の干渉なしに南ベトナム問題を解決すること、第四に南北ベトナム人民の自決権に基づくベトナムの再統一、というものだった。このうち中心となったのは、三番目の南ベトナム人民の自決権で、ハノイ政府は南ベトナムの独立と中立を受け入れるよう、国際社会に向けて主張していた。レ・ズアンによれば、南ベトナムに対する政策は、アメリカの傀儡であるサイゴン政権を倒し、「独立で中立の政権」を樹立することだった。レ・ズアンもファム・ヴァン・ドンも、公式の場で繰り返し、北ベトナムが南ベトナムを併合する可能性を否定していた。

❖党が指導する人民戦争

アメリカはこの戦争を、南ベトナムに対する北ベトナムの侵略と受け止めていた。一方ハノイ指導部は、これは南北ベトナム間の内戦ではなく、民族解放勢力とアメリカおよびその傀儡の反動勢力との闘いと認識していた。民族解放革命とは、あくまで党が指導する統一的な闘争でなければならなかった。党政治局員で南北統一後に国防相も務めたレ・ドゥック・アインの言葉を借りれば、それは「一つの党の統一的指導、一つの民族、一つの軍隊が、祖国の独立、統一、全土の社会主義化という共通の目標のために、北部の社会主義革命と南部の人民民族民主革命という二つの戦略を同時に推進する革命」だった。あたかも南部に独立的な運動など最初からなかったように、彼は「一九五四年（抗仏戦争終結）から一九七五年四月（抗米戦争終結）まで、わが党は全国の人民と各人民武装勢力を指導した」と誇っている［Le Duc Anh 1995］。

南北ベトナムの関係については、南が闘争の最前線で、北はその支援をする後方と考えられていた。北ベトナムでは人的・物的資源が総動員され、南の前線のために生産を高め、解放戦線に物資と兵力

＊7　これらの軍隊は「第三国軍」と呼ばれた。

を補給した。ハノイ指導部から見た南北ベトナムの国家と民族は、単一にして不可分であり、二つのベトナムというものはあり得なかった。解放戦線の幹部で、後に南ベトナム共和国臨時革命政府の法相となったチュオン・ニュー・タンは、北による南の併合を否定するハノイ指導部の言葉を信じた一人だったが、後に「完全にだまされた」と苦々しく回想している〔タン　一九八六：二九〇〕。

北ベトナムの人民軍指導部は、革命闘争の基本的な形態を「人民戦争」と規定していた。人民戦争とは、南北ベトナムすべての人民による(1)軍事闘争、(2)敵への宣伝工作を含む政治闘争、(3)外交闘争、の三つを結合させた総合的な戦略である。軍事闘争は軍隊だけのものではなく、正規軍の戦闘、ゲリラ戦、大衆の武装蜂起を結合させた総攻撃・総蜂起で、その主体は人民武装勢力と大衆政治勢力だった。人民戦争は、山林地帯、平野部の農村、そして都市部という「三つの戦略地域」で同時に推進された。山林地帯では軍事闘争を中心とし、農村では軍事闘争と民衆蜂起を含む政治闘争の総合的な作戦を展開し、都市部では政治闘争を主とする、という方針だった。

一九六六年一一月の政治局会議では、軍事闘争と政治闘争を活用し、戦いながら交渉する戦術を用いる条件を作り出す、という決議が採択されていた。しかし、一九六七年一月の中央委員会総会は、外交闘争すなわちアメリカおよびサイゴン政府との交渉によって勝利をめざす方針を採択した。こうして、政治闘争、軍事闘争、外交闘争が結合した「三面闘争」の形が定立され、外交戦線における勝利が最終的な勝利と位置づけられた。

三　北による南の武力制圧

❖革命勢力バランスの変化

一九六八年一月の旧正月（テト）の時期をついて、解放戦線を主体とする総攻撃・総蜂起作戦、いわゆる「テト攻勢」が開始された。それまで農村部を中心に展開していた解放戦線が、サイゴン、フエ、ダナンなどの都市部に初めて攻撃を加えた。サイゴンではアメリカ大使館が一時的に占拠され、独立宮殿、参謀本部、海軍司令部、タンソンニュット空港も攻撃を受けた。

解放戦線がフエ市を攻撃した際、革命勢力の諜報員が作成した「反動分子」のリストに基づいて、市内の南ベトナム政府の公務員と軍人、その関係者、そして解放勢力に非協力的な商人、知識人、宗教者らが一斉に摘発され、そのうちの多くが処刑された。後にフエ周辺では、この時に銃殺、撲殺あるいは生き埋めにされたと見られる約三〇〇〇人の遺体が発見され、大量虐殺事件として国際的な注目を集めた。ハノイ指導部はこの事件について詳細を明らかにせず、未だに公式な調査や責任者の処罰は行なわれていない。

テト攻勢は、政治・軍事闘争である総攻撃・総蜂起を実行したものだったが、指導部が期待したような都市部の民衆蜂起は起こらず、解放勢力は軍事的に大きな損失を被った。攻勢は一月の第一波、五月の第二波、八月からの第三波と段階的に行なわれたが、米軍・サイゴン政府軍の反撃によって解放戦線は膨大な犠牲者を出し、重要な地域の武装単位は一掃されてしまった。その結果、解放戦線は北ベトナムからの補給にいっそう依存せざるを得なくなり、政治・軍事闘争においても労働党の指導性が高まることになった。

テト攻勢は、軍事的には敗北を喫したが、外交闘争の面では大きな影響を及ぼした。この事件を契機に、ジョンソン政権は北爆を制限し、パリを舞台とする和平交渉が進展した。それ以後、革命闘争は解放戦線を主体とする政治・軍事闘争から、ハノイの労働党を主体とする外交闘争へと比重を移した。一九七二年の春季大攻勢では、北ベトナム人民軍が北緯一七度線を越えて南下し、南部における軍事闘争の指揮権は人民軍の手に移った。

ジョンソン大統領は、ベトナム政策の失敗の責任をとり、一九六八年の大統領選挙への不出馬を表明した。続いて登場したニクソン政権は、戦争の意味を強引に転換した。従来のアメリカの冷戦思考では、ソ連、中国、北ベトナムは一枚岩であり、アメリカのベトナム介入は共産主義とのグローバルな対決を意味していた。しかし、ニクソン政権はこの論理を覆し、ベトナムの戦争をソ連・中国と切り離したのである。北ベトナムがソ連・中国の勢力拡大を担うものでないなら、それに対抗して米軍が南ベトナムを守る必然性もない。ニクソンは、米軍が安全に撤退するためにサイゴン政府軍を強化し、「戦争のベトナム化」政策を進めた。

❖中立の南ベトナムをめざして

南ベトナム解放民族戦線は、結成時の綱領で、まず「独立、民主、中立」の南ベトナムを建設し、その後に国土統一に進むという目標を謳っていた。中立の南ベトナムとは、南部の多様な政治勢力の存在を認め、アメリカはもとより北ベトナムとも一線を画した独自の政体を樹立することを意味していた。一九六二年八月に解放戦線が公表した一四ヵ条の声明は、南ベトナムはカンボジア、ラオスと共に東南アジアに平和中立地帯を築くという意思を表明していた。

労働党指導部も解放戦線の中立路線を承認したが、その当初の意図は、アメリカの本格介入を回避することにあった。ラオスの中立化をモデルに[*8]、南ベトナムを中立国とすることで、アメリカの介入を特殊戦争戦略のレベルに留めておこうとしたのである。介入が局地戦争戦略にエスカレートした後にも、ハノイは南ベトナムの中立化という目標に集中したが、それは北ベトナムから独立した南ベトナム国家を築くためではなく、南部の闘争の国際的な威信と正当性を高めるためだった。中立の南ベトナムは、南北統一までの過渡的な形態になるはずだったが、その期間がどのくらい続くのかは明確ではなかった。ハノイ政府のディン・ニョー・リエム外務次官は、南ベトナムの中立化は「一時的に階級とイデオロギーに矛盾していたが、われわれは南部解放と民族的利益を第一に据えた」と語っている［Dinh Nho Liem 1995］。

北ベトナムからの軍事力の浸透が増すにつれて、解放戦線に対する労働党の支配力も強まった。解放戦線の共産主義者ではない指導者たちは、南ベトナムの自立性を取り戻すためには、あらゆる民族

＊8　北ベトナムはラオスの左派・右派・中立派の内戦に介入し、左派のパテート・ラーオを支援していた。内戦終結のため、一九六二年七月にジュネーヴで「ラオスの中立化に関するジュネーヴ宣言」が調印されたが、実際には調印後も北ベトナム人民軍の大部分はラオスに留まっていた。

主義者を包摂した中立的な運動体が必要であると考え、一九六六年頃からその設立を準備していた。その結果、一九六八年一月にサイゴンで結成された「民族平和勢力連合」、二月にフエで結成された「フエ人民革命委員会」などの組織が中心となって、四月に「南ベトナム民族民主平和勢力連合」（以下「平和勢力連合」）が発足した。

平和勢力連合の中枢を占めた人々は、南ベトナム社会の上流階級に属し、西洋的な教育を受けた知識人で、近代的な自由と民主主義の思想を持ち、主にイデオロギー的な理由から解放戦線とは距離を保ってきた中間派の民族主義者だった。正副議長や書記を務めたのは、政治的に中立な学者や、サイゴン政府の元官僚、宗教指導者などだった。

これらの階層が解放戦線と共同歩調をとるようになったのは、国土全体が全面戦争に巻き込まれる中、サイゴン政府の弾圧が苛烈を極め、リベラルな中間派にまで脅威が及んでいたこともあるが、もう一つの要因も考慮されるべきだろう。つまり、ベトナム社会では伝統的に個人的な信義が重視されており、解放戦線の知識人幹部と中立的な名士たちとの間にも、政治的立場を超えた上流社会の信頼関係が保たれていたことである。政治的には分断されていても、社会的な次元ではより強固な個人間のネットワークが維持され、敵味方に関わりなく身内を庇い合う行為は日常的な光景だった。

平和勢力連合は、その設立宣言で南北の平等と地方の特殊性の尊重を謳い、解放戦線とは別個の本部を置き、南ベトナムの代表としてハノイに訪問団を送り、北ベトナムと対等な立場を示した。一九六九年六月一〇日、平和勢力連合、解放戦線、人民革命党およびその他の諸派は、共同で「南ベトナム共和国臨時革命政府」（以下「臨時革命政府」）を樹立した。サイゴン政府とは別の南ベトナムを代表する統治機構を作ることで、外交闘争を有利に展開するのがそのねらいだった。首相にはフィン・タン・ファット、外相にはパリ和平会議の臨時革命政府代表となるグエン・ティ・ビンが就任した。共産主義でも親米的でもない政府は、国民の広い支持と国際的な承認を獲得していった。

臨時革命政府は諸外国と外交関係を結び、非同盟運動の正式メンバーにもなり、南ベトナムの正統政府として国際的に認められるようになった。資本主義陣営に属する西欧や北欧、アフリカ、ラテンアメリカ諸国にも代表団を派遣し、各種の国際会議にも出席し、中立を求める自らの立場をアピールした。

しかし、この年の九月二日にホー・チ・ミンが世を去り、南の解放運動に対する北の指導性はいっそう明確になっていった。労働党南部中央局と解放戦線・臨時革命政府の間の連絡も頻度が低下し、前者から後者へ戦局の情報が提供されたり、後者の意見が前者に伝えられることも少なくなっていった。他方、労働党中央はモスクワで教育を受けたイデオローグを南部に派遣して、解放勢力のメンバーにマルクス・レーニン主義の学習を強制し、南部の民族主義者たちの反発を買った。

❖南部の武力「解放」

一九七三年一月にパリ和平協定が調印され、米軍はベトナムから完全撤退した。しかし、アメリカのベトナムに対する関与はまだ続いており、革命勢力にとっては、南ベトナムにおける政治的目的を達成するまで抗米闘争は終わらなかった。パリ協定はすべての外国軍のベトナムからの撤退を定めていたが、二つのベトナムを認めないハノイ指導部にとっては、南ベトナム地域に浸透した北ベトナム人民軍は外国軍ではなかった。帝国主義およびその手先の反動勢力との闘争は、サイゴン政権を排除し、「平和、独立、中立、民主の連合政権」を樹立するまで継続されなければならなかった。

パリ協定は、アメリカ、北ベトナム、南ベトナム、南ベトナム共和国臨時革命政府の四者調印と、アメリカ、北ベトナムの二者調印という異例の形式で成立したが、四者調印によって臨時革命政府の合法性は確保された。また、協定は南ベトナム人民の自決権を認め、同国が民主的な総選挙によって将来を選択することを定めていた。臨時革命政府を構成する各派の指導者たちは、米軍撤退後の南ベトナムに選挙によって中道的な連合政府が成立し、北ベトナムと中立の南ベトナムによる連邦形式の国家が一定期間存在した後、交渉を経て南北の統一に進むという構想を描いていた。彼らは、アメリカの復帰を防ぎ、サイゴン政権を孤立化させ、ニクソン政府の政策に反対する国際的な世論を盛り上げて、南ベトナムに対するアメリカの指導力を低下させる、という政治的解決を重視していた。

一方、米軍の撤退後、労働党中央は軍事的解決の可能性を模索するようになった。一九七三年一〇月の政治局会議は、軍事闘争の戦略を見直した決議を採択した。ウォーターゲート事件[*9]によってニクソンが辞任すると、一九七四年一〇月の政治局と党中央軍事委員会の合同会議は、アメリカのベトナム復帰の可能性は閉ざされたと結論し、一二月の政治局会議は「一九七六年に全南ベトナムを解放する」と決定した。サイゴン攻略は一九七五年三月に決定され、ホー・チ・ミン作戦と名づけられた攻勢により、四月三〇日にサイゴンは陥落、もともと二年計画だった南部完全解放は僅か五ヵ月で完了した。

この時に南ベトナムが劇的に解放され、南北統一が速やかに果たされたことを喜んだ日本人も多かった。しかし、それは決して南部の平和を意味したわけではなかった。また、北ベトナム人民軍の急激な南部進攻は、サイゴン政府軍部隊の戦線放棄など、予想外の様々な要素にも助けられていた。人民軍の側でも、戦争の末期には徴兵忌避や脱走などの腐敗現象が蔓延しており、外国人の研究者の中には、総攻撃があと一年も遅れていれば、北ベトナム人民軍は自己崩壊していただろうという評価さえある。

総攻撃の当初の目的は、サイゴン政府にパリ協定を遵守させ、南部に中立の連合政権を樹立することにあった。総攻撃を立案したチャン・ヴァン・チャ将軍は、サイゴン政府がこれを受け入れていれば、サイゴン攻略も南北統一もなく、南部にはその後も国民和解の連合政府が存在し続けただろう、と証言している［小倉貞男　一九九一：二六四〜二六五］。

❖共産党の一元的支配へ

チャ将軍は、政治解決が実現せず、武力併合という結果になった原因をサイゴン政権に帰しているが、それでは、その後の労働党（一九七六年一二月に共産党と改称）によるあまりにも急速な南部の併合政策をどう理解すればよいのだろうか。

サイゴン政府崩壊後、政権移譲に関する施策は党政治局がすべて決定し、南部に基盤を持つ党中央

＊9　**ウォーターゲート事件**　一九七二年六月、ワシントンDCのウォーターゲート・ビルの民主党全国委員会本部に侵入し、盗聴器を仕掛けようとした五人組が逮捕された事件。これをきっかけに政府の違法な諜報活動や選挙資金をめぐる不正、副大統領の汚職などが摘発され、ニクソン大統領は責任をとって辞任に追いやられた。

委員のヴォー・ヴァン・キエットを通じて指令が出された。南部の政府機構の各部門には、北ベトナム政府の当該部門の官僚が配置され、労働党の要員が重要なポストについた。党は臨時革命政府と解放戦線、およびその他の政治勢力の今後の役割については、何ら明確にしなかった。独立で中立の南ベトナム国家建設の構想は立ち消えとなり、非共産主義勢力を統合してきた指導部は、もはや不要な存在とみなされた。

労働党中央は、早い段階から国家レベルの統一を計画していた。南北の統一と南部の社会主義化を急ぐ決定は、一九七五年七月に南部の避暑地ダラットで開催された党中央委員会総会で採択された。同年一一月、サイゴンで南北統一政治協商会議が開催され、ベトナム革命が全国レベルで社会主義革命と社会主義建設を進める新段階に入ったことが確認された。チュオン・チン政治局員による政治報告では、南部は「北部に追いつく」ために、民族民主革命と同時に社会主義革命を遂行すると認定された。会議では、統一問題について南北が意見を交換するという建前だったが、実際には統一を急ぐ北の決定を南がそのまま承認するという内容だった。

協商会議は、南部における諸政策を提示したが、そこには資本主義との対決路線が明確に表れていた。その骨子は、党建設の強化、反革命諸勢力の鎮圧、買弁資本家階級・封建的地主階級の一掃、資本主義商工業・農業・小規模商業に対する社会主義改造、というものだった。その結果、資本家が所有する生産財の没収、金融資産の封鎖、農業の強制的集団化など、強権的な政策が実施された。旧サイゴン政府の政府職員と軍の将兵に対しては、一定期間の「改造」教育を受けることが義務づけられた。その対象者は数十万に及び、数年間あるいは半永久的に拘束された人々もあった。

さらに、南部の各地域で反革命分子の一斉摘発が行なわれた。労働党当局は超法規的な強権を行使し、恣意的に反革命とみなされた人々が大量に逮捕され、法による保護のないまま拘禁された。米軍に協力して革命勢力と戦った中部高原の山岳民族の組織ＦＵＬＲＯ（被抑圧諸民族解放統一戦線）[*10]に対する報復も行なわれ、約八〇〇〇人の少数民族が殺害されたという［竹内正右　一九九九：九六］。市民的権利や生活手段を奪われた人々は、続々と海外へ脱出し、「ボート・ピープル」は国際的な人道問題となった。

南北統一総選挙は一九七六年に実施され、六月の新国会でベトナム社会主義共和国が成立し、国家レベルの統一が果たされた。この選挙の投票率は九九％とされているが、棄権した者は配給切符を没収されるという強権的な措置がとられていた。投票しなければ食料の配給を受けられないという条件下で行なわれた選挙が、果たしてパリ協定が定めた「民主的な選挙」と言えただろうか。統一国会の議長団は労働党幹部で占められ、新政府の人事では、かつての臨時革命政府の指導者には、実権のない名誉職的な職位が割り当てられた。

労働党は一九七六年一二月の第四回党大会で共産党と改称し、名実共に共産主義政党が一元的に支

＊10　ＦＵＬＲＯ　Front Unifié de Libération des Races Opprimées（被抑圧諸民族解放統一戦線）。一九六四年にカンボジアのシアヌーク元首らの発案でプノンペンで結成された少数民族の運動体。ベトナム中部高原の少数民族（モンタニャール）組織が合流し、南ベトナム政府に対して固有の国旗の使用、独自の武装勢力の設立などを要求した。北ベトナム政府やカンボジアの共産勢力クメール・ルージュとも対立したが、一九七五年に組織は事実上解消した。

配する現在のベトナムが出来上がった。解放戦線と平和勢力連合は、一九七七年一月の統一民族戦線大会で、北ベトナムで作られたベトナム祖国戦線に吸収され、これによって南部住民の自発的な運動体は完全に消滅した。党の政治イデオロギーでは、民族解放の後に社会主義に向かうことは歴史の客観的な法則で、闘争の過程で解放戦線、平和勢力連合、臨時革命政府などを設立したことは、革命の正統性と内外の支持を獲得するためだった。そして、これら組織の軍事・政治闘争と外交闘争における功績も、労働党が指導する革命の成果として語られるようになったのである。

ベトナムの革命勢力にとって、抗仏・抗米戦争は民族解放と祖国統一を至上の目的とする闘いだった。ハノイ指導部は、ソ連と中国から支援を受けながらも、両国に対して独立性を維持するよう努めた。しかし、抗米戦争について見れば、それは「アメリカ帝国主義者とその傀儡」との闘争であり、革命潮流と帝国主義のグローバルな対決の最前線と認識されていた。戦争の民族主義的な契機は明らかだが、ハノイ指導部が、自らの戦いを国際的階級闘争の中に位置づけていたこともまた事実である。共産党指導部は、抗米戦争を勝利に導いた要因として、「常に正しく創造的な党の指導」と「世界人民の支援」を挙げている。彼らは、革命側には民族解放という大義があったため、政治面、精神面では絶対的に優勢で、物質や技術力で勝る米軍を敗北に追いやったと自負する。そのような彼らにとって、勝利は必然的なものであり、かたや敵側の路線や戦略は根本から誤っており、敵勢力は本質的に弱く、敗北は必然的だったという。

このような勝者の歴史観が定着しているのも、革命側があまりにも輝かしい全面勝利をおさめたためだろう。しかし、その圧倒的な勝利ゆえに、党指導部は自らの正当性を疑わず、他の政治イデオロギーを排除して一党支配を強化した。そのため、中央への決定権の集中、法よりも命令が有効な人治体質、情報公開を拒む秘密主義などが濃厚な政治体制が出来上がった。

革命勢力は、世界人民が自分たちを支持しているという信念に支えられて戦った。それは、グローバルな革命勢力の先鋒として帝国主義者と闘い、世界人民のために犠牲を払っているという自意識でもあった。しかし、そのために戦後も、独立国でありながら外国援助に依存することを恥じず、むしろ正しい戦いの犠牲者を世界が支援するのは当然という意識が定着した。

ベトナム革命に共感を寄せる日本人は、ベトナム人の上にアメリカ帝国主義の犠牲者の姿を見出そうとする。しかし、戦時中と戦後の混乱期の犠牲者の七六％は、ベトナム人どうしの殺し合いによるものだという数字もある［Bui Tin 2003］。外国軍による残虐行為に正当化の余地はない。しかし、ベトナム人が同じ民族の多様な思想・信条を排除し、単一のイデオロギーで強権支配を行なったことは、外国の敵の侵略よりも大きな民族的悲劇と言えるのではないだろうか。

参考文献

遠藤聡　二〇〇二年「ベトナム労働党の外交闘争からみたテト攻勢」日本国際政治学会編『国際政治』一三〇号、二〇〇二年五月号

小倉貞男　一九九一年『ベトナム戦争全史』岩波書店

庄治智孝　二〇〇二年「ベトナム労働党の南部解放政策と中ソ」日本国際政治学会編『国際政治』一三〇号、二〇〇二年五月号

白石昌也　一九九三年『ベトナム　革命と建設のはざま』東京大学出版会

タイン・ティン　二〇〇二年『ベトナム革命の素顔』（中川明子訳）めこん

竹内正右　一九九一年『モンの悲劇』毎日新聞社

チュオン・ニュ・タン　一九八六年『ベトコン・メモワール』（吉本晋一郎訳）原書房

友田錫　一九八六年『裏切られたベトナム革命』中公文庫

古田元夫　一九九一年『歴史としてのベトナム戦争』大月書店

ロバート・マクナマラ編著　二〇〇三年『果てしなき論争』（仲晃訳）共同通信

Bui Tin. 2002. *From Enemy to Friend*. Annapolis. Naval Institute Press.

———. 2003. "Nhung suy tu va uoc nguyen dau nam ve to quoc" Hiep Hoi. so 3-2003.

Dinh Nho Liem. 1995. "Ket hop suc manh dan toc voi suc manh thoi dai va may van de doi ngoai trong chong My, cuu nuoc" *Quoc Phong Toan Dan*. so 4-1995.

Le Duc Anh. 1995. "Thang loi vi dai cua cuoc khang chien chong My va cong cuoc doi moi cua dan toc Viet Nam ngay nay" *Quoc Phong Toan Dan*. so 4-1995.

第二章 記者が見た英雄たちの戦後

グエン・ミン・トゥアン（訳　森 絵里咲、レ・タイン・チャ）

二〇〇二年の初めに、私は東京外国語大学主催の「ベトナム戦争の記憶」というテーマのシンポジウムに参加した。このようなシンポジウムが開かれることは、私にとって驚きだった。というのも、ベトナム国内で抗米戦争に言及する報道は非常に少ないからだ。戦争が終結して三〇年がたち、人々は生活のことで精いっぱいで、戦争の記憶について考える余裕などない。新聞雑誌がかつての戦争の話題を取り上げるのは、八月革命[*1]記念日（八月一九日）や、サイゴン陥落の四月三〇日の折くらいである。しかし日本では、人々のベトナム戦争への関心は相変わらず根強い。

このシンポジウムで、私はベトナムのメディアによる戦争報道について話した。この章でも、私は、

＊1　**八月革命**　一九四五年八月の日本の敗戦を機にベトミンが全国で総蜂起し、日本軍から権力を奪ってベトナムを独立に導いた革命。八月一九日にはハノイの大劇場前でベトミンが独立集会を開催し、市内の各権力機関を接収した。

改めて戦中、戦後のベトナムの戦争報道のあり方と、記者の目から見たベトナムの戦後について述べてみたい。

一　ベトナムの抗米戦争報道

❖北を利した報道の自由

戦時におけるベトナムの報道は、戦後のそれとは大きく異なっていた。戦時の北ベトナムのメディアは、兵士の勇敢な戦闘を賞讃し、戦勝だけを語り、革命勢力を応援する人民運動、世界の反戦運動について述べ、アメリカと南ベトナムおよびその同盟軍の残虐さを批判した。一方、自分側の大量の死亡、犠牲、損傷については多くを語らなかった。

北ベトナム、すなわち革命勢力側のメディアの最も重要な任務は、軍と人民の戦闘精神を鼓舞し、必ず勝利するという確信を与えることだった。この点では、北ベトナムの報道はハノイ政府にとって大きな成功であり、ハノイ指導者の戦争指導に勝利をもたらしたと言えよう。

南ベトナムも報道を検閲したが、報道と政府の間の統一性を確立することができなかった。そして記事を単に「揉み消す」という粗暴な検閲は、人々と政府との間の溝を深める結果となった。そしてこのことは、サイゴン政府を崩壊に導いた原因の一つでもある。

一方、アメリカにおける報道の自由は、ベトナムの米軍に有利にも不利にもなる両刃の剣であった。北ベトナムのメディアは、味方の戦功、米軍と南ベトナム軍に対する反戦運動だけを賞讃していたのに対し、アメリカや同盟国のメディアは、戦争に関するあらゆる情報を自由に報道できた。その中には、米軍や南ベトナム軍の失敗に関する情報、両軍が引き起こした残虐行為も含まれていた。たとえば、米軍によるソンミ村の住民虐殺[*2]（一九六八年）や、南ベトナム将校グエン・ゴック・ロアンがサイゴンの路上で捕虜を銃殺した事件（同年）などである。特にアメリカのメディアは、全世界の反米反戦運動について自由に報道し、戦場における米兵の士気をより弱める一因となった。アメリカと同盟国における報道の自由は、米軍の少なからぬ敗因になったと言えよう。その意味で、戦勝側のベトナム人は、世界の報道の自由に感謝しなければなるまい。

❖求められる真実解明

日本に定住後、私は一九六八年のテト攻勢についての史料を読む機会を得た。それによると、当時、北ベトナム軍はフエを三週間にわたって占領し、サイゴン政権の下で働いていた多くのフエ市民と、同市の人道支援組織に勤める一部の外国人までをも虐殺したという。彼らは生き埋めにされたり、杖

＊2　**ソンミ村の虐殺事件**　一九六八年三月一六日、中南部のクアンガイ省ソンミ村（正しくは同省ソンティン県ティンケ村）を米軍の小隊が急襲し、無抵抗の村民四〇〇人以上を虐殺した事件。小隊長カリー中尉は終身刑を宣告されたが、一九七四年に釈放された。

で叩き殺されたり、銃剣で刺されたりしたというのだ。

私は、北ベトナム軍にこのような残虐行為があったという史料に驚愕した。南部で、米軍に好意を抱く人々への見せしめとして、地方のゲリラが米兵と恋に落ちた女性を殺し、米軍兵営の外側の囲いの杭にその首を挿した、という史料も読んだ。戦争とは残虐なものである。米兵もベトナムの庶民を残虐に殺した。南ベトナム軍も共産主義者支持のベトナム人を殺した。韓国軍は米軍の同盟国として参戦したが、ベトナムの庶民に対してとりわけ残虐だった。だがそれまで、私は米軍や南ベトナム軍、韓国軍側の残虐行為しか知らず、革命勢力も無実の人々を残虐に殺したとされていることを全く知らなかった。

私はハノイ生まれのハノイ育ちである。抗米戦争は一九七五年、私が一五歳になった時に終結した。北ベトナムの社会主義体制の下で生まれ育った他の人々と同様に、私も、人民を愛し人民を守る「ホー伯父さんの部隊[*3]」の道徳について教育を受けた。北ベトナムのメディアが、革命勢力の悪い行ないに関する情報を流すことはなかった。逃亡兵や敵軍への投降、兵士の戦意喪失などについては決して報道しなかった。

革命勢力は士気が高く勇敢で、才智に富み、団結の固い優秀な軍隊であると私は思う。だからこそ彼らは勝利したのである。戦争中は、最大の目標は勝利であり、その目標に沿って報道を管理することは賢明であった。しかし、戦争が終結して三〇年、いや一九六八年のテト攻勢から数えれば四〇年近くが経過した現在、ベトナムの現政権がかつての戦争の真実を未だに公表しないのは、まさに史実の隠蔽であり、批判すべきことである。

二　砕かれた幻想の戦後

❖腐敗党官僚の下の人々の受難

現在のベトナムのメディアは、主に戦後に生きる人間の運命を描いている。戦争中、彼らは勇敢な兵士であり、忍耐強く才智に富んだ人民であり、党に指導された二一年間に及ぶ戦争で人民の勝利に貢献した。だが現在、彼らの多くが貧困で、官僚らによる汚職の災いを被っている——このような話は、現在多くの報道で見受けられる。

私が記者をしていた『ダイドアンケット（大団結）』新聞はベトナム祖国戦線の機関紙で、真実を率直に報じることで国内では最も支持を得ていた新聞である。ベテラン記者ではタイ・ズィ、ルア・モイ、ラ・ヴォン、現在の若手記者ではグエン・チン、リー・ティエン・ズンなどがいる。「党の路線[*4]を知りたければ『ニャンザン[*5]（人民）』を読め。人心を知りたければ『ダイドアンケット』を読め」という言葉がある（残念ながら現在、『ダイドアンケット』紙への支持は往時よりは薄れてしまったが）。『ダイドアンケット』紙の記者になりたての頃、ハウザン省で「南部の母」と称えられる革命協力

＊3　**ホー伯父さんの部隊**　国民がベトナム人民軍に親しみを込めて呼称する場合の名称。抗仏戦争期からホー・チ・ミンの教えを受け継ぎ、「人民から生まれ、人民のために戦う」軍として位置付けられたことから、国民の軍に対する信頼が生まれてこのように呼ばれるようになったと言われる。

交通違反で罰金を払わされるハノイ市民（本文とは直接関係ありません）

者についての記事を読んだのを覚えている。地元の党幹部の汚職や、人民に対する不公平な対応を見て、彼女は有名な言葉を残した。「このような人たちだと知っていたら、私は地下壕を掘って彼らの面倒を見るようなことはしなかった」というものだ。

かつて人民は党の指導する戦争を支援し、苦しい時に党幹部を助け、その面倒を見た。「幹部の面倒を見るために秘密の地下壕を掘った」人民の支援や庇護がなければ、抗米戦争の勝利はなかったはずである。しかし、戦争が終わると、多くの幹部はあっという間にかつての高い理想を忘れ、困難な時に自分たちを救ってくれた人々の恩を忘れ、逆に良心的な人を弾圧し、抑圧し、搾取し、支配するようになった。

二〇〇三年六月、私は東京で、ベトナムの交通警察が市民を迫害して金を稼いでいるという記事をベトナム主要紙のホームページで読んだ。彼らは定例会議で、交通秩序維持の計画について話し合うどころか、「いかに手際よく」市民の金を巻き上げたかという経験の情報交換をしていたという。私は、二〇年前のハウザン省の「南部の母」の嘆きが、今でもそのまま残っていることを感じた。ベトナムの交通警察が市民から不当に金を取るのは昔からのことである。市民はこのような交通警察の「真っ昼間の強盗」に強い憤りを抱いてきた。だが、定例会議という公の場で、堂々と金稼ぎの経験をやりとりしているという話は、二〇〇三年になって初めて知った。交通警察官は現在、ベトナムの中で最も実入りがいい職業の一つではないだろうか。

今や、公務員や共産党員が不当に金を稼ぐのは、日に日に露骨に、組織的かつ職業的になっている。新聞で読んでもっと驚いたのは、ドンナイ省のサウザイ検問所の交通警察が不正に金を儲け、同省の党支部がメディアで批判された時、「党支部は一検問所の交通警察の幹部の管理などしない」と答えたことである。それならば、省の党支部とは何をする所だろうか？　生活、経済、社会全般にわたっ

＊4　**党**　ベトナム共産党は一九三〇年にホー・チ・ミンが結成し、インドシナ共産党、ベトナム労働党と名を変えて一九七六年から現在の名称になっている。「国家と社会を指導する勢力」（一九九二年憲法）と位置づけられており、現在のベトナム国内には共産党以外の政党は存在しない。国家の基本路線は党政治局や中央委員会で決定され、憲法の内容も党の政治綱領に沿って決定される。中央から地方まで各レベルの行政機関、司法機関、祖国戦線と大衆団体には党組織が設置され、人事や業務の決定、遂行、評価などに大きな影響力を持つ。党員は一八歳以上のベトナム公民で、一般的にはまず党の予備部隊であるホーチミン共産青年団で活動し、青年団と正式党員一名の推薦を受けて入党を申請し、審査を経て党員となる。

＊5　**ニャンザン**　一九五一年から発行されているベトナム共産党の機関紙。日刊の全国紙で八頁建て、一九九五年時点で一六万部が発行されている。一九八九年からは一六頁建ての日曜版も発行されている。

て指導するのが党の役目とする一方で、過ちを犯し、汚職に走り、「真っ昼間の強盗」を働く幹部の処罰となると、「その権限はない」というのだ！　だとすれば、党とはいったい何のためにあるのだろうか？

戦時中、党は人民と共にあった。「飲食を共にし、暮らしを共にし、生活や仕事を共にする」という「三共」を実践し、人民の意見に耳を貸した。だが、政権を掌握した後、党はなぜここまで人民から離れ、昔と違ったものになってしまったのだろう。

❖冤罪の果ての死――リュウ・タイン・チャウの話

二〇年前、記者の職についたばかりの頃、私はまだ国内各地の市民の不条理な暮らしについて、きちんと理解していなかった。一九八六年に南部メコンデルタのカントーに取材に行った時、私はリュウ・タイン・チャウとその家族に出会い、初めて現実を知った。私は何ヵ月にもわたって証人を探し、資料をあたり、チャウ一家が着せられたいわれなき罪について調査した。

戦争中、チャウの父親はハウ川流域で取れる青果を運送する小舟を所有し、革命側の歩兵部隊や党幹部に物資を供給していた。舟に載せた野菜や果物の下には、医薬品や砂糖、牛乳など「ホー伯父さんの部隊」への供給物資が積まれていた。彼と彼の家族は、党幹部に物資を供給するために何度となく生命を危険にさらした。

戦争が終わり、一九七八年に南部では私営資本改造政策が開始され、個人経営はすべて排除され、農民は合作社[*6]で集団で働かなければならなくなった。チャウの父親は、合作社を不合理なものとして拒否した。彼は自分が所有する小舟をわが子のように大事にしていたが、合作社員になると小舟は別の所で管理され、彼は賃金をもらって働くことになる。彼はこの不条理をどうしても受け入れることができなかった。その結果、彼は「党と政府の私営資本改造政策に反抗した」として逮捕された。そして、裁判も受けることなく一年以上刑務所に入れられ、釈放されて数ヵ月で病に倒れ、亡くなった。

この私にとって初めての南部取材の時、私はまた旧南ベトナム軍のある少佐にも出会った。彼はアメリカとフィリピンの軍学校を出ており、戦後は思想改造収容所[*7]で六年間過ごしていた。当時、彼はもう一人の仲間と個人経営で米を容れる運送用の麻袋工場を管理していた。彼の工場は多くの労働者を雇っており、彼はこのことを政府に知られるのを非常に恐れていた。当時ベトナムでは会社法がまだ制定されておらず、多数の労働者を雇うことは禁じられていたからである。彼は私に、「経営の自由なくして国家が発展できようか」と語った。

＊6　**合作社**　北部で一九五〇年代の土地改革後に組織された集団農場。農民は合作社の社員として生産隊に編入され、労働点数に応じて報酬を受け取る。南北統一後は南部にもこの制度が適用されたが、生産・経営の自由がないため農民の労働意欲の低下につながった。ドイモイ後の土地所有や農業経営の自由化で、現在では一部地域以外はあまり機能していない。

＊7　**思想改造収容所**　一九七五年五月の党の指令に基づき、旧南ベトナムの政府職員と将兵は再教育施設に一定期間収容され、思想改造教育を受けることが義務づけられた。収容所では旧政権時代の自分の誤り、アメリカの犯罪、ベトナムの英雄、革命政府の政策、労働の尊厳などについて厳しい教育を受け、互いの批判、自己批判の集会に出席しなければならなかった。

共産主義はきわめて美しい目標を掲げている。それは、公平で、博愛の、万人が幸福な暮らしを享受する社会を築くことで、社会主義国家とは人民に奉仕する機構なのだ。しかし、その目標を実現するために共産主義者がとった方法は誤りだった。一つの党が指導し、競争や個人の利益を否定し、国家の独占権を監視するシステムを排除するというやり方である。その結果、社会発展の原動力が奪われ、国家機構の汚職や腐敗という弊害を効果的に阻止できなかった。この単純な理屈を、多くの人は今になってやっと理解したのである。戦時中はほとんどの人がわかっていなかった。戦争中はみな、社会主義社会は人類の極楽浄土であると信じ、「アメリカに勝利したら、われわれはより良い、偉大な国家を築くのだ」と喜んで戦場へと向かった。

だが、チャウ一家の悲惨な話からもわかるように、結果はそうはいかなかった。他にも、戦争中の英雄が戦後に冤罪を被る痛ましい話は数知れず、新聞雑誌に日々掲載されている。

前述の少佐がベトナムに留まった理由は、国の発展のために何らかの貢献をしたかったからだ。政治体制が違っていてもベトナム民族は一つだ、と彼は言う。しかし、私に会った時、彼はとても落胆した様子であった。そして、六年間の思想改造収容所の生活でも、この誤った政策――自由や、個人の能力や、国家の発展を抑制する政策――ほど失望させられたものはない、と語るのであった。

私はハノイに戻り、カントーで多くの冤罪を引き起こした元凶であるカントー市の市場管理隊についての記事を書いた。その中でリュウ・タイン・チャウ一家の件を紹介すると、全国から多くの反響があった。

カントーでは、チャウの父親の冤罪が公の場で明らかになり、これに関わった数人の幹部が処罰された。しかし、死んだ人は戻ってこない。結局、チャウ一家が営んでいた河川運送の仕事は復活できなかった。一〇人近い家族の家計は崩壊寸前だった。あれから二〇年近くたつが、彼女とその家族はどうなったのだろう。

❖家・土地を奪われ──グエン・ティ・クイットの話

一九八八年から一九八九年にかけて、グエン・ティ・クイットというクアンガイ省の女性が、土地と住居を村に奪われたことを訴えるためメディアの助けを求めてハノイにやってきた。クイットは声明を公表してもらおうと、書類や関連資料を携えて各新聞社を回り、『ダイドアンケット』社にも何度も訪れた。私はクイットの話をより詳しく聞こうと、『ティエンフォン（前衛）』紙の記者マイン・ヴィエトと共にクアンガイに赴いた。

戦争期、クイットは革命分子であり、解放勢力のために秘密活動を行なっていた。サイゴン政権に何度も逮捕され、投獄され、拷問を受けた。戦争が終結する前の一九七四年に、彼女はある人から土地を買った。一九七五年、その人は共産党政権の支配を嫌い、海外に亡命した。国土が統一されてから、村はクイットが規定どおりの書類のない土地売買をしたという理由で、彼女の住居と土地を没収した。クイットは、抵抗したため、かつてサイゴン政権によって監禁されたのと同じ場所に監禁されたこともあった。サイゴン政権はクイットを監禁はしたが、彼女の家や土地まで奪いはしなかった。だが今、共産党政権の幹部は彼女を監禁するだけでなく、家や土地まで奪ったのである。

❖つぶされた工場経営の夢――グエン・ホン・ミンの話

クアンガイ省では、グエン・ホン・ミンの事件も持ちあがっていた。一九五四年、ベトナムが南北に分割された時、ミンは北部に行き、彼の母と弟妹たちは南部に留まった。一九七五年、ミンは故郷のクアンガイへ妻子と共に戻った。既に老いた母親と、二一年という年月を経て再会を果たしたのである。ミンの弟は南ベトナム軍の士官であったため、一〇年近くも思想改造収容所へ送られていた。ミンは、社会主義の北部で学んだクリスタル精製技術を、故郷クアンガイで生産活動に応用したいと思った。一九八二年から八三年にかけて、ミンは当時不足していた医療用クリスタルのカプセルを生産する協同組合を組織した。彼は多くの人に資本金を借りてクリスタルを精製する炉を作り、北部から職人を雇い、予備の炭火や原料も用意した。だが一九八三年のある夜、突然クアンガイ市ギアチャイン村当局が、地域の武装グループを使ってミンの工場を襲撃し、原料をすべて没収し、職人全員を拘束した。その理由は「政府に職人の人数を報告せず、違法な生産活動を組織したから」である。

一九八八年から八九年にかけて、私はハノイでミンに会った。彼は、ギアチャイン村当局の三人が彼の工場を破壊した本当の理由は金だと言った。ミンが正式に生産に取りかかる前、彼らは賄賂の金を要求してきた。金を出さないなら妨害をして生産ができないようにしてやると脅したのである。彼は、生産が軌道に乗って売り上げが出れば、政府の衣を纏ったこの「真っ昼間の強盗」三人組に「見舞金」を渡すことを約束した。だが、彼らは待つのも嫌がり、ミンの工場をつぶすために「職人の人数を報告せず、違法な生産活動をしている」という罪を着せようと思い立ったのだ。

ミンの母親は、苛酷な戦争の二一年間をクアンガイで過ごし、農民の女性や子供が韓国兵に惨殺される場面をはじめ、数々の虐殺や爆撃の現場を目のあたりにしてきた。しかし、戦後になっても、わが子やその家族は、再び汚職との闘いという新しい闘争に直面したのだった。この戦いもやはり苛酷で、「首が切り落とされ、血が流れる」ようなものだった。しかも、今日の戦いは以前より悲痛である。なぜなら、昔の敵は前線にいるとはっきりわかっていたが、今日の敵は、自分たちが守り従わなければならない党・政府の中に存在するからである。

一九九〇年代の初め、ミンの件に関する陳情書や訴訟書類は重さ約七キロに達した。当時『ティエンフォン』紙の記者だったスアン・バーは、ミンを擁護するために「七キロの訴訟書類を抱えた男」という記事を書いた。私も、ミンの事件をもっと詳しく知るためにクアンガイまで赴き、記事を書いて『ダイドアンケット』紙に載せた。ミンは国家機関に直訴するため、妻と五人の子供を連れてハノイに何度もやってきた。一家は党中央機関が建ち並ぶグエンカインチャン通りの一〇番地の門前で寝泊まりしたこともある。党指導者に会って解決の方向を探るためである。ミンは、過ちを犯した三人の幹部を処罰し、彼の損失を補償するよう求めた。彼の家族七人はナイロンのござを敷き、ホー・チ・ミン廟から三〇〇メートル足らずの党本部の前にある木に蚊帳を張り、数ヵ月をそこで暮らし、冤罪を晴らす機会を待ち続けた。

一九九三年、ミン一家がグエンカインチャン通り一〇番地の門前で暮らしている間、多くの警備兵が彼の家族を助けたという。彼らは、党中央機関の本部脇で直訴の機会を待っている人たちの惨めで痛ましい暮らしぶりを毎日目にしていた。当時、一部の良心的な記者は、ミン一家を自宅に泊めたり、援助をしたりした。

ミンは一二年間ずっと解決を待っていたが、その間クアンガイ地方裁判所と最高裁判所で七回もの審理が繰り返された。一九九五年、七回目の裁判でミンは部分的に勝訴し、裁判所はクアンガイ省人民委員会にミンへの賠償金を支払うよう命令した。しかし、訴えられた三人の幹部はお咎めなしであった。そして、ミンが賠償金を携えて法廷から出てきた時、待ち構えていた債権者たちが、その金をすべて持ち去った。一二歳の娘フォンは重病だったが、薬を買う金もなく、とうとう死んでしまった。ミンは今でも第七回裁判の判決に不服を申し立て、ハノイを訪れて「公正」を求め続けている。

❖ケイズア・レストランの強制移転

一九九〇年にサイゴンに出張した時、私は「ケイズア（椰子の木）」というレストランのオーナー、トゥ・フオンの話を聞いた。「ケイズア」の従業員やコックはみな、元ホームレスだった。フオンは戦火の激しかった一九六七年から一九六八年にかけて、この店を営業した。貧しい学生やストリート・チルドレン、頼る所のない老人たちを助けるためである。彼女はそのような人々に技術を教えて職を持たせ、店に寝泊まりさせた。子供たちには英語や音楽、歌を学ばせた。店には外国人客も多く訪れ、フオンの「子供」たちは外国の篤志家の援助を受けるなどして、現在欧米やオーストラリアで勉学に励んでいる。

だが、一九九〇年に私がフオンに会った時、市当局はニューワールド・ホテル建設のために、「ケイズア」を移転させようとしていた。フオンはこれに抵抗し、メディアはこぞって彼女を応援して市の移転計画を批判した。この計画は、ホーチミン市観光局局長ズオン・ヴァン・ダイが進めていたも

ケイズア・レストランのオーナー、トゥ・フォン。

のだった。戦争期には、ダイはアメリカとサイゴン政権に反対する学生運動で活躍した。だが今では、海外とコネクションを持ち、外国投資を引き入れるという利権の多い「美味しい機関」の局長を務めている。フォンの話では、戦争当時、サイゴン政権当局もたびたび「ケイズア」の立地条件に目をつけ、他の場所に移転させようとしていたという。だが世論の批判を恐れ、フォンも激しく抵抗したため、移転計画をあきらめざるを得なかった。南部解放後、二人の娘はアメリカに移住したが、フォン自身は海外に亡命せず、行き場のない子供や老人たちとここに留まった。

かつて「爆弾の音を遮る歌声」として人気のあった従軍歌手クアン・フンは、そんな「ケイズア」の常連だった。しかし、彼は私に「今はもう歌を歌う気持ちになれない」と語った。「われわれは市がホテルを建設する方針に反対するわけではない。ただ、ホテルは国家建設に重要な空港でも港でも福利施設

強制移転後のケイズア・レストラン。

でもないし、『ケイズア』の場所は国益に欠かせないほど戦略的に重要でもないだろう。他にもホテルを建てる場所はたくさんあるのに、市の権力者はなぜこの哀れなレストランを根こそぎ奪おうというのか。『ケイズア』には、数知れない思い出がある。社会から見捨てられた子供の面倒を見て、人として育ててきたのだ。これより美しいものがあろうか」

　私はハノイに戻って「ケイズア」の記事を書き、ホーチミン市はこのレストランを撤去すべきではないと訴えた。サイゴンの中心地にこのレストランを残せば、ベトナム社会がまだ人情や道理、道徳を尊重しているという証になるのではないか…。しかし、「ケイズア」は強制移転されてしまった。後に、私が新しいレストランに立ち寄った時、フオンは「グエン・ヴァン・ティウ政権も、何度もこのレストランを撤去させようとしたができなかった。この時代のこの政権だから撤去できたのよ」と語った。

❖愛国越僑グエン・アン・チュンの冤罪事件

　一九九四年の初め、『ダイドアンケット』社に、グエン・アン・チュンが社長を務めるサイゴン・オート社に関する冤罪事件の分厚い資料が届いた。チュンは南部のアンザン省の出身で、一九六〇年

1994年、ホーチミン市で開かれたグエン・アン・チュン（左端）の裁判。

代初めに日本に留学した。日本で南ベトナムに反対する反戦運動に参加したため、欠席裁判で懲役六年を言い渡された。南北統一後、チュンは機会があるごとにベトナムに帰り、日本で学んだことを活かして祖国の再建に貢献しようとした。

一九八八年に外国投資法がようやく制定されると、チュンはいち早くこれに応えて「サイゴン・オート」社を設立し、四〇〇人の従業員を雇用した。彼の会社は右ハンドルの中古のバス、トラックなどの業務車両を輸入した。これらの車両は日本では安価なので、ベトナム式の左ハンドルに直して修理を加えれば役に立つし、ベトナムの経済状況に合うと考えたからだ。チュンはホーチミン市に修理済みのバスを寄贈した。もし経営が順調にいけば、市が必要とするだけのバスを一九九〇年までに進呈するつもりだった。

しかし、一九九四年ヴォー・ヴァン・キエット首相が右ハンドルの乗用車の輸入禁止を決定した。チユンの輸入した乗用車は、この決定の適用以前のものであったにもかかわらず、ホーチミン市公安警察は彼を不法輸入で逮捕した。チュンは一〇ヵ月間拘留され、彼が輸入した一〇万ドル相当の中古車一一八台は市によって没収された。

私は記事上で、この事件の法的根拠の欠如、公安当局の不公正さなどを指摘し、チュンの冤罪を晴らすよう訴えた。ハノイの他の新聞も私に同調し、ホーチミン市公安警察のやり方を非難した。ハノイの新聞がチュンを擁護するまでは、サイゴンの新聞は同市公安警察の資料に基づいて一方的にチュンの不法輸入を非難し、警察を擁護した。当時、警察の誤りを指摘することがまだ珍しかったので、地方の新聞は二の足を踏んだが、中央の『ダイドアンケット』『ニャンザン』『トウオンマイ（商業）』『ティエンフォン』『ラオドン（労働）』各紙は、悪いことをする警察を恐れなかった。

チュンの第一審はホーチミン市の大法廷で開かれた。戦争中、この大法廷では多くの共産主義者とその賛同者、解放勢力の人間が裁かれた。南ベトナム政権に反戦運動の罪で裁かれたまさにその法廷で、チュンは現政権によって裁かれたのである。

チュンは無罪の判決を受け、一一八台の右ハンドル車両はホーチミン市が被告人に返還しなければならなくなった。しかし、判決から一〇年が過ぎた二〇〇三年現在も、それは返還されていない。

三　三人の元従軍記者の仕事

❖「死刑囚戦士」に光——タイ・ズィ記者

さて、ここで三人の元従軍記者たちの仕事やその人生について紹介したい。彼らは私の大先輩であり、戦争中は死と隣り合わせの危険にさらされながらペンを奮った。彼らの戦後の仕事のあり方は、戦中戦後を生き抜いたベトナム国民の関心のあり方や暮らしぶりを映す一つの鏡となると思う。

『ダイドアンケット』紙にはタイ・ズィというベテラン記者がいる。現在はもう退職しているが、ベトナムの報道界では最も信頼されていた記者の一人である。抗米戦争中、彼は他の記者たちと共に南部入りし、従軍記者として戦いに参加した。タイ・ズィはチャン・ディン・ヴァンというペンネームで、英雄烈士（革命戦争の戦死者）の夫婦を描いた小説「あなたのように生きる」を著している。私の記憶が正しければ、私が入社して数ヵ月たった一九八四年のテトの頃、タイ・ズィは「民の心」という表題の有名な記事を書いた。これは、自由や民主主義に対する人々の渇望、そして党と政府が人々に関心を持ち、その声に耳を傾けるようにという願望について述べたものである。このテト号はすぐ売り切れになり、人々はこぞって『ダイドアンケット』新聞の本部まで買いに来たものである。

その記事を読んでやっと、私は自由や民主主義への渇望とはいかなるものか、おぼろげながら理解した。『ダイドアンケット』紙で働いてきた数十年間、特に抗米戦争以後、タイ・ズィは主に自由や民主主義の希求というテーマで記事を書いた。それらは、共産主義の理論が実現すべき目標としたものだった。ところが、それを書いたというだけでタイ・ズィはブラックリストに載せられ、公安当局に厳しく取り締まられることになったのである。

一九八七年から八八年にかけて、タイ・ズィは「死刑囚の戦士」に関する一連の記事を書いた。

抗米戦争の時期、サイゴン政権は共産党の人間、あるいは共産党寄りの人間や学生を数多く逮捕した。その多くが死刑の判決を下され、ある者は銃殺され、ある者は刑の執行を刑務所の中で待った。幸い一九七五年に戦争は終結し、このような死刑囚は釈放された。しかし、この忍耐強い革命戦士たちは、党に人生を捧げる覚悟ができていたにもかかわらず、実際には、旧政権の刑務所から釈放された後に新たな「監獄」に入れられた。全員ではないが、多くの者が別の刑務所——以前のような四面を壁に囲まれた房ではなく、「貧しく忘れ去られる人生」という新たな監獄——に入れられたのである。

タイ・ズィは南部に行って、かつての兵士仲間に再会した。その中には、彼の言う「死刑囚戦士」もいた。そして、彼らが貧窮にあえぎ、政府に忘れられていることを知った。彼の友人である「死刑囚戦士」は、病身で死期が近いにもかかわらず、住まいも家族もなく、田畑にあるアヒル小屋に身を置くしか術はなく、近所の親切な人に面倒を見てもらっている有様だった。

タイ・ズィは善良な人々に「死刑囚戦士」を援助するよう呼びかけ、『ダイドアンケット』紙で彼らの惨状を報じ、政府に対応を要求した。「死刑囚戦士」たちは、何も多くを求めているわけではない。彼らは国がまだ大変な時期にあるとわかっている。彼らが望むのは、首都ハノイを訪れ、ホー・

チ・ミン廟を訪れることだけなのだ。

抗米戦争の二一年間、抗仏戦争も含めれば三〇年もの長期にわたって、多くのベトナム人が、ホー伯父さんと一国の心臓部である首都ハノイの姿を心に抱いて、党に従ってきた。しかし、戦争が終結して一〇年以上がたったというのに、彼らはまだハノイに行ってホー・チ・ミン廟を訪れることさえできないのである。訪問は彼らにとっては最後の、そして神聖な願いなのだ。

タイ・ズィの記事が出てから、政府は、戦争中は勇敢に戦ったが戦後は忘却されてしまった兵士たちの人生に関心を示し始めた。その結果、「死刑囚戦士」たちが集められ、ハノイのホー・チ・ミン廟に招かれ、政府による最低限の社会福祉の援助を受けたのである。遅すぎた対応ではあるが、国のために功績を尽くした人々に対する党と政府の好ましい対応である。

最近は、「英雄の母」（抵抗戦争に命を捧げたベトナム人の母親）という称号を与える制度もできた。政府は「英雄の母」に「情義の家」と呼ばれる住居を無償で建設して贈与し、数百万ドン（数万円相当）と預金通帳、そして治療薬などを与える。遅い対応とはいえ、ないよりはましである。しかし、多くの母親たちが、この政策が講じられる前に亡くなってしまった。その上、多くの「情義の家」は建設が粗雑で、たった数ヵ月住んだだけで崩れたり、雨漏りがしたり、壁がひび割れたり、家の地盤が沈んだりすることがあった。

『ダイドアンケット』紙をはじめ各紙誌は、「いい加減な情義の家」を告発して、政府に対応を迫り、「英雄の母」を欺いて苦しませた建設関係者の処罰を求める記事を載せた。彼らは、ひどい時はごみ捨て場や悪臭のする廃水溝付近のような不便な場所に「情義の家」を造り、後は地方指導部の信用を得ようと、報道陣を招いて記者会見し、ラジオや新聞で取り上げさせる。だがその後でこれらの「情義の家」が老朽化し崩壊していっても、誰も気にも留めないのだ。

❖過去となった戦場の同胞愛――チャン・ディン・バー記者

『クアンドイ・ニャンザン（人民軍）』新聞のチャン・ディン・バー上佐[*8]は、元ベトナム経済法廷[*9]主席ト・ズィの住宅占有事件に関する一連の記事で有名である。バーもかつては従軍記者であり、ズンサック特殊部隊[*10]の記事など有名な戦場ルポを書いた。一九八六年から一九八七年にかけて、バーはト・ズィが多くの住居を占有したことを批判した。ズィのポストは大臣に相当する職務であり、おそらくこの記事は、大臣を批判した初の報道であろう。

バーによるト・ズィ批判記事の後、党指導部では意見が分裂した。政治局員で中央人事委員長グエン・ドゥック・タムはト・ズィを厳しく処罰する意向だったが、当時の書記長ド・ムオイは彼を擁護しようとした。ベトナムには法の支配などなく、あるのは指導者の意見だけである。だからト・ズィの事件は法によらず、党中央書記委員会で討議された。

会議に呼ばれたバーは、党幹部が豪勢な食事をしている間、ドブネズミの出る別室の食卓で待たされた時の感慨をこう記している。

「戦時下では、みなが家族のように助け合って暮らしたものだ。枯れた泉で獲れたばかりの小エビを入れたトマトスープ、夜中の森で狩った麝香鹿や狐、戦利品として戦場から持ち帰ったばかりで、鼻をつく硝煙の臭いが残るコーンビーフなどの缶詰を集めた箱…。喜びも苦しみもすべて分かち合ってきたのだ。戦場では、同胞愛や人情がなぜこうも美しいのだろうか？」

戦争では指導者も兵士もみな喜び悲しみを共有する。貧しいが温かみのある食事をする。だからこそ、党は戦争に勝利するための民族団結を図ることができたのだ。しかし、戦争が終わり、党が国の主導権を実質的に握るようになると、党幹部たちは二階で豪華な食事をあてがわれ、幹部の汚職と戦う兵士や記者たちは一階で乾いた赤米[*11]を供される。もし汚職を一掃しようとすれば、現在の党中央委員のうち何人かは職を失うか刑務所行きである。かつての戦争では類稀なる才能を発揮した党幹部だが、現在は民族の利益や国益を顧みず、金儲けにその才能を発揮している者が多い。良き幹部の多くが、退職したり、死亡したり、あるいはたいして重要でない職につかされている。彼らに取って代わったのは、野心があり、汚職に手を染め、徒党を組み、お世辞を言い、要領よく立ちまわる、無教養

＊8　**上佐**　ベトナム人民軍の階級の一つ。大佐と中佐の中間に位置し、少佐、中佐、上佐、大佐の順となる。尉官、将官も同様に四階級ある。

＊9　**ベトナム経済法廷**　最高人民裁判所、地方人民裁判所の下にある各種法廷の中に経済法廷と労働法廷があり、法人間の契約、法人と個人間の契約、労働契約、株式や社債、企業破産などをめぐる紛争が「経済事件解決手続きの法令」「労働事件解決手続きの法令」に沿って審理される。

＊10　**特殊部隊**　特殊部隊（コマンド）とはベトナムの精鋭部隊であり、空港や港湾、武器庫、敵軍陣地などを攻撃するための特別の訓練を受けた部隊。ズンサック特殊部隊大隊はサイゴンの南東部約一五キロの地点にあるズンサック（森の名称）に駐屯する特殊部隊大隊。ベトナム戦争では非常に有名な大隊で、ニャーベーのシェル石油基地、タイントゥイハー爆薬庫、戦艦ビクトリーなどを攻撃した。

＊11　**赤米**　バオカップ時代に多く食された。質が劣化して色が赤くなった。今はほとんど食べられない。

で手段を選ばない者たちである。

一九九八年、バーはサイゴンの「別働隊レー・ティ・ジエン」[*12]について記事を書いた。レー・ホン・クアンは別働隊レー・ティ・ジエンの元隊長で、彼女の母親レー・ティ・スアンは秘密活動の党員だった。一九六八年のテト攻勢の際には、母子ともに南ベトナム軍に捕らえられ、残酷な拷問や取り調べを受けた。しかし、二人は断固として解放勢力の秘密を守り抜き、互いに親子であることも認めなかった。一九七四年、バーは南ベトナム軍と解放戦線の捕虜交換式に特派員として参加し、スアンとクアン母子が同時に釈放され、再会する場面を偶然目撃した。彼女らは、その時初めて「お母さん」「わが娘」と呼び合うことができたのである。

一九九八年、バーが母子に再会した時、母スアンは八二歳で、「英雄の母」の称号を得たいと願っていた。もし称号が与えられれば、今のみすぼらしい住居を改善できるからである。拷問で片手を切断され、妊娠能力を失い、第一級の障害者となった娘クアンも、レー・ティ・ジエン別働隊の隊長であったと公認されるために努力していた。テト攻勢でこの部隊のほとんどが殲滅され、クアンしか残っていなかったのだ。だが、レー・ティ・ジエン別働隊の存在を公認する正式の機関はない。

クアンは自分の権利のために戦おうというのではなく、自分が隊長として勤めた特殊部隊の存在を証明したいだけなのだ。そうすれば、犠牲になった部隊の戦士を烈士と認定する法人組織ができ、部隊に協力的だった多くのサイゴンの人たちが認められる。しかし、これに回答した機関はなかった。一九九八年、バーはこの記事を『クアンドイニャンザン』紙に載せ、クアンとスアン母子の主張を手助けした。戦後三〇年を経ても、このような「恩知らずの薄情者」の話はいまだにあり、勝利に貢献した多くの人間が忘れ去られているのである。

❖記者も辞め、党員も辞めて――サイゴンの元従軍記者

二〇〇〇年初めのサイゴン出張の際、私は元新聞記者の男性に会った。終戦後まもなく記者を辞めた彼は、現在商店を経営している。戦争中は、従軍記者として数々の戦闘を経験した。一九七五年四月三〇日、大勢の人の歓声の中でサイゴンに入城した。当時彼は、将来が約束された前途有望な青年であった。記者を辞めなければ、今頃は編集長とか、市の党宣伝訓練委員長にでもなっていた人物である。だが彼は、「官僚になってしまったら、今頃は汚職で身を滅ぼしていたかも知れない。今の私のように、自分の力で生きて楽しく過ごしている官僚はいないのではないか。私は自分のお金で生活しているのだから、汚い裏金で暮らして怯えている彼らとは違う」と語った。

彼が戦後数年経って記者を辞めた理由は、意外と単純なものだった。当時、彼は新政権が打ち出した私営資本改造政策を取材した。直感的に「この政策は間違っている。改造を続ければこの国は滅びてしまう」と悟ったという。たとえば、ビエンホアにある工業団地では、隣接した二軒の工場が互いに商品をやり取りする時でさえ、ハノイに出向いて許可をもらわなければならないのである。たとえ政府がこの政策の失敗に気づいたとしても、その危機から脱するには時間がかかるだろう。自分のことは自分で救うしかない。その頃から記者を辞めようと考えるようになった。記者を辞めるとともに、

＊12　**別働隊**　特殊部隊の下部組織。レー・ティ・ジエン別働隊大隊は六八年のテト攻勢時に編成されたが、その後レー・ホン・クアン大隊長を除いて殲滅させられた。

彼は共産党からも離脱した。

現在、彼の商店には地元の警察官が時々金をせびりに来るが、ハノイ出身の元兵士、元記者、元党員という彼の履歴が幸いして、賄賂を要求される頻度も少ない。

「戦争中に、自分がこうなるとは思ってもみなかった。戦争が終わったら、公務員として国のために党のために仕事をするものだと思っていた。生活も政府や党が面倒をみてくれるものだと思っていた。あの頃は、自分のために何かをすると考えるだけで罪悪感を覚えたものだ。しかし、今は家族のことしか考えない。それでも、人民のお金を横取りして汚職しているやつらよりもずっと身がきれいだと思う」と彼は語っている。

四　経済経営の誤りがもたらした腐敗

❖国有化の誤り

戦争中は、共産党の神聖化にはプラスの面もあった。党は個人の利益よりも集団の利益を優先し、民族の全力を団結させ、戦争を勝利に導いた。党が悪くなったのは、戦争終了直後のことではない。指導者も国の発展や、人々が幸福のうちに豊かに暮らすことを望んだはずだ。その時は今のような汚職はなかった。しかし、路線を誤って私営資本改造政策を行なったため、有能な資産家の経営者を排除し、経済を崖っぷちに追い込んだ。経済がうまくいかなければ、人は正当な道では生きていけなくなる。だから、権力のある党幹部は人を騙したり、密輸や汚職に手を染めたり、人民を搾取して金儲けをするようになったのだ。

『ダイドアンケット』紙のベテラン記者タイ・ズィは、かつての有名な経営者バック・タイ・ブオイやチン・ヴァン・ボなどについて頻繁に記事を書いた。サイゴンの『トゥオイチェー（若者）』紙も、一九七五年以前に活躍した経営者を熱心に取り上げた。たとえば、グエン・タイン・ドイ（銀行総裁）、チャン・タイン（味の素カップラーメン社社長）、リー・セン（サダキムコ錬鉄社社長）、リュ・トゥン（ヴィキノ社機械製作所社長）などである。共産党政権は彼らのような優秀な経営者を認めなかった。彼らは国を去り、異郷で生涯を終えねばならなかった。ベトナムに残された財産はすべて国有化され、赤字の運営や汚職の中でうやむやにされてしまった。

北部で愛国的資産家として有名なのは、ハノイのチン・ヴァン・ボとバックニン省のグエン・ティ・ナムである。ボは一九四五年に共産党が政権を掌握した時、ハノイにある持ち家の多くを国家に献納した。そして抗仏戦争遂行のために金《きん》を提供するキャンペーン週間（一九四六年）には、誰よりも多い四〇キログラムもの金を献納した。その上、ホアン・ジエウ通りの邸宅を同政権に貸与した。この邸は、使用目的が終了すれば返還してもらうことになっていた。しかし、二〇〇〇年になってもその邸宅はボ家に返還されていない。現政権指導部は国の返還義務を認めているが、邸宅を返す措置をとっていないのである。この問題は多くの記事で取り上げられたが、いまだに成果は出ていない。

1946年ハノイで行なわれた抗仏戦遂行のための金寄付キャンペーンのセレモニー。最前列右側の足を組んでいるのが前年に退位した阮朝最後の皇帝バオ・ダイ。その左隣がホー・チ・ミン国家主席。

テイグエン省の女性資産家グエン・ティ・ナムの冤罪事件は、五〇年近くを経た一九九六年に『ジエンダン・ゾアインギエップ（経営フォーラム）』紙で報じられ、初めて世に知られるようになった。

抗仏戦争中、彼女はホー・チ・ミン勢力側の兵士をたくさん助けた。部隊が近くを通る時には、兵士がつまんで食べられるように道沿いに料理を並べた。

しかし、抗仏戦争後に土地改革[*13]が行なわれた時、テイグエン当局は彼女を悪徳地主第一号として人民裁判にかけたのである。一九五四年、この「血まみれの土地改革」で彼女は処刑された。党中央文化文芸委員会は、彼女についての記事の掲載中止を命じた。一説によると、一九五四年の土地改革で犠牲になった人の数は、ディエンビエンフー戦役の犠牲者よりも多いと言われている。

1946年ハノイで行なわれた抗仏戦遂行のための金寄付キャンペーンのひとこま。

五　必要な報道の自由

❖限られた自由の中で

二〇〇三年六月、党書記長ノン・ドゥック・マインは、社会悪の追放に新聞が著しい効果を上げていると賞賛した。しかし、メディアにもう少し自由があれば、あるいは私営の報道機関が認めら

＊13　**土地改革**　一九五三年、労働党は地主による土地制度の全廃を決定し、一九五四～五六年に中国のやり方を適用した土地改革を実施した。地主は「越奸反動地主（敵に奉仕する裏切り者）」「郷紳（農民を搾取する暴力的地主）」「普通地主」「抗戦地主（抗仏戦争に協力する愛国的地主）」に区分され、それに基づいて処遇された。後期にはこの区分が無視されたため、地主だけでなく富農、中農までが弾圧され、一万数千人が処刑される結果となった。

れれば、汚職追放に関する報道ももっと賞賛に値するものになれるだろう。

現在ベトナムでは、四〇〇以上の新聞雑誌と、六〇の放送局や地方テレビがある。記者は六〇〇〇人いる。戦争中、メディアは一方の側しか賞賛せず、自分の側の社会の良い面だけを書き、悪い面については書かなかった。ドイモイ路線以後は物事の両面を書くことができるようになり、メディアは社会問題と戦う武器としての役割を担うようになった。党の悪い面を指摘し、体制の打倒を呼びかけない限りは、比較的自由に書くことができる。新聞の報道は、犯罪を犯した警察官の処罰や、副首相の引責辞任に貢献したこともある。ベトナムのメディアが限られた自由の中で積極的に戦っていることは評価に値する。

二〇〇三年九月の国会開催時、党や政府機関、党指導者の自宅周辺に窮状を訴えるために集結する人々を処罰する法令を可決するよう、多くの高級官僚が国会に要求した。ベトナムのメディアは事実を報道するのみで、批判など無論できなかった。海外のほとんどのメディアは、ベトナムのドイモイの成果や急速な発展しか報道しないが、『ファー・イースタン・エコノミック・レビュー』誌だけは、この問題について比較的詳細な記事を載せた。

ベトナムでは、人々は当局によって不公平で誤った処置を受けることがある。無実の罪を着せられ、土地や財産を没収されたりする。これらの冤罪事件を責任を持って解決する機関が存在しないため、人々は中央機関まで赴いて訴えなければならない。しかし中央の各機関は責任を押しつけ合い、解決を図ろうとしない。だから人々は、指導者の自宅まで行って直訴しなければならないのだ。だが指導者たちは、自宅の前で陳情書を突き出す大勢の人々に不快感を覚えた。そして、「社会秩序を乱す」

これらの人々を罰する法律を制定するよう、国会に提案したのである。

❖人々の声を代弁するために

戦争中、人々は戦いを勝利に導くために党に協力した。しかし、戦争が終わった今、党・政府は人民を必要としなくなった。これは現在のベトナム人の悲劇ではないだろうか。

外国の報道はベトナムの経済発展を賞賛しているが、社会の陰にひそむ事実を見ようとしない。ベトナムの新聞は、人々の代弁者として自由や民主化の願望を表そうとしている。そして、党が変わって、国を発展させ、自由と民主主義を実現することを切実に願っている。戦争中のメディアが勝利に大いに貢献したとすれば、今のメディアは社会の健全化を図ろうとしている。しかし、ベトナムでは私営の新聞が認められず、自由なメディアがまだ存在していない。そのため、新聞が世論の真の武器として人々の願望を反映させるには至ってない。

二〇〇〇年にクリントン米大統領が訪越した際、「もし新聞が汚職を自由に告発し、裁判も正当に行なわれれば、その国は発展するであろう」と発言した。もしその通りになれば、ベトナムの人々もより幸福を享受できることだろう。

参考文献

Tran Dinh Ba. 1990. *Hanh trinh toi chan ly*. Nha xuat ban Thanh Hoa.

———. 1999. *Mot chang duong lam bao*. Nha xuat ban Thanh Nien.

Tran Thi Huong. 1997. *Bat hanh khong cua rieng ai*. Nha xuat ban Lao Dong.

第三章　統一ベトナムの苦悩
――政治イデオロギーと経済・社会の現実

中野亜里

現在のベトナムは、様々な矛盾を抱えている。社会主義志向と市場経済はその最たるものだろう。党は中央集権的な統治を維持しながら「民主化」と「法治国家建設」を唱え、経済発展と社会的公平の両立を追求している。物質生活は急速に「近代化」、つまり西洋化しているが、政治エリートらは民族の文化的特色をアピールする。対外的には独立、自主、各国との平等互恵を主張しつつ、外国の投資や援助に依存している。対外開放を進める一方で、国内秩序の安定も図らなければならない。グローバルな市場経済への参入をめざしながら、自国に不都合な国際的規範を押しつけられると「内政干渉」として拒否する。

ベトナムの現実を知って、「社会主義なのになぜこうなのか?」という疑問を抱いた人は少なくないだろう。それとも、この国が「社会主義共和国」と名乗っていることすら知らないまま、気軽に観光旅行に行く若者なら、何を見ても一般的な発展途上国によくある現象としか受け止めないだろう。

つまり、この国の政治の場面で語られることと、人々の実生活とが、それほど隔たっているということだ。

なぜそのような矛盾だらけの体制が出来上がったのだろうか。ハノイの共産党指導部が、抗米戦争後にどのように国家の舵取りをしてきたかを見てみよう。

一　一党支配体制による経済指導の失敗

❖プロレタリア独裁国家

抗米戦争終結の翌年、一九七六年一二月に開催された共産党第四回全国大会は、ベトナム革命が民族解放の段階から社会主義国家建設という新たな段階に移行したことを確認した。ベトナム全土は一丸となって、社会主義革命・社会主義建設という「唯一の戦略的任務」を遂行するものとされた。大会ではまた、ベトナムは「プロレタリア独裁国家」であり、現在「社会主義への過渡期」にあると認定された。そして、それから二〇年のうちに社会主義的工業化を達成するという野心的な目標が設定された。

大会では、党と国家と人民の関係について、「党が指導し、国家が管理し、人民が主人になる」という原則が提示された。つまり、党は実質的に国家よりも上にあり、国家の基本路線を決定することになる。この大会の路線は、一九八〇年の憲法で法制化されたが、この憲法では、共産党は「国家と社会を指導する唯一の勢力」で、マルクス・レーニン主義に基づいて行動し、労働者と農民の連合である労農同盟[*1]を統率するものとされた。

このような政治原理に従って、中央から地方村落まで、各レベルの行政単位ごとに共産党の組織が設置され、党と国家は一体化した。政府をはじめ中央省庁、各レベルの行政機関、司法機関、祖国戦線（後述）を構成する大衆団体などの人事も、党が決定権を握ることになった。

ホー・チ・ミンが作ったベトミンと、抗仏闘争の過程で結成されたリエンベト（三三頁）は、ベトナム祖国戦線として統合され、党の戦略を遂行する社会組織として機能していた。南部の民族解放勢力は、一九六〇年に独自に南ベトナム解放民族戦線を結成したが、この組織は南北統一後に祖国戦線に吸収された。一九八〇年に制定された国会議員選挙法は、個人の立候補権を認めておらず、祖国戦線が立候補者名簿を作成し、有権者はその名簿に載せられた候補者に投票することになった。これは祖国戦線の推薦、すなわち実質的には共産党の承認がない限り国会議員にはなれず、立候補のチャンスすらないということだった。

党にすべての権力が集中し、加えて抗米戦争の勝者であるという自信から、党官僚は特権的な支配

＊1　**労農同盟**　ロシアのレーニン主義の基礎となる概念。労働者階級が未発達な農業国では、農民の支持がなければ社会主義革命は実現できないため、労働者と農民の同盟が革命の担い手となる。ホー・チ・ミンはレーニン主義をベトナムの状況に応じて創造的に適用したとされている。

者に変貌した。腐敗した党官僚は、人民に対して抑圧的になり、汚職によって私腹を肥やすようになった。これについては、本書第一部第二章で具体的なエピソードが紹介されているが、その結果、党に対する人民の信頼感は結党以来最悪と言われるまでに低下してしまった。

❖南部の強制的社会主義化

北ベトナムの経済管理体制は、「戦時共産主義政策」と呼ばれた。党指導部は、ソ連型の中央集権的計画経済をモデルとしていたが、長期にわたる戦争状態のため、社会主義諸国から援助された財を行政的に人民に供給するというシステムが定着していた。すべての国力を戦争に投入する国家総動員体制の下では、経済効果の計算は無視して目前の戦争を遂行することが現実的な政策であった〔三尾一九八八：三九〕。

社会主義への過渡期の経済は、「国家資本主義経済」と呼ばれた。これは、企業の社会主義的改造、すなわち私営企業を国家の管理下に置いて統制するまでの過程で、一時的に国営経済と私営経済の合弁や経営協力を行なう体制であった。しかし、経営形態は国営と集団経営（各級行政単位による経営）、生産財の所有形態も国有と集団所有が基本であり、「非社会主義セクター」すなわち私営経済の活動は奨励されなかった。

ハノイの党指導部は、北部と同じ社会主義改造政策を南部にも機械的に適用した。したがって、資本家階級の排除、基幹産業の国営化、農業の集団化など、資本主義的搾取のない清廉な生産関係を形式的に実現することが急がれ、生産力の向上や、勤労者の生活の安定化には関心が払われなかった。

南ベトナムの人々は、生産手段や生産物を国家に取り上げられ、経営の自由を失い、社会主義建設の名の下に耐乏生活を強いられた。豊かなメコンデルタで自由な生産を行なっていた農家は、生産物を強制的に国家に買い上げられた。北部では、抗仏戦争期から勤労者の生活を保障するため、「抗戦賃金制度」と呼ばれる平等主義的な賃金制度が設けられ、消費物資の現物支給が行なわれていた。このやり方は南部にも適用されたが、勤勉に働いても収入の増加につながらないため、人々の勤労意欲は減退した。

南部では、旧南ベトナム政権の公務員や軍人だった人々は、国家機関の権威あるポストに就くことは一般的に難しかった。行政機関はもとより、国営企業、学術・教育機関の長など、主要なポストは北ベトナム出身の党員か、南ベトナム出身で一九五四年のジュネーヴ協定締結後に北に結集した党員、または南ベトナム解放民族戦線の幹部によって占められた。その人物の能力や適正よりも、政治的立場によって人事が決定されたため、国家建設に有用な人材の活用が妨げられた。「ボート・ピープル」[*2]の流出や、中国との関係悪化に伴う華人住民の大量脱出も[*3]、人的資源の大きな損失となったことは明

＊2　**ボート・ピープル**　一九七五年〜八〇年代、数十万に上る人々が船で非合法に国外へ脱出した。出国の動機は個人の政治的背景や社会階層、また時期によっても様々で、弾圧から逃れる場合もあれば、外国に経済活動や教育のチャンスを求める場合もあった。航海中に難破したり、海賊に襲われる事件が相次ぎ、国際的な人道問題となった。救助された人々は周辺諸国の難民キャンプに収容された後、欧米やオーストラリア、日本などの第三国に定住したが、受け入れ国が決まらず何年もキャンプに滞在する人々も多かった。ベトナム当局は脱出希望者から金品を収奪して脱出を黙認したとして、国際的な非難を受けた。

らかである。

経済指導の失敗によって、一九七六～八〇年の第二次経済五ヵ年計画は挫折した。カンボジア侵攻と中国との対決のため、抗米戦争終結後わずか三年余りのうちに、ベトナムは再び戦時体制へと回帰しなければならなかった。党は一九七九年九月の中央委員会総会で、「社会主義建設と祖国防衛」という「二つの戦略的任務」を設定し、国防のための総動員体制を強化した。

❖破綻した統制経済

一九七〇年代後半から八〇年代前半にかけて、ベトナムは未曾有の経済困難に陥った。国民の生活苦は、北部ベトナムの人々をして「北爆時代の方がましだった」と言わせたほどだったという。民生を圧迫した構造的な要因として、次のような国庫補助金の制度があった。

この時期、消費物資や資材の価格は、市場での需要と供給のバランスによって決まるのではなく、市場の実勢よりも遥かに低い固定した管理価格が設定されていた。国家は管理価格に従って、国営企業に生産財を安く供給した。国営企業が採算を度外視した経営を行なっても、赤字分は国庫からの補助金で埋められた。国家財政の赤字は、国立銀行を通じた低金利の政府貸し出しと、ソ連・東欧諸国からの経済援助によって補塡された［朽木・竹内　一九九六：四］。ハノイ指導部は、抗米戦争期の北ベトナムで出来上がったこのような経済構造を戦後もひきずり、そのことが国家の経済的自立を妨げていたのである。

画一的な賃金のため、労働者の仕事ぶりは受動的で、配給を受ける資格を保持するために形式的に職場で時間を潰すだけとなった。農家は生産物を国家に強制的に安く買い上げられるため、粗悪な農産物を国家に納入し、換金できる良質なものを闇市場に流した。国家は人民に最低限の生活を保障するため、物資を現物配給の形で供給したが、この配給制度がいかに人々を苦しめたかは、本書第一部第六章に詳しく述べられている。

受給者の職業と社会的地位によって配給物資のグレードが決まっていたため、人々は本当に必要な物を手に入れるには闇市場に頼らなければならなかった。しかし、決められた賃金の枠内では、闇市場の実勢価格で消費財を購入することは難しかった。アメリカとの戦争が終われば、平和で豊かな暮らしが実現するという人々の期待は裏切られた。

補助金制度は「バオカップ」と呼ばれ、ドイモイ後は中央集権的・官僚主義的な経済指導の失敗を象徴する言葉となっている。しかし、当時は指導的立場の党官僚が経済運営に不案内で、なおかつ外国援助に慣れきっていたため、バオカップは抗米戦争後も改められることなく一〇年間も継続された。今日でも、外国からの支援を当然のように受け止め、外国政府やNGOによる援助と、企業による投資を区別する意識が薄いが、その大きな要因は戦時からのもらい慣れの体質である。

＊3　**華人住民の大量脱出**　中国との関係悪化が表面化した一九七八年、北部では戦争の噂と中国側の宣伝のために一三万六〇〇〇人に上る華人が中国領に脱出した。その多くは労働者、炭鉱夫、猟師などだった。南部では社会主義改造の過程で華人資本家が資産を没収され、商業活動を禁止された。華人街チョロンには多くの軍・警察・志願部隊が投入され、商業施設を襲撃し、金品を押収した。南部沿岸では公安局がボートを用意し、脱出希望者から金とドルを徴収してボートに乗せて追い払ったとされる。

しかし、ソ連・東欧諸国は、ベトナムの南北統一後は援助を有償化し、従来の「友好価格」ではなく国際市場価格に沿った貿易を要求するようになった。一九七八年には中国からの援助が全面的に停止された。第二部第五章で述べるように、ハノイ指導部がアメリカとの速やかな国交回復に失敗したため、同国の経済制裁が長期化した。カンボジアへの軍事侵攻と中国との戦争、一〇年におよぶカンボジア派兵は国家財政を圧迫し、ついには破綻を招いた。

前記のように、統一当初のベトナムは、社会主義への過渡期にあるものと位置づけられていた。しかし、経済の低迷と国際紛争の長期化のため、党指導部は過渡期に対する認識の修正を余儀なくされた。一九八二年の第五回党大会は、過渡期の段階を二つに区分し、ベトナムは現在過渡期の「最初の段階」にあると再規定した。つまり、最初の段階では農業と軽工業の発展を図り、民生を安定化し、後の段階で重工業化をめざすというものである。これは、ベトナムが遅れた農業国であり、前回党大会で提唱されたような社会主義的工業化にはほど遠いという現状を、党指導部が認めたということだった。

二　ドイモイ路線への転換

❖市場メカニズム導入へ

ドイモイに先駆けた「新経済政策」は一九七九年から始まっていた。農業面の改革では、農業合作社の食糧供出ノルマの五年間据え置きや、農産物買い上げ価格の引き上げ、農業合作社における生産請負制度などが実施された。農産物の供出ノルマを果たした農民は、余剰作物を自由に販売してもよいことになった。国家は食糧生産に優先的に予算を投入し、化学肥料、農薬、殺虫剤の輸入を増やした。工業面では、国営企業の生産・経営権、財政権、人事決定権が認められた。賃金制度も改定され、請負賃金制や出来高払い制、ボーナス制が導入された。これらの改革の成果は一九八一〜八五年の第三次五ヵ年計画の実績に表れたが、同時にインフレ、市場の混乱、生活費の高騰による給与生活者の困窮といった弊害を招くことにもなった［三尾　一九八五および一九八八：四三〜四五、五二］。

党指導部でドイモイ路線への転換を促した立役者は、チュオン・チン元書記長だったと言われている。党の最高幹部の中でもとりわけ保守的、教条主義的とみなされていたチュオン・チンは、一九八二年から八三年にかけて地方を視察し、統制経済がもたらした結果に強い衝撃を受け、旧来の社会主義モデルを修正する必要性を痛感したと言われている。彼は、ソ連・東欧諸国の実情に詳しい学識経験者や経済官僚による顧問グループを作り、このグループが市場メカニズム（当初は「商品経済」と呼ばれた）の導入について研究を行なった。

チュオン・チンは、一九八四年七月の党中央委員会総会で市場の問題を取り上げ、社会主義建設を急ぐべきではないと主張し、非社会主義セクターを急激に排除する考えを批判した。そして、需要と供給のバランスを考慮しない旧来の価格体系と賃金体系を改革することが焦眉の課題であると説いた。その結果、一九八五年六月の中央委員会総会は、価格・賃金・通貨の改革の方針を採択した。以後、配給制度の廃止、賃金の改定が断行され、管理価格と市場価格の差を縮小して単一価格体系にすることが試みられた。

一九八五年の改革の結果、国家による生産物の買い付け価格や、賃金支出が上昇したために物価もはね上がり、年率六〇〇％台にも及ぶインフレが発生した。しかし、そのことで却って、党指導部は徹底した経済改革、特に市場経済メカニズムへの移行が急務であると認識するようになった。レ・ズアン書記長は、改革に抵抗する保守派の中核だったが、第六回党大会を目前に控えた一九八六年七月に死亡した。レ・ズアンの後任にはチュオン・チンが就任し、大会に備えて大胆な路線の転換を提起する政治報告草案を作成した。

ベトナムの指導部の中では、生産増大のためには市場経済化が必要であるという合意が形成された。この背景には、ＩＭＦ（国際通貨基金）、ＷＢ（世界銀行）の助言に加えて、ソ連共産党のゴルバチョフ書記長による改革の影響もあった［竹内　一九九四：七八］。ドイモイが公表された当初は、諸外国からベトナム版ペレストロイカと評されたこともあったが、この路線は決してソ連への追従ではなく、ベトナム国内の切実な事情から自発的に選択されたものだった。

ドイモイ開始直後のハノイ。（小高泰）

❖ドイモイ路線の採択

一九八六年一二月に開催された第六回党大会は、旧来の社会主義モデルの転換を公式に表明する分水嶺となった。チュオン・チンの手による政治報告は、旧来の党の路線と政策に対する自己批判でもあった〔古田　一九九九：一八〕。チュオン・チンの後を継いで書記長に選出されたグエン・ヴァン・リンは、南部出身の改革派であった。リン指導体制では、後に首相となるヴォー・ヴァン・キエットなど、経済実務に明るく、生産現場の実態を熟知した人材が経済政策を指導することになった。

ドイモイは、あらゆる分野における総合的な改革路線であるが、最もめざましい成果を上げたのは、外交と経済の分野だったろう。本章では国内政治と経済の改革を概観しておく（外交のドイモイについては第二部第五章参照）。

第六回党大会は、統制経済システムを改め、国庫補助金に依存した集権的、官僚的な「国家丸抱え制度」（一八八頁参照）を廃止し、市場メカニズムに基づく経済システムに移行する道を選択した。ベトナム革命は、長期におよぶ社会主義への過渡期にあるとみなされ、その間の経済は国営セクター、集団セクター、私営セクターが並存する「多セクター商品経済」と規定された。社会主義セクターのみを優遇する従来の方針から、非社会主義セクターも平等に扱う方針へと転換が図られた。南北統一当初、一九七六年の第四回党大会で打ち出された工業偏重の大胆な発展路線は、農業、消費財生産、輸出を重視する現実的な路線に修正された。

この路線に沿って、一九八〇年代後半から九〇年代初めにかけて、一連の改革が実施された。国営企業については、その経営状態がチェックされ、生産効率が低く、慢性的な赤字経営に陥っているものは解体された。各企業は、国家から生産財を借り受けて独立採算で生産を行なう形に転換した。個人経営や小工業・手工業部門の企業には優遇策がとられるようになった。

国家はインフレ抑制のため、金利の引き上げや、新たな価格・賃金体系の設定を行なった。生産財価格は国際市場の実勢に近づけられ、消費財価格も自由化された。一九八九年三月の党中央委員会総会は、配給制度を廃止する方針を採択した。農業分野でも、生産活動の自由が拡大された。農家は大幅な経営自主権を認められ、農産物買い上げ価格も自由化された。土地法も制定され、農地の長期的な利用が保証された。外国からの直接投資を導入するため、国会は一九八七年一二月に外国投資法を採択した。対外開放経済路線の下で、貿易会社の設立に対する規制が廃止され、関税も引き下げられた。これらの改革の結果、一九八九年にはベトナムは米の輸出国に転じ、インフレも収束に向かった。リン書記長はまた、南ベトナム政権下にいた「旧知識人」に対する差別を撤廃し、国家に貢献する知識人はすべて「社会主義的知識人」と呼び、経済発展に有用な人材の活用を図った。

❖遠い理想としての社会主義

ソ連・東欧の社会主義体制の崩壊は、ベトナム共産党の内部に改革のペースや方法をめぐる議論を引き起こし、一九八九年には東欧の民主化運動を支持した党幹部が失脚した（三八九〜四〇〇頁参照）。同年三月に開催された党中央委員会総会は、(1)社会主義路線と一党制の堅持、(2)プロレタリア独裁と社会主義的民主主義の理念を確認した。そして、民主化、公開化を利用して社会主義体制を転覆させようとする「和平演変」[*4]を警戒し、思想工作を強化した。

しかし、ソ連ブロックの崩壊という事態に直面した指導部は、社会主義が近い将来に現実となる具体的な目標ではなく、いつ実現できるかわからない夢であることを認めざるを得なかった。

一九九一年の第七回党大会はドイモイの継続を確認したが、東欧的な民主化を「ブルジョア民主主義」への後退として否定し、政治的多元化（複数政党制）を退けて共産党の指導性を再確認した。一方、

＊4　**和平演変**　一般的に、武力を用いず経済・文化・思想的な面から社会主義国の内部を変質させ、政治体制を崩壊させる陰謀・戦略を意味する。ハノイ指導部は、一九七〇年代に米カーター政権の人権外交を「和平演変」と批判して以来、ラジオの「自由アジア放送」や在外ベトナム人組織、人権NGOの活動など、共産党支配に不利益な事象を「敵の各勢力の『和平演変』戦略、体制転覆の暴乱」とみなしている。近年では、少数民族・宗教団体による当局への抗議行動や、人権や信仰の自由について諸外国がベトナムを批判することも和平演変として警戒している。

同大会決議は、ベトナムを「プロレタリア独裁国家」とする規定を改め、「人民の人民による人民のための国家」と再規定した。

また、党の指導理念については、これまでの「マルクス・レーニン主義」に「ホー・チ・ミン思想」を付け加えた。ハノイ指導部が「発達した社会主義のモデル」とみなしていたソ連が崩壊し、社会主義について党内で一致した見解が確立していないため、ホー・チ・ミンに象徴されるナショナリズムによって最低限の合意を確保したのであろう。同時に、社会主義体制を放棄したソ連・東欧諸国に対し、ベトナム革命の独自性を主張したものと考えられる。ハノイ指導部は、社会主義陣営の一員としてよりも、東南アジア地域の一国としてのアイデンティティーを強調するようになった。

一九九一年六月の第七回党大会の直前、グエン・コ・タック外相（当時）は、「世界における社会主義への過渡期は二〇〇〇年から三〇〇〇年続く」と発言したと言われている。過渡期に関する規定は、第七回党大会で採択された文書でいったん姿を消し、一九九六年の第八回党大会で再び登場しており、党指導部内の意見の不一致を推測させる。

第七回党大会で決定された路線は、一九九二年の新憲法で法制化された。この憲法は、ドイモイ路線に国家の基本法の裏付けを与えたという意味で、「ドイモイ憲法」とも呼ばれている。一九八〇年に採択された前の憲法では、共産党は「国家と社会を指導する唯一の勢力」（傍点筆者）と規定されていたが、一九九二年憲法では「唯一の」が削除され、「国家と社会を指導する勢力」に修正された。

とはいえ、国内に共産党以外の政党が存在しないことは従前と変わらない。

一九九二年憲法はまた、国家権力の基盤となる階級として、従来の労働者・農民階級のほかに知識人階層を付け加えた。ドイモイ路線下で、経済発展のために知識人、テクノクラートの役割が重視されるようになった結果であった。

三　経済発展と社会的公平

❖国土の工業化・近代化

ソ連・東欧ブロックの解体は、ベトナム経済がそれまでの主要な貿易相手と、援助の供給源を失ったことを意味していた。一九九一年には湾岸戦争の経済的な影響もあり、ベトナム国内ではインフレが再発した。順調な滑り出しを見せていた経済分野のドイモイに影がさし、党・政府指導部は、当面の主要な課題は経済の安定化にあると自覚するようになった［白石　一九九九：二七］。その結果、六月に開かれた第七回党大会では、二〇〇〇年までの経済と社会の安定・発展戦略が採択され、ベトナム経済は、「市場メカニズムに従う多セクター商品経済」であると規定された。

経済安定化のため、国家は売上税法、利潤税法、特別消費税法など各種の税法を制定し、税収を増やして国家財政の基盤を強化し、財政赤字を改善するよう図った。また、銀行金利の調整や紙幣増刷の停止などの措置によって、インフレを抑制するよう努めた。それらの努力が奏功して、経済成長率は再び上向きとなり、インフレも収束した。一九九一〜九五年の第五次経済五ヵ年計画は、各分野で目標値を達成もしくは超過達成した。それまで五ヵ年計画の目標が達成されたことはなく、これが初めてのケースであった。

ドイモイ以後の急速な経済、社会の変化に対応するため、党は第七回大会と第八回大会の中間にあたる一九九四年一月に、異例の中間期全国代表者大会を開催した。ソ連・東欧諸国の政治変動がベトナムに波及しなかったことと、国内経済が活況を呈している状況を踏まえて、党指導部は次の段階の目標を設定した。それは、二〇二〇年までにベトナムが基本的に工業国になるというものだった。同年七月の党中央委員会総会では、三年前の第七回党大会で設定された経済発展の目標値を上方修正し、「国土の工業化・近代化の方向に沿った工業・技術の発展と、新段階における労働者階級の建設」を決議した。これは、マクロ経済の安定が基本的に達成され、本格的な経済のテイク・オフが次の目標になったことを意味していた［白石　一九九九：三〇］。

一九九六年の第八回党大会は、深刻な経済的・社会的危機が克服され、経済の安定化が基本的に達成されたという情勢評価を示し、二〇二〇年までに基本的に工業国になるという中間期党大会の路線を継続した。この大会では、一九九六〜二〇〇〇年の第六次経済五ヵ年計画が提示されたが、それは従来の経済成長の目標値を上方修正しており、一人当たりＧＤＰ（国内総生産）の倍増をめざすという野心的なものだった。ただし、開発のための資金の約半分は、外国からの直接投資やＯＤＡ（政府開発援助）に依存しなければならなかった。

ハノイの汚職裁判で有罪判決を受けて退廷する前大臣一行を群衆が取り囲んだ。(水野孝昭)

❖社会的公平の追求

マクロ経済は順調な発展軌道に乗りつつあったが、国内では外国の資本や人脈にアクセスして事業を展開できる人々と、そのようなチャンスから疎外された人々との所得格差が拡大し、第一部第四章に記されているような貧困や拝金主義が大きな社会問題となっていた。党指導部は、経済発展と同時に社会的公平の追求にも配慮しなければならなかった。

拝金主義や汚職などの社会問題については、一九九一年の第七回党大会から既に指摘されていた。一九九四年の中間期党大会では、経済の自由化に伴う貧富の格差、汚職や密輸などの社会的病理現象が論議され、「豊かな民、強い国、公平で文化的な社会」を実現しようというスローガンが叫ばれた。第八回党大会は、貧富の格差拡大という問題を初めて強調し、経済発展を社会的発展や公平と結びつけなければならないと主張した。

第一部第六章で描かれているように、一九八〇年代までは平等主義が一般的で、人より金持ちになる抜け駆けを許さない社会的風潮があった。しかし、物質生活が豊かになるにつれ、金儲けの才覚がない者を無能とみなし、貧乏を軽蔑する風潮が広まった。そのような傾向に対して、第八回党大会は「合法的に金持ちになる」ことを奨励する一方、「不法に金持ちになる」ことを批判した。また、「飢えをなくし貧困を減らす」というスローガンを掲げ、僻地の農村、山岳部、少数民族地域など、開発が遅れた地域に公的資金を投入する計画も策定した。貧困層の救済や、雇用機会の創出、社会的弱者のための福祉政策も重視されるようになった。この大会の決定を受けて、一九九六年一〇月に開催された国会では、汚職や麻薬問題、予算の浪費防止と節約などに関する法令の制定が討議され、社会問題の解決と富の公正な分配がめざされた。

他方、革命闘争の功労者やその家族、抵抗戦争の過程で「革命根拠地」となった山岳地域などには、「恩義に報いる」「水を飲んだら水源を思い出す」というスローガンの下に、さまざまな援護策がとられるようになった。国会は、革命活動家、烈士（革命戦争の戦死者）およびその家族、傷病兵などに対する優遇措置を定めた法令や、「英雄の母」の称号・栄誉を決定する法令を採択した。

人民の不平等感を抑えるため、特権的な党官僚の腐敗、堕落の防止にも関心が払われるようになった。一九九七年六月の党中央委員会総会は、清廉で堅固な国家の建設と、党員の資質向上をめざす決定を採択した。これは、党官僚による汚職や公金の横領、官僚主義の蔓延などのために、党に対する人民の信頼が低下していることを物語っていた。党官僚の腐敗、堕落は、共産党支配体制を揺るがしかねないほど深刻化していた［白石　一九九九：四七］。

工業化をめざして経済構造の転換を図ったものの、その後の成長率は期待されたレベルには及ばなかった。積極的な外資導入政策にもかかわらず、投資効果は上がらず、工業、商業、サービス業の成長は鈍化した。ベトナム製品の国際市場での競争力は低く、輸出は思うように伸びなかった。タイを震源地として一九九七年から始まった金融・通貨危機は、外資に依存したベトナム経済の発展にも陰りをもたらした。アジア諸国の通貨切り下げによって、ベトナム製品の競争力は相対的に低下し、投資市場としてのベトナムの魅力も減少した。一方、汚職や密輸、不正取り引き、浪費などの病理はその後も改まることはなく、地域間、階層間の格差はむしろ拡大した。

四　政治的「民主化」のゆくえ

❖農村暴動と党内浄化政策

党・政府に対する人々の不満は、ある臨界点を越えると爆発的な形で表面化する。ベトナムの政治状況では、法的手続きを踏んで訴えを起こすよりも、権力者に対する陳情や直訴、さらにデモや暴動といった直接の実力行使をとる方が現実的なのである。一九九七年にタイビン省で起きた暴動事件はその典型だった。

ハノイの南東に位置するタイビン省では、行政機関が農村住民に、道路や橋の建設のためという名目で税金以外の金品を供出させ、労働を強制し、あまつさえ官僚が公的資金を着服するという現象が常態化していた。住民は一九九四年頃から行政機関に対する抗議行動を繰り返していたが、一九九七年五月には数千人規模の暴動が発生した。人々は省の人民委員会や検察庁の建物を包囲し、党官僚の自宅に火を放った。殺害された村の幹部もいたと言われている［中野　二〇〇二：一九二、二〇〇四：一八六］。

同じような抗議行動は、ドンナイ省、タインホア省、ハーテイ省など全国各地で発生していた。タイビン事件後、全国の農村から中央政府に、タイビン住民と同様の不満を訴える陳情書が寄せられた。党当局は、農村住民の異議申し立てが全国で普遍的な現象となり、各地で暴力沙汰を伴う「ホット・スポット」が発生していることを認めた。経済発展の前提である社会的な安定が、危機に直面していた表れと言えるだろう。

一九九六年の第八回党大会は、政治システムのドイモイとして、「社会主義的民主主義の建設」を主張し、その実現のために、党の路線と国家の政策を「民が知り、議論し、チェックする」という方針を示していた。タイビン省の不穏な情勢を背景に、党中央委員会は、一九九七年六月の総会で、村落レベルでの民主化と党員の資質の向上を決定した。

党内部の浄化については、タイビン省出身の古参革命家チャン・ド将軍による党批判が少なからぬ影響を与えた。一九八九年の東欧諸国の民主化を支持していたチャン・ドは、党益より国益を優先すべきであると主張し、社会主義路線の放棄さえ示唆した。これに対し、党中央委員会は一九九九年二月に緊急の総会を招集し、党建設・整党運動と、党員の批判・自己批判運動の展開を決め、党の基盤の強化を図った。この運動の過程で、中央委員を含む一部の党幹部が、汚職や職務怠慢など「人民の主人権に反する行為」を理由に更迭された〔中野　二〇〇〇〕。

この運動の開始後、農村住民の直接的な抗議行動はいっそう活発になった。一九九九年の間には、ハノイ近郊およびダクラク省、カインホア省、ドンタップ省、ホーチミン市、フエ市、ビンフォック省、ハーテイ省、ナムディン省、クアンナム省などの農民が、党官僚の汚職や土地の強制収用に抗議してデモを行ない、焼き討ちや幹部の拘束などの暴力行為に発展することもあった〔中野　二〇〇四：一九〇〕。

❖少数民族による抗議行動と全人民大団結路線

ダクラク省、ダクノン省、ザライ省、コントゥム省を含む中部高原は、市場経済化の過程でコーヒーなど輸出用作物の栽培地として注目され、北部から多数の移住者が流入した。その結果、中部高原の先住民であるザライ、エデ、バナなどの少数民族が不満を募らせ、遂に暴動が発生した。数千人規模の暴動事件は、これまで二〇〇一年二月と二〇〇四年四月の二度にわたって発生している。その背景には、中部高原の複雑な地政的、民族・宗教的条件、土地問題と国際市場参入政策が絡んだ様々な矛盾があった。

二〇〇一年の事件は、ザライ省でプロテスタントの少数民族が逮捕されたのをきっかけに、逮捕に抗議する住民と軍・警察が衝突したものだった。騒ぎは中部高原の各省に飛び火し、住民は党幹部を拘束したり、国道の封鎖や電話線の切断などの破壊行為に及んだ。二〇〇四年の事件は、ダクラク、ダクノン、ザライ各省で少数民族キリスト教徒の集団が軍・警察と衝突したものだった。在外ベトナム人組織の情報によれば、少数民族住民はキン族（狭義のベトナム人）に土地を奪われ、宗教活動に対する弾圧を恒常的に受けていた。デモに参加した住民は、土地の返還、宗教活動の自由、自治権の付与を要求していたという［中野　二〇〇二：一九三］。

党・政府は少数民族に対する弾圧を全面的に否定し、これらの事件は、抗米戦争で米軍に協力し、戦後はアメリカに逃れた少数民族の組織「ＦＵＬＲＯ（被抑圧諸民族解放統一戦線）」（五五頁）の残党による陰謀だと主張した。つまり、在米のＦＵＬＲＯメンバーがベトナム国内の仲間を操り、住民を煽動して、中部高原の分離独立を画策し、ベトナム国家の解体を目論んだというのである。しかし一方で、住民が煽動された原因は、貧困や地域間・民族間の格差のために不満が高まっていたことにあると認定した。そして、少数民族地域への開発投資を増やして民生の向上を図ると同時に、民族語による教育やラジオ放送を拡充し、政治的宣伝と思想工作に努めた。

二〇〇一年二月の第九回党大会では、「全人民大団結」路線が採択された。これは、あらゆる民族、宗教、階級、階層、経済セクターを包摂し、男女、世代、地域、党員と非党員、現役と退職者、国内・国外在住者を区別せず、すべてのベトナム人の団結をめざすというものであった。これは、市場経済体制下での階層分化、民族・地域間の格差、在外ベトナム人の資本や情報の流入など、多様化する社会に党の政治イデオロギーを対応させる努力と言えよう［中野　二〇〇四：一九三］。しかし、国民の階層や利益の多様性を認めつつも、そのような社会をあくまで党が一元的に支配することを目指しているのは言うまでもない。

社会主義革命の論理では、共産党は人民の利益代表であるため、ハノイ指導部の言う「民主化」とは、党の指導を強化し、徹底するという上からの民主化に他ならない。農村や山岳地帯における「民主化」とは、党の路線と国家の政策を住民がよく理解し、その実現に貢献することを意味している。したがって、農村住民や少数民族の自発的な異議申し立て、つまり本来なら下からの民主化に結びつく運動は、党・政府に言わせれば「反民主的」現象で、全人民大団結路線への違反とみなされるのである。全民大団結路線は、党が社会の現実に適応する一方で、中央集権的な一党支配を正当化し、対立する勢力を排除するための手段にもなっている。

　現在のベトナムは「ベトナム的社会主義」への過渡期にあり、経済体制は「国営セクターが主導する社会主義志向多セクター市場経済」と呼ばれている。つまり、ベトナムはまだ社会主義国ではないのだから、外国人がこの国を見る時「社会主義だから」と何かを期待することも、「社会主義なのに」と失望することも的外れなのである。

　ドイモイはあくまでも過渡期の路線なので、具体的な政策、特に市場経済システムの中には、マルクス・レーニン主義の理論と矛盾する現象があってもやむを得ない、というのが指導部の建前である。しかし、過渡期の中身や、それがいつまで続くのかについては、今のところ明確な説明はない。ベトナムが目指すべき社会主義社会とはどのようなものか、それはいつ実現するのかなどについては、党内の合意が形成されておらず、指導者たちもそれらの問題にはあえて言及しない。

　党が掲げる国家建設のスローガンは、その時々の経済・社会の情勢を反映して変化してきた。一九九〇年三月の中央委員会総会は「豊かで強い国」を実現するというスローガンを掲げていた。私営セクターの活力が発揮されるようになると、一九九一年一二月の総会からは「豊かな民、強い国」と、国家より人民の利益が先に置かれるようになった。経済発展が軌道に乗ると文化にも注意が払われ、「豊かな民、強い国、文化的な社会」が主張されるようになった。貧富の格差が問題になると、一九九四年一月の中間期党大会からは「豊かな民、強い国、公平で文化的な社会」が叫ばれるようになった。村落の民主化、党の浄化運動が始まると、「豊かな民、強い国、公平で民主的で文化的な社会」に修正された（傍点筆者）。

これらのスローガンは、本章の冒頭で述べたような様々な矛盾、つまり政治的イデオロギーと経済的・社会的実情との懸隔を埋めようとする党・政府指導部の苦労を物語っており、経済・社会の変化に政治が適応しようとする様を映し出している。それは党自身の生き残り策かも知れないが、適応の過程で党益よりも国益・人民益を優先するようになったのは当然の帰結だろう。社会主義のモデルがない時代に、常に先行する現実に合わせて修正を重ねていった結果、遠い将来に「ベトナム的社会主義」が実現するのだろうか、それとも「社会主義」は消えて「ベトナム的」社会だけが残るのだろうか。

参考文献

朽木昭文・竹内郁雄　一九九六年「経済安定化から経済開発へ」竹内郁雄・村野勉編『ベトナムの市場経済化と経済開発』アジア経済研究所
白石昌也　一九九九年「ドイモイ路線の展開——経済安定化から『国土の工業化・近代化』へ——」白石昌也・竹内郁雄編『ベトナムのドイモイの新展開』アジア経済研究所
竹内郁雄　一九九四年「『規制された市場メカニズムへの移行——ドイモイ下の国営セクター改革の過程・現状・課題——』五島文雄・竹内郁雄編『社会主義ベトナムとドイモイ』アジア経済研究所
中野亜里　二〇〇〇年「ベトナムの対外開放と民主化政策——『社会主義的民主化』をめぐる内外環境——」『国際政治』第一二五号
——　二〇〇二年「社会運動——一元的統治と多様な国民の共生——」唐木圀和他編『現代アジアの統治と共生』慶應義塾大学出版会
——　二〇〇四年「ベトナム——二元的構造における政治変動・政治発展」岸川毅・岩崎正洋編『アクセス地域研究I』日本経済評論社
古田元夫　一九九九年「ドイモイ路線誕生時の党内論争」白石昌也・竹内郁雄編『ベトナムのドイモイの新展開』アジア経済研究所
三尾忠志　一九八五年「最近のベトナムの内情」（社）アジア親善交流協会、研究会報告第一〇号
——　一九八八年「ベトナムの経済改革——モデルなき実験と試行錯誤——」三尾忠志編『インドシナをめぐる国際関係——対決と対話』日本国際問題研究所

第四章　南部の貧困層と国際ＮＧＯ活動に見る戦争の影響

船坂葉子・高橋佳代子

　ベトナムの政治エリートたちは、自たちの国が貧しい理由の一部は、戦争による破壊や戦後のアメリカの経済封鎖だと説明する。また、日本人の中には、ベトナムの官僚の汚職や拝金主義は、南ベトナムの資本主義の悪影響だと信じている人もいる。いずれも、この国がまだ戦時中または戦後間もない時期にあるかのような解釈である。

　しかし、現在のベトナムの貧困層をとりまく現実は、それだけでは到底説明できない。「社会主義志向」にもかかわらず国家の福祉政策は乏しく、むしろ公安警察などの国家機関は貧しい人々を苦しめ、搾取している。貧困層の救済はもっぱら国際ＮＧＯに依存しているが、そのＮＧＯ活動を制限しているのもまた国家である。そのような現実を作った背景にも、戦争期のアメリカの政策や、北による南の武力制圧、そして戦後の社会主義体制に対する外部からの干渉などの歴史があった。私たちは、現地でのＮＧＯ活動の経験を通してその歴史を見つめ直してみた。

一　南部の貧困層の現実

船坂葉子

❖貧困の再生産

二〇〇〇年九月から二〇〇三年九月までの約三年間、私は日本のＮＧＯが設立した青年の自立支援施設の運営のため、ホーチミン市に滞在した。そこで一二歳から二〇代前半の青年たちに出会い、彼らを支援するＮＧＯ活動の現場を体験した。

トアンと出会ったのは、彼が二一歳の時。一八歳で孤児院を出てから三年間、路上でバイクのパンク修理屋をして生活していた時だ。午後四時頃、アスファルトを照りつける日差しが少し弱くなってから、三〇キロほどある空気コンプレッサーを引いて大通りに出、パンクしたバイクのタイヤの穴をふさぐ。ひと穴ふさいで五〇〇〇ドン（約四〇円）。そして、皆が寝静まった後、大通りから少し奥まった店の軒下にハンモックを吊って眠る。朝は五時頃起き、また大通りへ出て日々の糧を稼ぐ。「午後二時頃だと、路上生活者たちが寝ているところだから捕まえやすい」。ベトナム人のソーシャル・ワーカー、リンは私を軒下にある彼の寝床へ連れていった。もとは白かっただろう化繊のシャツを、裾をたくし上げたグレーのズボンの外に出したまま、施設育ちにしては珍しく大柄なトアンが、むっくりハンモックから起き上がった。昼寝を邪魔されたにもかかわらず、顔なじみのリンに笑顔で挨拶し、快く私に身の上を語ってくれた。

トアンは四歳の時、道に迷いカマウ省の田舎の家に帰れなくなってから、あちこちを放浪し、ホーチミン市に辿り着いた。路上で出会ったソーシャル・ワーカーに市内の孤児院に連れていってもらい、そこで生活を始めたが、クーというあだ名のほかは、正式な氏名も、住所も、両親の名前も憶えていなかったため、それきり自分の本当の出生を知ることはなかった。グエン・ヴァン・トアンという名前も孤児院でつけてもらったものだ。戸籍[*1]も、出生証明[*2]もないトアンは、この世に存在している証明の何もない孤児だった。両親も、警察も彼を探しに来ることはなかった。トアンは孤児院から学校へ通った。普通教育は二年遅れたものの、補習校（後述）で高校二年までを終え、卒業前に一八歳を迎えたため、孤児院を出て独立することになった。ほとんどの施設は、法律により一八歳で支援を打ち切り、その後は自立を促す。トアンの場合も例外ではなく、彼はそれまでに覚えた簡単なバイク修理の技術で路上生活をしていた。

路上に多くの青少年が溢れていても国の対策がないという状況を受け、一九九八年頃から二〇〇〇年までの間に、いくつかの国際ＮＧＯやボランティアで福祉活動をする個人が、国の支援を受けられ

＊１　**戸籍**（または家族登録）　地域の公安当局が発行する薄い冊子で、戸籍主（通常父親）を筆頭に、母親、子供の氏名、生年月日などがページごとに書かれている。一戸に一冊の原本のみ。再発行の手続きは困難で一貫していない。戸籍の住所から離れて住む場合は、戸籍を元に一時転出許可を申請する。

＊２　**出生証明**　Ａ４の紙に本人の氏名、生年月日、出生地、父親、母親の名前が書いてあり、原本一通と、写しがある。原本は一通のみで、地域の公安当局にも記録はなく、原本がなければ写しを申請できず、再発行もほぼ不可能。入学、就職申請時などに、地域の公安当局の承認印のある出生届けの写しを提出する。

路上でオートバイの修理をする青年。2005年、ホーチミン市。

ない一八歳以上の青少年のための自立支援施設（職業訓練所やハーフウェイ・ハウスなど[*3]）を開設し始めた。私が携わった国際ＮＧＯのハーフウェイ・ハウスも、そのようにしてできた施設の一つだった。そこに入居し、レストランでアルバイトをしながら、トアンは無事高校を卒業した。その間に新規で出生証明も作り、グエン・ヴァン・トアンという名前が「ベトナムの人民」として登録され、二二歳にして初めて彼はこの世に存在していることを社会に認められた。

　高校卒業後、二四歳になっていたトアンは、ハウスを出て部屋を借り、フルタイムで働きながら受験勉強をしようと考えた。ところが、その彼をいろいろな障害が待ち受けていた。出生証明は手に入れたものの、トアンは戸籍がないため身分証明書[*4]を持っていなかった。出生証明、戸籍、身分証明書、この三つの書類がそろわないと正式な労働契約も結べず、部屋を借りることも、大学へ通うこともできない。レストランでのアルバイトは正式な契約ではないので、いつ首を切られてもおかしくないし、安い給料で労働時間は長く、社会保障などの福利厚生もない。借りた部屋も、居住許可のない地方からの移住者が寄り集まって住むサイゴン川沿いの掘っ立て小屋で、以前の軒下のハンモックと大差はない。大学受験も、まず受験申請を受け付けてもらえない。「二年かけて自立支援を受けても、その後の生活はたいして改善されていないじゃないか」……トアンはそう思ったに違いない。

トアンのように三つの書類を持たないケースは、ベトナムでは珍しくない。ホーチミン市の人口は公式統計では五〇〇万人だが、住民登録をせずに住んでいる人々を加えれば八〇〇万から九〇〇万と言われている。たとえば、夫が戸籍や子供の出生届などの書類を持ったまま失踪したとする。残された妻子は戸籍紛失状態となる。紛失した書類を再発行したり、新たな書類を取得するのはほぼ不可能に近い。再発行を役所（地域の公安警察）に申請しても、紛失したことを非難され、追い返されるのが関の山だ。教育を受けていない貧しい女性にとって、難しい手続きを理解したり、いろいろな用紙に書き込む作業も大変だ。また、早く手続きをするには高額の「手数料」つまり賄賂を積まなければな

＊３　**ハーフウェイ・ハウス**　経済的に完全な独立が難しい一六歳から二〇歳くらいまでの青年たちの住居支援をする目的で設けられた家。ソーシャル・ワーカーの指導の下、共同生活をしながら、安定した職業に就くため職業訓練や高等教育を受ける。

＊４　**身分証明書**　生年月日、ＩＤ番号、指紋、写真のほか、顔の傷などの特徴が記入されたカード。出生証明と戸籍が発行された地域の公安当局に申請する。一八歳以上のすべての人民が常時携帯を義務づけられており、大学受験、就職申請、銀行口座開設、不動産賃貸契約、車両購入など様々な場合に必要となる。

らない。賄賂が払えなければ何度も書類不備で追い返され、長期間待たされる。寸暇を惜しんで働かなければ食べていけない人々の貴重な時間は奪われ、交通費もかさむため、結局再発行をあきらめてしまう場合が多い。人民として登録されていない子供たちは、書類がないまま成人し、また書類のない子供を産む。その子供もまた戸籍がないため、教育も受けられず、定職にも就けないまま成人する、という悪循環になる。

紛失した書類の再発行が難しいのは、都市部への人口流入を防ぐ政府の政策のせいでもある。都市部の居住許可を得るために、戸籍の紛失を装う地方出身者も多いからだ。しかし、前述のように一冊しかない戸籍の原本を本当に紛失した場合でも、公安警察の対応は上意下達方式で、よほどの根気と勇気がないと手続きの途中であきらめざるを得ない。そして不法滞在のまま都市部に留まる。ハノイの党・政府は全人民の団結を謳っているのに、現実には公安警察の官僚主義的な対応や、貧しく賄賂が払えないため人民になれない人々が多くいるのだ。

どこにも住民登録されず、社会的な権利を持たない人々がホーチミン市の人口の約半分近くを占めているのが現状だが、政府に対策はない。住民が行政当局から社会システムについて説明を受け、正しい行政手続をし、そうして得られる利益を平等に享受できるよう、政府は地方行政機関を指導する責任がある。しかし、実際はトアンの例のように、国際ＮＧＯやボランティアに頼っているのが現状で、多くの人々は貧困の再生産から脱することができない。国家機関である公安警察は、子供が行方不明でも捜さないが、貧しい人々が手続きをする時には賄賂を要求する。貧困層にとって、国家とは自分たちを助けるどころか、抑圧する存在でしかない。

❖施設か檻か

ホーチミン市内の施設めぐりをしていた時、あるドロップイン・センター[*5]で、フンという一五歳の少年に会った。フンは両親が離婚し、母の許で養育されていたが、父親に似ているという理由で母親に虐待され、一三歳の時に家を出た。その後、いろいろな施設を転々としたが、どこにも落ち着くことができず、靴磨きをして路上で生活しながら、時々このドロップイン・センターに来るようになった。このセンターには、時々立ち寄って何日か寝泊まりし、また路上へ戻っていくストリート・チルドレンや、通っているうちに徐々に滞在期間が長くなり、そのまま定住するようになった子供たちがいた。

一口にストリート・チルドレンと言っても、実はさまざまな境遇の青少年がいる。両親または一人親と一緒に路上で暮らしている子供、両親または一人親、親類がいて家もあるが貧しくて路上で働かなければならない子供、両親がいて家があってもその家に帰れない子供など、路上で何らかの形で生活を営んでいるのがストリート・チルドレンだが、施設育ちで一度も路上で寝泊まりをしたり働いたことのない孤児も、ひとまとめにストリート・チルドレンと呼ばれることもある。

ストリート・チルドレンの中には、心配事や不信感を抱えていたり、虐待や養育放棄で心に深い傷を負った子供たちがいて、どこにいても他人とうまくやっていけなかったり、安定した生活が送れず、いろいろな所を転々としなければならないケースが多い。移転を繰り返す生活に慣れてしまうと、一

＊5　**ドロップイン・センター**　長期滞在する施設とは異なり、仮眠をとったり、シャワーを浴びたり、簡単な医療サービスを受けたりする施設。

ヵ所に定住する習慣を身につけることが難しくなる。彼らに家や食事を提供するだけでは、すべての解決にはならない。多くの場合、親の元へ戻りたい、家へ帰りたい、でも帰れないという気持ちを抱えながら仮の生活をしているため、根本的な問題を解決し、自分自身の気持ちを整理できないと、どこにいても安定した生活が送れないのである。

施錠や厳しい罰則などの方法で、定住を強制する国立の施設が多い一方、一九九〇年頃から、子供たちに定住を強制しないドロップイン・センターのような非政府系の施設もでき始めた。施錠や体罰などで定住を強制すると、子供はそこから逃げたがり、施設の管理者や教育者たちを信頼しないため、心の問題を解決することは難しい。気が向いた時だけ立ち寄れる施設だと、子供の方からそこに足を運ぶようになる。ソーシャルワーカーも路上の子供たちと接する機会が増え、状況が把握しやすくなる。子供たちも、徐々にソーシャルワーカーを信頼し、心を開き、彼らが抱えている問題を語るようになる。ソーシャルワーカーは、子供たちの話を元に、彼らが置かれている状況、生い立ち、家族の状況などを理解し、親子それぞれの問題を解決できるよう橋渡しをしたりする。時には家族のところへ行き、子供に代わって直接話をすることもある。その結果、子供たちを親元へ戻したり、施設での定住を促すこともできるようになる。フンも、時々このドロップイン・センターに来ては、身体を清潔にしたり、ゆっくり睡眠をとったり、センターの関係者に話を聞いてもらう子供の一人だった。

ベトナムの法律は、路上生活や物乞いを禁止している。小さなプラスチックの容器を持って施しを乞う子供の姿は、以前は都市部でよく見られたが、彼らは公安警察に見つかると捕えられる。一八歳以下の青少年が警察に捕まると、ホーチミン市近郊に四つある「青少年教育訓練センター」という更生施設へ収容される。この施設は、その名の通り青少年に教育と職業訓練の機会を与え、社会に復帰させるための国の教育施設である。しかし、許可を得て施設を訪問してみると、そこは子供を監禁するだけの刑務所のような場所だった。ホーチミン市内のある施設では、五、六歳の子供から一六、七歳の少年少女まで、約二〇〇名が小さな部屋に二〇人ぐらいずつ詰め込まれて生活していた。彼らのほとんどが教育を受けることもなく、一日二回食堂で食事を与えられ、日中から夜にかけて強制的に小さな部品の組み立てなどの単純作業をさせられる。衛生状態も悪く、ほとんどの子供たちの皮膚はただれ、髪の毛にはシラミがわいていた。暴力、盗み、逃走も日常茶飯事で、施設内で死亡する子供も少なくない。内外の支援団体が資金や物資を援助しても、安月給で働く教育係の懐を潤すだけで、子供の食料や生活用品として行き届かないため、ほとんどが打ち切られた。

一九九五年以降、国際ＮＧＯの支援で、センター内で小学校から中学校レベルの教育のほか、バイク修理工や美容師、縫製などの職業訓練、音楽、美術、武道、サーカスなどの教育が始められ、状況は大きく改善された。しかし、七年間のプロジェクトの間に、国際ＮＧＯは施設が独立採算になるよう指導し、運営を国に移行させる計画だったが、いまだに運営費調達のめどが立っていない。外国の経済的、技術的援助が打ち切られれば、再び子供たちを監禁し、管理し、ぎりぎり生きながらえる程度の食べ物を与えるだけの檻に戻ってしまう施設が少なくない。また、教育者への賃金も充分に保証されていないため、優秀な教育者が育たず、施設運営、施設内教育の質の向上が望めない。

公共の福祉施設は貧しい青少年の監視はするが、身分証明や権利の保証はしてくれない。その公共施設も外国の援助がなければ運営できない。法律は路上生活を禁止しているが、路上生活者の救援策

はない。これでは資本主義の発展途上国と全く同じではないか。

❖不平等な教育の機会

フンが一五歳になった時、彼の中に転機が訪れていた。母親との葛藤をひきずる彼の中に、このままではいけない、将来のために何とかしなければならない、という気持ちが芽生えていた。そんな時、彼は私が関わっていた自立支援施設の話を聞き、ぜひ入所したいと思った。受け入れを決定する面接で、彼は涙を流しながら自分の境遇を語った。フンは、今までにもいろいろな支援団体から職業訓練を受け、いくつか手に職を持っていた。木彫工、モーターバイクの修理工、靴磨き…。でも、どれも彼が希望する職ではなかった。フンは、もう一度学校へ行くチャンスがほしい、もしチャンスを与えられるなら、高校を終え、大学で法律の勉強をし、弁護士になりたい、そして離婚をした多くの母親たちが不幸

ごみを集めて生計を立てる子供たち。2005年、ホーチミン市。

にならないように助けたい、と話した。面接の一ヵ月後、青少年のための自立支援施設で彼の定住生活が始まった。しかし、施設から通った学校は、前記のトアンの場合と同様に補習校だった。何年か学校へ通っていない時期があったため、普通校に通うことができなかったのだ。

小学校から高等学校までの課程は、普通校と補習校に区別されている。補習校は本来、普通校の課程に遅れた生徒が復学できるよう補習を行なう学校だった。しかし現在では、普通校の数が足りないため、普通校に入学できない生徒のための学校という位置づけになっている。補習校から普通校への編入は難しく、補修校は本来の役割を果たしていない。普通校へ入学するには、前述の入学必要書類に加え、学力と経済力が必要になる。中学校、高校への進学時には、前教育課程の卒業試験に合格しなければならず、入学時にも前課程の成績表を提示しなければならない。一定の学力に満たない生徒は進学できず、落第したまま学業を断念してしまうケースも多い。一度断念し、休学期間が開いてしまうと、普通校へ戻ることは難しい。

また、普通校や地域の行政機関が運営する大きな補習校に通うと、かなりの費用がかかる。一ヵ月約一〇万ドン（約七〇〇円）の授業料のほか、制服、教科書、体操着、スポーツシューズの代金、試験費、駐輪代、各先生への補習授業料などで月々五〇万ドンは必要だろう。共稼ぎで月収三〇〇万ドンの家庭でも大きな負担である。行政機関が運営する補習校だと、一ヵ月の授業料は普通校の二〜三倍になるため、経済的な理由から学業を断念する生徒たちも多い。

しかし、補習校の中には、寺や教会が運営している慈善教室、貧しい家庭の子供に地域のボランティアが教える個人教室、各区が普通校の校舎を借りて運営している学校、国際ＮＧＯおよびローカルＮＧＯが孤児院の中に教室を開設し、教育訓練省から認可を得た学校もある。それらのほとんどは無料か、低額の授業料のみを徴収し、制服・学用品は無料で配布している。つまり、公共政策の欠けた部分をボランティアや国際ＮＧＯおよびローカルＮＧＯ、宗教団体などが補っているということだ。

普通校と補習校のもう一つの大きな違いは、教育カリキュラムである。使用する教科書、授業時間数などが違い、補習校では大学受験に充分な科目や内容が履修できないため、レベルの低い学校とみなされている。補習校は年齢制限がなく、いつでも入学が可能で、一年間で二学年、二年間で三学年を修了できるコースもあるが、本来の目的であるはずの普通校編入は大変難しい。

履修する科目が二、三教科（数学、国語、社会自然科学など）と普通校より少なく、授業内容も二分の一から三分の一に簡略化されているため大学受験には不利で、特に国立大学にはまず合格できないと言われている。つまり、小学校段階で補習校に入学せざるを得なかった場合、その時点で国立大学進学への道は閉ざされることになる。

このように、学校教育に関しても国は一貫した制度を持っておらず、誰もが平等に教育を受ける機会を与えられていない。フンの大学進学、弁護士という夢はかなえられるのだろうか。多くのソーシャルワーカーが、ストリート・チルドレンには進学ではなく職業訓練を勧める理由が、私にはわかる気がした。

❖成功者と最底辺の人々

ホーチミン市の五区にチョロンという華人地域がある。ここではありとあらゆる物が取り引きされ、多くの人々が集まり、それらの隙間にさまざまな職業が存在する。トラックから市場に品物を運ぶ担ぎ屋、八百屋から野菜屑をもらい受けて売る仕事、砂糖を小分けにした後の空き袋にくっついた砂糖を集めて売る仕事、米を運んだ後の麻袋や、空きビン、空き缶、段ボールなどを拾って売る仕事……いずれも路上生活者の重要な職業である。

子供も親と一緒に市場で働いている。ヒェンという少女もその一人だった。早朝、母親と川辺に行き、土手に自生する空芯菜という野菜をとり、五〇〇グラムずつの束にして市場で売る。市場の中に店を持つと場所代がかかるので、店と店の間の通路に竹籠を並べて売っている。公安警察に見つかると商品を没収され、取り返すのに罰金を払わなければならない。だから、市場の中には警察が来たと知らせるために雇われた人もいる。一人が大急ぎで走ってきて何かを告げると、道に座って物を売っている人たちが波が寄せるように次々に立ち上がって店をたたむので、警察が取り締まりに来たとすぐにわかる。ヒェンの母親のように籠三つだけで売っていれば、それを膝に乗せ隣の店の陰にかくまってもらう。いつも緩慢な動作の母親も、この時だけは俊敏に三つの籠を重ねて公安の目を逃れる。

ヒェンは三歳の時からこうして母親と市場で一日を過ごしていたが、一〇歳になると一人で屑野菜や空き缶を集めて金を稼ぎ、母親を助けた。そのうち、同じ境遇の友達とグループになって路上で暮らすようになった。学校へ行くことはなく、文字が読めないまま一三歳になった。それでも、ずっと市場で大人と一緒に働いてきたヒェンは、市場の隅々まで精通し、どんなことにも全く物怖じしない逞しい少女だった。

屑野菜を集めて売っていたある日のことだった。グループの中の年長の男の子がヒェンにある仕事の話を持ちかけた。屑野菜なんかを売るよりも楽で、もっといい金になる。グループのみんなもやっているし、もっと金を稼げばお母さんも楽になる。ヒェンはすぐに承知した。その仕事はヘロインの運び屋だった。売人から売人へと走り回る運び屋には、体が小さく、細い道をすばしっこく走れ、市場の迷路のような抜け道に精通しているヒェンのような市場育ちのストリート・チルドレンが適任だった。ヘロインの売人は捕まれば死刑、運び屋の子供も大人と同じ刑務所に送られる。だが、そんなことを考えられるほど、ヒェンはまだ大人ではなかった。そしてもっとひどいことに、ヒェン本人も麻薬を覚え、次第に溺れていった。仕事を紹介した男の子をはじめ、グループのみんなは誘われるままヘロインを注射した。一緒にご飯を食べる時のように、一本の注射器のヘロインを友達に分け、残りを自分に注射する。そうしているうちに、いろいろな感染症まで分け合っているとは、小さいヒェンには思いもよらなかった。ヒェンはＨＩＶに感染していた。[*6]

ある日、ヒェンのグループの一人が、たまたまチョロン一帯を巡回していたソーシャルワーカー、リンのところに駆け寄ってきて助けを求めた。

「ティーの様子がおかしい。道に倒れている。一緒に来てほしい」

ティーもグループの一人で、ヒェンと共に麻薬の注射針を回し打ちしていた。リンはすぐに駆けつけた。市場の横を抜けた路地の奥まった所に木の箱が積み上げてあり、ティーはその脇に横たわっていた。意識は朦朧とし、顔はむくんでどす黒く、体は冷え切っていた。注射針の痕で茶色い痣だらけになった腕は、手首から先が腫れ上がって紫色になっていた。その手の甲にも縦に一センチくらいの筋が何本かあった。これも麻薬を打った痕だ。本当は一七歳なのに、やせ細って一一、二歳にしか見えなかった。リンはティーを抱きかかえてホーチミン市小児病院に運んだ。

診察が終わると、ティーをシャワー室へ運び、手伝いに来たカトリックのシスターと一緒にティーの体を洗った。ミルクを少し飲ませ、ベッドに寝かせると、ティーはタバコを欲しがった。リンは医者の目を盗んでタバコに火をつけてやった。数時間後、ティーは息を引き取った。医師によると、ティーの肺には九分目まで水がたまっており、病院に担ぎ込まれた時にはもうなすすべがなかった。ＨＩＶに感染し、結核にもかかっていたティーは、何の治療も受けけず、麻薬を打ち続け、十分な食物も

＊6　ＨＩＶ　ベトナムでは二〇〇四年に九万人のＨＩＶ感染者が見つかっており、一万四五〇〇人がエイズを発症、うち八〇〇〇人が死亡している。感染者の九五％は一五～四九歳で、六〇％が麻薬注射による感染である。保健省によれば、毎年八〇〇〇人の妊婦が感染し、新生児の三〇～四〇％が母親から感染している。

ないまま路上で生きながらえていたのだ。リンは言った。

「ティーが亡くなる前に病院へ運んで、体を洗ってやれてよかった。あのまま市場で死んでいたら、ゴミと一緒に清掃車の中に放り込まれるだけだった」

ティーやヒェンのような子供たちの数は、ホーチミン市内で二〇〇〇人とも三〇〇〇人とも言われている。このような最底辺の人々に対して、富裕層や知識階層も含む平均的市民の考えは一般的に厳しい。成功した人々は、戦後は誰もが貧しく、みな努力を重ねて現在の繁栄を手に入れたと思っているからだ。彼らは、苦労して教育課程を修了したから現在の生活があるのだと自負し、貧困層は努力して勉学に励まなかったのだから貧乏は自業自得だと考えている。そのため、貧困層に対する社会の対応は冷たい。

しかし、貧困問題は抗米戦争の勝者である共産党政府の失政、無策によるところが大きい。北ベトナムの勝利があまりにも圧倒的だったため、ハノイ政府は自らの正しさを疑わず、戦後の経済指導を誤り、南部の社会的弱者にも無関心だった。戦後、急激な社会主義化や共産党支配を嫌い、南部から数十万人の人々が海外に逃れた。そして、本国の家族に莫大な額の外貨を仕送りするようになり、送金に依存したいびつな経済が出来上がった。人々が自分の国に幻滅し、外国へと望みをつなぐようになったのは、共産党政府の強権支配、党官僚の腐敗、発展政策の失敗、隣国との新たな戦争などが原因である。ドイモイ路線下で市場経済の時代になると、政府は社会発展よりも経済発展を急ぎ、貧富の格差は拡大した。外国の資本の恩恵を得て努力した者が成功し、そのようなチャンスのない人々は繁栄から取り残される、という社会が出来上がってしまったのである。

二　国際ＮＧＯ活動と抗米戦争の歴史

高橋佳代子

❖ドイモイ以前

　私は一九九八年末から約一年間ハノイに留学し、その後ホーチミン市にある教育支援団体に籍を置き、日本のドナーとの連絡調整員として約二年間活動した。私が在籍していたのはベトナムの団体だったため、スタッフと共に、ベトナム人が行なう洪水救援や、病院での洗髪サービスといった「小さな支援活動」に関わる機会もあった。

　ベトナムで貧困問題や社会福祉に取り組む組織には、国外のものと国内のものがある。国外のものは、国連のような国際機関やワールドビジョンのような国際ＮＧＯ、世界銀行やアジア開発銀行などの金融機関である。国内では、社会開発政策に沿って、中央省庁や地方行政機関、祖国戦線と呼ばれる大衆団体がプロジェクトを実施する。祖国戦線は、憲法で政府、党と並ぶ国家の三本柱の一つと規定され、その傘下にある大衆団体や職能団体などを統括している。この祖国戦線が社会開発を担っているところにも、民族解放戦争の歴史が関係している。

　ホー・チ・ミンは、一九四一年のインドシナ共産党第一期第八回中央委員会総会で、民族解放を最優先課題に据え、ベトナム独立同盟（ベトミン）の設立を決定した。つまり、独立のために階層や職業を超えた民族の団結をめざしたのである。その後、ベトミンは一九四六年にベトナム国民連合戦線

（リエンベト）に再編され、このリエンベトを引き継ぐ形で祖国戦線が成立した（三五頁参照）。祖国戦線は党の指導下に住民を組織し、行政がカバーしきれない末端村落の民生のために活動した。つまり、北ベトナム社会における「市民運動」のような役割を果たしたのである。

祖国戦線傘下の大衆団体には、知識人、芸術家、科学技術者、ジャーナリストなどの職能団体、女性、青年、宗教などの社会階層別団体があり、党の路線と政府の政策に沿って宣伝、動員活動を行なっている。主な大衆団体には、ベトナム労働総連盟、ベトナム農民会、ベトナム婦人連合など[*7]がある。それらは中央から地方へとヒエラルキー組織を持ち、メンバーに党の路線と政府の政策を周知徹底し、各自の任務や職務、社会的機能の遂行を指導、支援し、社会発展に寄与することを目的にしている。現在、ベトナム婦人連合は農村開発や貧困削減に取り組む国際NGOのパートナーになっている。

戦時下の「社会運動」は、常に独立、国家統一、社会主義建設という党の目標と一体であった。南北統一後は、共産党・政府の下ですべての社会開発政策が実施されるようになった。貧困、売春、貧富の格差などの社会問題は、建前上「存在しない」ことになり、旧南ベトナムで盛んだったソーシャルワークや慈善活動のような個人単位の活動は「必要のないもの」とされた。また、西側陣営の社会科学はすべて否定されたため、その一部であるソーシャルワーク自体の存続も厳しくなった。ソーシャルワーカーたちは、小学校や幼稚園の教師、ジャーナリストなどに転進せざるを得なくなり、それぞれの職能団体へ吸収されていった。また、信仰の自由も制限され、宗教をバックグラウンドに持つ活動も統制を受けた。共産党・政府は、それらを「非」政府活動ではなく「反」政府活動と捉え、警戒したのである。

抗米戦争期の国際ＮＧＯ活動は、北ベトナムよりも南ベトナムの方で活発であった。戦時下とはいえ西側（自由主義）陣営に属していた南ベトナムでは、主にキリスト教系の国際ＮＧＯが、孤児などを救済する人道的支援で活躍していた。しかし、政治的な意図を持って社会に潜り込んでいる国際ＮＧＯもあった。それらは、アメリカ政府の資金援助を受け、サイゴンを拠点に米軍と南ベトナム政府の戦争政策に沿って活動した。住民を強制移住させた「戦略村」[＊8]と呼ばれる人工村落に支援を提供していたのもこれらの組織である。このため、戦後もアメリカ系のＮＧＯはスパイや撹乱工作が目的ではないかと警戒された。

南ベトナムが北ベトナムに併合されると、多くの国際ＮＧＯは事務所を閉鎖した。旧南ベトナムにいた国際ＮＧＯにとって、旧北ベトナムは未知の領域であった。にもかかわらず、ハノイ政府は彼らに、北部と中部の新規プロジェクトを実施するよう要請した。アメリカのＮＧＯや旧南ベトナムと友好関係にあった国際ＮＧＯは追放され、事務所をタイやラオスに移して支援を継続せざるを得なくな

＊7　**ベトナム婦人連合**　一九三〇年に結成された。当初の主な目的は植民地主義に対する独立闘争に置いて女性を動員し、支援することだった。ベトナムが南北に分断された一九五四年から一九七五までは、主に南部解放と国家統一のための活動を行なっていた。

＊8　**戦略村**　ケネディ政権の特殊戦争戦略の一環として、南ベトナム各所に作られた人工の村。解放勢力が農村で食糧や兵力を調達することを妨げるのが目的だった。村は有刺鉄線と壕に囲まれて、警察に管理され、住民は身分証明書の携帯を義務づけられた。一九六二年末までに、南ベトナム一万七〇〇〇村のうち一万六〇〇〇村以上を戦略村に変えることが計画されたが、先祖伝来の土地から切り離された農民たちの不満を買った。

り、そこから主に災害への緊急救援、食料・物資援助などを行なった。一九七六年から八八年まで、国際NGO関係者はベトナムでの長期滞在を許されず、代表事務所を置くこともできなかった。プロジェクトの実施は、ハノイ政府が中央集権的に管理した。一九七八年末のベトナム軍のカンボジア侵攻を契機に、アメリカの経済制裁が始まると、スウェーデンを除く欧米諸国もこれに従ったため、自国の政府から活動を制限され、困難な立場に置かれた国際NGOも多かった。しかし、この時期に国際NGOの支援を受けたベトナム人は、「空腹時に支援された少量の米は何物にも換え難かった」と好意的に語っている。

❖ドイモイ以後

ドイモイ以後は、外資に依存した発展路線がとられ、経済開発は外国企業に、農村開発などの社会開発は国際NGOに委ねられるようになった。一九九一年、閣僚評議会（内閣）の政令でPACCOM[*9]（人民援助調整委員会）が設立された。その後、一九九三年に初めて「ベトナムにおける外国NGOの代表事務所および連絡事務所の設置に関する規則」が制定された。この規則では、「国際NGOはPACCOMを通じて活動の許可を得る」とされていた。しかし実際は、NGOがプロジェクトを実施する際には個人的な人脈を通じて中央省庁や大衆団体にもちかける方が早かった。つまり、法規則よりも権力を持つ個人の命令が有効に機能する「人治」の体制になっているわけで、ここにも戦時体制の名残がある。また同年、ベトナムで活動する国際NGO間、PACCOMと国際NGO間、国際NGOとパートナー間で情報やプロジェクトの共有を図る目的でNGO情報センターも設立された。

ドイモイ路線下で農村と都市の格差は広がり、国際ＮＧＯのターゲットも、当初の緊急援助や人道援助から、貧しい地域や農村の開発に移行した。その中で政府は社会開発のあり方を模索し、一九九六年に新規則「ベトナムにおける外国ＮＧＯの活動規則」を公布した。この新規則で、国際ＮＧＯは政府に対して、登録・報告を行ない、活動実績や活動規模によって段階的な活動許可を受けることが義務づけられた。二〇〇三年一一月現在、約五〇〇の国際ＮＧＯが全国で活動している。国際ＮＧＯは、活動の許可を得た後、ベトナム側のパートナーと共にプロジェクトを実施する。パートナーとしては、保健省や労働・傷痍兵・社会省（戦傷者の生活保護や社会福祉全般を扱う）などの中央省庁のほか、地方行政組織、ベトナム婦人連合などの「ローカルＮＧＯ」がある。一般に「ローカルＮＧＯ」と言えば、住民が自発的に特定の社会問題に取り組む組織のことだが、ベトナムの「ローカルＮＧＯ」とは、党・国家から強い影響を受ける大衆団体がほとんどである。外国の組織や国内の自発的な市民運動を警戒し、すべてを党・政府が一元的に統括するところに、「全人民大団結」で「帝国主義者の侵略」に対抗した歴史が反映されている。

国際ＮＧＯが直面する様々な困難にも、抗米戦争と南北分断の過去が垣間見える。まず、地域性の問題だが、これは南北分断という政治的な経緯に、平地と山岳地域の民族分布という社会的な要素が加わっている。北部と中部の高原地域には少数民族が多く居住しており、多数民族のキン族（狭義の

＊９　**ＰＡＣＣＯＭ（人民援助調整委員会）**　ＰＡＣＣＯＭの主な役割は、国際ＮＧＯとパートナーとの架け橋になること、国際ＮＧＯの活動を促進させると共に国際ＮＧＯの関係を補助すること、ベトナムでの適切な国際ＮＧＯ対策を政府へ提案することなどである。

ベトナム人）との経済的、社会的な格差がある。特に「中部高原は複雑な事情を抱えているので、国際NGOの支援が好まれない」という話も聞く。抗米戦争中、外国人が侵略者という形で入ってきた上、米軍・南ベトナム軍と革命勢力とが拮抗し、住民は昼間は前者に、夜間は後者に味方して活動しているような地域だった。そのため、住民は今でも、外国人に限らずベトナム人の「よそ者」にも強い不信感を抱いている。

国際NGOは、政治や宗教に関わる活動をいっさい認められていないが、特に少数民族地域では厳しい規制を受ける。二〇〇一年に起こった中部高原の暴動のように、行政官僚やキン族の支配に対する少数民族の不満が表面化することもある。そこで民主主義や平等の理念を掲げた国際NGOが活動すると、その理念が少数民族を刺激して反政府活動につながるのではないか、と党・政府は懸念しているのだ。貧困層の中でもさらに貧しい人々を支援したい、という国際NGOの思いとは裏腹に、当局は和平演変（一〇三頁参照）を警戒し、プロジェクト実施にも制限を設けている。

次に、パートナー選択の問題がある。現在、国際NGOのパートナーのほとんどは、地方行政組織や大衆団体である。保健医療や生活改善の支援を行なう国際NGOは、「上意下達が徹底しているので、これらの団体とパートナーシップを組むことで支援が末端まで行き届く」と評価している。より上級のパートナーとプロジェクトを実施することで、政策に影響を与え得る、という評価もある。しかし、そのプロジェクトは党・政府の社会開発の方針に連携していることが条件で、それ以外の場合は、いくら受益者の役に立つプロジェクトでも、その効果は半減してしまう。

一九九九年に慈善活動や非営利活動を行なう団体の設立に関する規定ができ、自発的な団体の設立は以前より容易になった。しかし、地方行政機関から法的効力のある承認を得ることや、事務所を設置することなど、条件が定められている。事実上、共産党員や中央省庁などの職員がメンバーに入っていなければ、審査を通らないとも聞く。合法的であろうとすれば、何らかの党・政府系組織の傘下に入り、その下部組織として活動せざるを得ない。つまり、国際ＮＧＯは住民が真に自発的に作った組織をパートナーにできないのである。申請をせずに個人レベルで活動する「非合法」的な組織もあるが、政府はそれらを反政府的な活動を促すものと考えている。現に、共産党支配に反対する在外ベトナム人の政治組織が、洪水などの際に独自に被災者の救援を行ない、影響力を拡大しようとする時もある。そのようなことがあるため、団体設立の規制が更に厳しくなるという悪循環を招く。

三つ目の問題は、住民個人、中でも宗教をバックグラウンドに持つ個人の社会活動である。公共の福祉が欠如しているため、個人が行なう社会活動は貧困層にとって貴重なものだ。もともと南部にはキリスト教徒が多く、フランスがもたらしたソーシャルワークも盛んだった。しかし、戦後、ハノイ政府は彼らの活動を制限した。祖国戦線への統合を拒否した宗教団体は、帝国主義陣営の手先とみなされ、指導者たちは今も弾圧を受けている。ドイモイの時代になっても、活動の障害がなくなったわけではない。対外開放路線の下で、ホーチミン市など大都市では、宗教団体や信仰を持つ人々が慈善活動をする余地ができたが、中部など保守的な地域では、宗教団体の活動はいまだに当局から疑いの目で見られる。市場経済体制下では、ストリート・チルドレンや障害児は「役に立たない人間」とみなされ、当局が彼らへの支援に積極的でないこともある。二二歳まで人民として存在が認められなかった前述のトアンがよい例だ。

ホーチミン市の郊外で、若い教師たちが夜間にボランティアで、学校に行けない貧困層の子供たちを対象に識字教室を開いている。普通校では、地域の青年団が、中秋節の祭（「子供たちの正月」と言われている）や、夏休みの海水浴などの行事を開催するが、普通校に行けない貧しい子供たちが招かれることはほとんどない。ボランティア教師たちは、家庭教師や塾のアルバイトで生活費を補いながら、細々と教室を運営している。彼らは「ここは郊外で、ボランティアの大学生があまり来ないから、子供たちと交流してくれる人がほしい。外国人でも全く問題はない」と語っていた。しかし、外国人が個人的に関わる場合も、活動が大きくなって目立ったり、当局から不信感を持たれると、ベトナム人ボランティアの活動に支障を来すことがある。

私が時折訪ねていたボランティア教室では、崩れかけた教室の中に子供たちがひしめきあって勉強していた。家庭では三度の食事が満足にとれないため、教室で昼だけ給食を出している。二人の先生の給料と、生徒一人当たり二五〇〇ドン（約二〇円）の給食費は政府から支給されるが、それでも十分ではない。そのような現状を見た外国人が、何か支援できないかと思うのは当然だ。しかし、政府は外国人がこのようなボランティア教室に関わるのは、何か別の意図――反共宣伝をしたり、ベトナムの事情を国外に「歪曲」して伝え、党・政府を「誣告《ぶこく》」するなど――があるからではないかと疑う。その証拠に、明らかに外国人とわかる人間がその教室に行くと、次の日に公安警察が来て責任者は尋問されるのだった。

私たち二人は、それぞれ三年間のＮＧＯ活動で、多くのボランティアや青少年たちに出会った。同時に、ベトナムで国際ＮＧＯが活動する時の様々な困難も経験した。それは、国家が社会発展を国際援助に頼る一方で、国際ＮＧＯ活動、特にアメリカ系やキリスト教系の組織の活動を制限するという矛盾であり、法規よりも官僚個人が決定権を持つ人治の体制だった。また、党・国家機関の傘下にある「ローカルＮＧＯ」との連携を要求されることや、地域や民族的な条件が活動の障害になるという現実だった。

いずれも、南北の分断、アメリカの介入政策、党が一元的に指導する民族解放闘争という歴史から生まれたものだ。貧しさゆえにトアンやフンが受ける、いわれなき差別、麻薬やＨＩＶの危険にさらされるヒェンやティーの悲劇には、確かに過去の戦争が影を落としている。それは米軍による破壊や、南部の資本主義の悪影響という意味ではなく、現在の政治体制が戦時体質を払拭しきれないという意味でだ。

党・政府は「勝者」としての過剰な自負を持ち、貧困問題の責任を自覚せず、外国援助に頼って恥じることがない。それは、日本を含む各国の人々が革命勢力を応援し、北による南の「解放」を手放しで歓迎しただけで、その後の政策を顧みなかったせいもあるのではないだろうか。

参考文献

稲見圭　一九九八年『ヴィエトナムにおけるＮＧＯの現状に関する調査報告書』日本国際ボランティセンターヴィエトナム代表事務所（在ハノイ日本大使館委託調査）

鈴木千鶴子　二〇〇一年「第七章ベトナム——ＮＧＯのＮＧＯによるコントロール」重富真一編『アジア国家とＮＧＯ——一五ヶ国の比較研究所』明石書店

高橋佳代子　二〇〇四年「ヴィエトナムにおけるＮＧＯ研究——ローカルパートナーとの共同事業に関する調査をもとに——」龍谷大学大学院経済学研究科修士論文。

Nguyen Kim Ha. 2001. *Lessons learned from a decade of experience: A strategic analysis of INGO methods and activites in Vietnam 1990-1999*. Hanoi:VUFO-NGO Resoure center.

Nguyen Thi Oanh. 2002."Historical development and characteristics of social work in today's Vietnam." *International Journal of Sccil Welfare*, vol. 11, pp. 84-91. USA.

第五章　ベトナム人民軍の素顔

小高　泰

ドイモイが実施されて既に約一八年が経過しようとしているベトナムでは、党・政府が積極的に国際社会の一員になるべく様々な政策を実行している。そのプロセスを如実に表すのは一九九五年のASEAN（東南アジア諸国連合）加盟、二〇〇〇年の米越通商協定の締結であり、現在着手されているWTO（世界貿易機関）への加盟準備であろう。党・政府は、激しく変化するグローバリゼーションの流れにこれ以上遅れまいと、必死に追いつこうとしている様子が見て取れる。

市場経済体制に移行して以降のベトナム国内の変化も、より激しさを増している。経済、社会環境の変化は、そこで生活を営む人々の意識を否応もなく変容させ、生活の基準、尺度を一変させたと言ってよい。むろん、それは即座に現体制の変化を意味するものではないが、人々の内部に潜むドグマは確実に外部からの影響を受けつつある。それを基準値レベル以上に越えさせないようにする装置が、軍隊と公安警察を中心とする武装勢力であり、これまで党・政府は、治安維持の名のもとに常時これらの力を蓄積してきた。そして、より治安維持能力を高めるために、全人民国防体制と呼ばれる国防体制を強化してきたのである。

とはいえ、武装勢力の中枢を形成するベトナム人民軍も、ドイモイの進展、すなわちベトナム国内の諸変化からの影響は免れず、その実態は変わりつつある。かつて、軍といえば、貧しいながらも純朴な人柄、しかも清廉な思想と党に対して堅固な忠誠心を抱く人々が集まる組織、というイメージがあった。多くが農民出身者である彼らは、自己の利益を顧みず、外国からの侵略者に対して自ら志願して戦う道を選んだ兵《つわもの》であり、国土解放の先鋒に立つ英雄的存在とみなされてきたのである。

ところが、特に九〇年代以降の都市部では、不慣れながらも市場経済体制下で様々なビジネスが許容され、それに伴う拝金主義が一気に蔓延した。それに染まるかのように、軍服姿が不釣り合いなレストランなどで札束を握り締める軍人たちが出入りする光景が見られるようになった。折しも、全国各地の都市部で沸き起こった土地ブーム（第一次）を背景に、広大な敷地を有する軍の各組織が積極的に開発を進め、付加価値を付けて払い下げを始め、それにより軍内の成金が多数出現した。

それだけではない。党・政府が軍に対する補助金を大幅に削減したことも、軍のビジネス展開を拡大させ、軍人の意識変化を促進する要因となった。本来は自給自足の一助程度の役割であった軍の労働生産任務は、拡大解釈されて様々な軍傘下企業の活動の幅を広げさせたのだ。当初はホテルやレストランなどの営業程度だったが、次第に軍需品から民生品の製造・流通に手を広げ、大規模縫製工場、外資合弁の工業団地造成、はては海上の石油開発地区への軍所有ヘリによる人員輸送サービスまで発展した。これらのビジネス活動に関わる軍人たちは、軍の規範の下で働いているといいつつも、市場原理での生存競争に身を置く以上、外界からの様々な影響を受けることは必至だった。ビジネスの最前線で活動する軍人は、いかに富のパイを大きくするかに腐心するようになった。

こうした軍人たちの心理的変化は底辺でひそかな広がりを見せていた。それは為政者にとって脅威であり、広範な人々を動員して国防体制を構築した全人民国防体制の落とし穴でもあった。軍は革命と戦争を通じて社会に対して模範的な立場を示してきたが、軍人自身、まわりの人々が高価なバイクを乗り回し、家を新築し、子弟を外国に出してはその度に貯金を持ち帰ってくる姿を目の当たりにすれば、価値観に少なからず動揺を覚えるのは当然であろう。それは「社会の中で生きる軍」の宿命でもあるとも言えよう。問題は、党・政府がそうした軍人のありのままの姿を伝える機能を許容させているか、ということである。ベトナムの人民軍が社会の広範な各層の中で生まれ、かくも巨大な組織にまで成長した以上、その問いかけは無視されてはならないはずである。

書店に行けば、軍に関する書物が実に多く発行されていることがわかる。しかし、軍人たちの意識や気持ち、感情を素直に表現したものは稀である。それらは党・政府によって政策的に隠蔽されて、軍を美化するものだけが発行を許されてきたのである。人々がそこに疑問をはさむ余地はなく、必要以上に知ることが許されない社会システムが構築されてきた。だが、軍の実像と作られたイメージのギャップという問題は、ドイモイを契機に湧き上がってきたとはいえ、根は深い。おそらく軍が発足した時点にまでさかのぼって検証されなければ、真相は明らかにされないであろう。ここでは、そうした闇の部分に光を当てて、可能な限り軍のありのままの姿を再現することを試みたいと思う。

ある連隊の兵舎入り口。

訓練風景。

ディエンビエンフー戦勝50周年記念の会場で行進する人民軍兵士。

抗仏戦争当時の装備を再現（同上会場で）。

一　党を支える人民軍

❖ベトナム人民軍の歩み

ベトナム人民軍（ここでは、「人民軍」以外に予備軍や退役軍人等も含めて、広範な武装勢力全体を指す。以後、「軍」と呼ぶ）は、ベトナムの革命と戦争を勝利に導いた立役者である。それはベトナム共産党の絶対的指導の下で、マルクス・レーニンの革命的観点に立った堅固な思想を維持しながら、抗仏・抗米、中越戦争という、約六〇年間にも及ぶ長期の戦争を戦い抜いた「英雄」の組織であった。

そもそも革命期の当初の武装組織は、ベトナム北部で組織された複数の「救国軍」と呼ばれるゲリラ組織であった。その後、党は広範な人民の結集と、それに伴う党の指導的役割を浸透、確保するために武装闘争より政治工作を主な任務とする「解放軍宣伝隊」を一九四四年に組織し（司令官はヴォー・グエン・ザップ）、既存のゲリラ組織も合併して、現在の軍の前身組織を誕生させた。

当初は小規模だった武装組織は、戦争の拡大に応じて次第にその編成を拡大、増加させていった。当初、兵員は民間人が志願していたが、その後徴兵制度を採用するも、決してプロの軍隊ではなかった。抗仏戦期（一九四六～五四年）に、軍はゲリラ戦による小規模戦闘を多数経験する中で、武器・弾薬を敵から捕獲し、または外国支援で調達しながら中隊や大隊レベルの中規模戦闘を展開するに至った。兵員数が三〇万人以上に達する中で、「破竹の勢いで連戦連勝」をしながら（ベトナムの軍事史では

ファン・ディン・ゾットの像（ディエンビエンフー）。

基本的に敗戦の記載はない）、ついには師団を擁する組織にまで成長した。さらには、フランスが構築したディエンビエンフーの要塞で決戦を挑み、フランスを敗退させてインドシナからの撤退を決定付けた。

人民軍の特徴は、戦争の拡大に呼応して社会全体から多くの人々を動員・参戦させるため、主力部隊、地方部隊、自衛民兵という「三種の軍隊」を構成して各々の編成・装備や機動性に応じた任務を遂行しつつ、相互補完することであった。さらに、軍内にも党組織が末端の部隊にまで配置され、思想性を貫徹させた。そのため、ベー・ヴァン・ダンやファン・ディン・ゾット[*1]のように、抗仏期から戦いに身を挺して戦死した軍人を軍神のごとく「英雄」に奉りたて、その功労を賛美しながら政治思想を伝播したのである。

やがて抗米戦争（一九六〇年代初め～七五年）が始まり、戦闘が激化すると、北の社会主義政権は徐々に南部に軍を派遣して、民族解放運動の拡大と南北

サイゴン解放30周年記念式典で、入城した解放軍戦車に駆け寄って喜ぶ市民の様子を再現した場面。2005年4月30日ホーチミン市。

統一を目指した。兵員数は約一二〇万人に及んだ。米軍と南ベトナム政府軍は様々な近代兵器を用いて北からの軍の移動を阻止し、特に損耗率を高める各種の爆弾による空爆を連続的に行なった。しかし、北ベトナム人民軍は北緯一七度線を越えて南進する過程で数多くの戦闘を繰り広げながら、「解放区」を拡大していった。

そうした中で、人民軍は党の指導を前提とし、そこで培った「自己犠牲と革命精神」を拠りどころにしつつ、思想工作によって地域の人々の協力を得ながら戦闘を展開した。空爆でクレーターができたホーチミン・ルート[*2]を埋め直す女性部隊、サイゴンで公開処刑されても毅然とした態度で臨んだグエン・ヴァン・チョイ[*3]、南部で様々なスパイ活動等に従事した女性たちによる「長髪部隊[*4]」、米軍機をライフル銃で撃墜した民兵など、この時期に多くの「英雄」が出現した。

抗米期の人民軍の規模はすでに主力部隊だけで

一二〇万人、すべての武装勢力を抱合すると、その数は南北あわせて約六七〇万人にまで膨張してい

＊1　**ベー・ヴァン・ダン、ファン・ディン・ゾット**　いずれも抗仏戦争中に自ら犠牲になってフランス軍の攻撃からベトナム軍を守った「英雄」。ダンの部隊は、ディエンビエンフーへ撤退するフランス軍を攻撃するが、逆に包囲された。集中砲火を浴びせるフランス軍に機関銃を持つ別の兵士が反撃するが、高さが足りず敵陣まで弾が届かなかった。ダンは自ら機関銃を担いで台座となり、機関銃手が撃ちやすいようにした。その結果、敵に全身をさらすことになり、撃たれて戦死した。また、ゾットは自らの体でトーチカの穴をふさぎ、蜂の巣となったが、それによって自軍は次々に進撃して高地は占領された。後にダン、ゾットはいずれも国会、政府より軍の「英雄」称号を与えられ、その犠牲的行為が語り継がれることとなる。

＊2　**ホーチミン・ルート**　抗米戦争期に、北部から主にベトナム南部（ラオス・カンボジア戦線を含む）に人・物資を送り込むためにチュオンソン山脈に沿って建設された交通路の総称（海上ルートは国内から外国領海にまで拡大、使用された）。人と物資は徒歩、車両、象、荷押し車、船舶などあらゆる手段が用いられたが、ルートは用途別に、主に第五五九部隊によって建設された。抗仏戦争時の塹壕建設経験をもとに五九年から初歩的工事が着手され、六五年からは本格的に建設が始まって、総延長二万二〇〇〇キロ以上の各種ルートが張り巡らされた。七四年までに、のべ四五〇万人の人員と一五〇万トンあまりの物資が輸送されたという。陸のルートは別名「チュオンソン・ルート」、海のルートは「海のホーチミン・ルート」と呼ばれている。

＊3　**グエン・ヴァン・チョイ**　一九六四年五月にマクナマラ国防長官（当時）の暗殺未遂の罪により公開処刑されたサイゴン別働隊の隊員。チョイは市内のコンリー橋に爆弾を敷設したが、発見・逮捕され、五ヵ月間の拘留中に拷問を受けた末、公開の銃殺処刑に処された。処刑にあたって目隠しを拒否し、大声で「ホー・チ・ミン万歳、ベトナム万歳」と叫んだと言われる。わずか二四歳の若さで悲壮な戦死を遂げたチョイには「英雄」称号が与えられた。

た。そして、一九七五年四月三〇日に戦車部隊が大統領宮殿の鉄扉を破壊して突入するシーンに象徴されるように、サイゴンが陥落し、軍は「解放の軍隊」としてサイゴン市民に歓声と拍手で迎えられたのである。

だが、カンボジアのポル・ポト政権による挑発に対して、一九七八年にベトナムがカンボジア（民主カンプチア）に侵攻すると、既に党関係が悪化していた中越の国家間関係も一気に悪化し、ベトナムは翌年に中国の攻撃と侵攻を受けるに至った（三七〇頁参照）。いわゆる中越戦争である（ベトナム側は現在「祖国防衛戦争」と呼んでいる）。抗米戦争の終結で兵員を大幅削減した軍は、この緊急事態に備えるために再度国民を召集し、その数は最大で一〇〇万人以上とも言われた。こうして、軍は侵略者を撃退して祖国を防衛する檜舞台に上ったのである。周知のように、カンボジアにおける傀儡政権（カンプチア人民共和国）樹立は諸外国から「侵攻」とみなされ、国際社会から激しく非難された。しかし、ベトナム国内においては、軍は「国際的義務を果たす志願軍」であり、祖国防衛任務遂行の先鋒としての役割を担ったのであった。

このような軍の性格や位置づけは、あらゆる機会を通じて宣伝されていった。義務教育の段階から軍は「崇高な任務を持つ」存在であると教えこまれた。かつて軍人、兵士が尊敬されたのは、軍人の役割が「祖国を守る＝人民を守る」という単純かつ明快な図式で理解されていたからである。しかし、実際には、軍の究極的任務とは、間違いなく、党を守り、社会主義体制を守ることにあった。そのためには、大規模な兵員を社会の広範な範囲から確保することが求められた。しかし、人々にはその冷厳な事実を直視する余裕がなかった。

❖社会の一部を構成する軍

ベトナムの軍隊は、ベトナム社会の中で巨大なコミュニティーを形成する一大武装組織である。現在、軍の兵員数は『ミリタリー・バランス』等によれば約四八万人と言われているが、正確な数は未公表のためわからない。仮に四八万人であったとしてもそれは正規軍の数であり、実際の軍事力を反映した数ではない（ベトナムは陸軍国であり、空軍、防空軍、海軍は全体の二割程度）。

人民軍は、一九四四年に当時のインドシナ共産党がフランスと日本の植民地主義政策に抵抗する手段として、武力より政治工作を優先して各地で思想の伝播を展開する勢力として発足した「解放軍宣伝隊」がその前身とされている。もともとはディエンビエンフーの戦いで名を馳せたヴォー・グエン・ザップが率いる三四名の少人数部隊であったが、三〇年以上に及ぶ革命と戦争の拡大により、党の勢力拡張と戦況の発展に応じて、その都度、組織の規模が拡大、成長し、名称も変えながら現在に至っている。その後、戦中、戦後を通じて、軍は、党と社会主義体制を防衛する党のツールとして、社会の中で肥大化しつつ、組織の再生産を繰り返してきた。

軍が規模を拡大・再生産できた背景には、ベトナムの軍事・国防思想の存在があった。それは「人民戦争」論（戦時）、「全人民国防」論（平時）と呼ばれるもので、性別や年齢を問わず、すべての国民

＊４　**長髪部隊**　抗米戦争中に、南部における蜂起を契機に立ち上がった抵抗勢力の一翼を担った女性部隊の名称。年齢を問わずあらゆる女性が参加し、武力を用いる米軍やサイゴン政府軍に対して情や理性に訴えて心理的に動揺させたり、戦車の行く手を阻み、大砲の砲口をふさいだりするなど、様々な抵抗を行なった。

を動員して一丸となって侵略者に対抗し、警戒心を醸成するというものであった。前者は、毛沢東が考案した人民戦争論をベトナムの具体的な状況に当てはめてアレンジした思想であった。党は、全国民を動員するため、あらゆる組織や地方で政治工作を展開したが、この二つの軍事・国防思想は動員の支柱的役割を果たした。

全国民が動員された結果、たいていの国民は、何らかの形で国防任務に従事する経験を持つこととなった。その中で、特に一般男子国民の多くは一定期間軍隊に入隊し、除隊すれば退役軍人として予備役に編入された。戦時になれば、女性も後方勤務だけではなく前線にも赴いた。また、職業軍人にならなくても、男女すべてが職業を問わず、何らかの形で国防ないし軍事任務にリンクされるシステムが、社会の中で整備されてきた。

こうした国防戦略は、抗仏・抗米戦争以後も継続され、中越国境紛争勃発時にも同様の措置——国家総動員令——が講じられてきた。この時も大量の人員が前線と後方に投入された結果、国民の召集と動員が繰り返され、おびただしい軍人および軍隊経験者が更新、増加していった。

地域住民を軍に供給した地域の行政機関およびその共同体では、除隊された彼らを再び受け入れ、多くの軍隊経験者を潜在的に「蓄積」することとなった。そのため、軍は一般国民の社会生活と「同居」し、水と空気のように自然になじんで定着していったのである。したがって、軍民間には垣根がなくなり、自分の身近な人が軍に入ることになっても特別な感情が湧くことはなかった。

❖作られる軍のイメージ

ただし、戦時に入隊することの意義、重みは平時のそれとは異なっていた。戦時では、自ら進んで入隊し前線に赴くことは、周囲から自己の存在を認められることを意味した。形式上は志願という形で本人の意思決定が優先されるが、実際は親や親族までが息子や娘（女性も多く動員されている）の入隊を促すことが美徳とされる雰囲気が社会全体に醸成されていった。今でも、夫や息子が複数戦死した女性が「英雄の母」[*5]として賛美され、表彰される姿が政策的にテレビの画面に映し出されていることが、その証と言えよう。

それはまさに共産党の政治工作の成果であり、各部隊には、政治員という、思想工作専門のオルガナイザーがシステムの中に配置され、その権限は軍事指揮官に勝る（あるいは、少なくとも同等の）時期もあった。だが、当時のベトナム人の誰もが革命の意義に心から賛同し、自己犠牲もいとわずに戦いに赴いたのであろうか？

確実に言えることは、革命の達成に反すると思われる思想はすべて排除され、その状況は今でも続いているということだ。仮に軍人に私的なインタビューを試みても、彼らの返事は常に形式的で美辞

＊5　**英雄の母**　民族解放や祖国防衛に積極的に貢献した女性（母親）に対して与えられる英雄称号。戦争中に、子供や夫、または本人が「烈士」として殉職した場合に、戦死した子供の数や一人っ子の息子をなくした場合等の状況に応じて等級と勲章が決められる。制度的には一九九四年に国会で制定され、過去にさかのぼって対象者がリストアップされ、国家主席名で授与される。現在、ハノイ軍事史博物館（旧軍事博物館）にも常設展示ブースが設けられている。

戦功勲章（右上）と祖国への功労を讃えた表彰状。左上は当時の携帯用カレンダー。

麗句で飾られたものに終始する。特に戦時では人間的感情——別離の悲しみや死への恐怖心——は軍の士気に影響するものとみなされ、それを外部に漏らすことは厳しく禁じられたのである。

　他方、社会への軍の浸透は一般の「民間人」と軍人との距離をきわめて身近なものにした。ベトナムでは、純然たる「民間人」という範疇の人々を見つけることが難しいくらい、誰しもが何らかの軍隊経験を持っていた（ドイモイ実施後の現在では、状況はかなり異なる）。いたるところに軍関係者が必ず存在している状況においては、軍民の仕切りはさほど大きな意味を持たず、軍人の実生活の有様は誰もが容易に想像できた。

　とはいえ、軍人の本音が語られることはなかった。むしろ、軍人の思想・実態には幾層ものフィルターがかけられ、個々の心理・心

全人民国防制度の一環として軍事教練を受ける高校生たち。2000年、ハノイ。

境は政策的に公開されず、ほとんど伏せられてきた。軍隊の威信を削ぐような「実態」の公開は、共産党特有の秘密主義もさることながら、「経済的困窮状況を外部に知られたくない」という為政者たちのプライドによっても妨げられてきた。彼らは実態を部外者に公表しないどころか、軍の一面だけをプロパガンダとして誇張し、国民が自発的に自己犠牲を払うような環境を作ってきたのだ。

こうして、戦時からの党の政策が功を奏して、軍のイメージは、植民地主義を倒し、祖国を解放するために献身的に戦う英雄の組織というものになっていった。むろん、その実態とは、党の敷いた路線を実現させ、党と社会主義体制を守る集団であった。国内のマスコミは当然のごとく、党の指導の下では完全に宣伝マシーンであり、批判団体には成り得なかった。

しかし、束縛を受けないはずの海外のマスコミや多くの識者ですら、結果的にそのような軍のイメー

中学生に戦史を伝える退役軍人たち。1993年、ハノイ。

ジを高める役割を果たしたことは否定できないだろう。彼らは、ベトナムの軍隊が「解放軍」として侵略者に抵抗するという姿を、一面的かつ積極的に宣伝し美化することに貢献した。そうした誇張された姿をクローズアップし続けたことは、党の政策の成功を意味していた。党はひたすら軍を「勇敢」、「英雄」、「不屈」、「人民の軍隊」といった側面でのみ語り、軍もそのような諸側面を自身の存在理由とすることで今日まで党を支えてきたのである。

二　戦時の精神的苦痛と現在

党は長期の革命闘争と戦争を自国内で続けてきたが、その相手とは、いうまでもなくフランスとアメリカの正規軍であった（厳密には、それらの国々に支えられた「傀儡」政府軍もいた）。そのような敵との戦いに共産党が描いたストーリーとは、「兵器でははるかに劣るベトナムの軍隊が、近代兵器を装備した敵に果敢に挑み、自己犠牲を顧みずに戦い、戦況を有利に展開してゆく。その成果は党の正しい思想と指導によって導かれた結果であり、戦略の正しさが証明される。党は戦死者を英雄として奉り、人々はそれら英雄の精神を学習する」というものであった。このように一般化されたストーリーは、現地の軍事史、あるいは国民向けの歴史教育で広く語られ、人々を啓蒙し続けてきた。

しかし、抗仏期のような、革命根拠地の険しい山と厳しい気候の中での長期間にわたる生活、あるいは、抗米期の南部で見られた敵占領地内への潜伏などは、軍人たちの心身両面の健康を損ね、死をきわめて身近なものにさせた。このような危険な任務は、一定の政治的意図のもとで巧みに表現され、党の正統性、革命の成就を賛美する手段として繰り返し言及されてきた。たとえば、南部の解放軍の「勇姿」を描いた『南ベトナム解放軍戦闘記』（ベトナム人民軍出版社）にも、多数の「英雄兵士」の事例が紹介されている。

解放されたある村では、解放軍に入隊する「潮のような高まりがみなぎっており」、母親が息子に入隊を勧め、息子は喜び勇んで同意する。負傷した左足を自ら刀で切り落とし、迫りくる敵軍兵士を打ち負かした副政治指導員の話。味方の部隊の展開を有利にするために敵の装甲車のおとりになって戦死したレー・チン同志の話。数多くのエピソードはとても紹介しきれない。

むろん、果敢に立ち向かう軍人たちの姿に偽りはないだろう。しかし、そうした個別のエピソードだけではけっして全体の像を明らかにはできない。それは、犯人逮捕の場面しか強調しないテレビの刑事ものドラマに似ている。現実には、軍隊にも固有の実像があるはずだ。それは、個々の軍人たちが現場で直接対峙せざるを得なかった様々な困難を表している。彼らは、戦場でも平時の生活でも、絶対的な物質的不足と精神的苦痛の両方を味わわなければならなかったのである。

戦場における苦痛とは、おそらく言葉に言い尽くせないものであろう。想像を絶する蒸し暑さ（あるいは逆に湿気のある寒さ）、澱んだ戦場の空気、砲弾の炸裂音と振動、そしてそれが発する空気圧、餓え、それらが複合してもたらす恐怖感、死を決意した時の家族を思う気持ち、あるいは湧き起こる死さえも超越した感情――など。筆者がそうした死に直面する苛酷な局面に立たされた時のことについて尋ねると、たいていの軍人や軍隊経験者はこう答えた。

「祖国があのような状況に立たされれば、誰だって戦場に行かざるを得ないだろう。我々は、侵略する帝国主義者を追い出すために立ち上がったのだ」

それは、あたかも戦いに志願する行為が自律的に決定されたかのような口ぶりであった。しかし、彼らは、本当に本心からそう述べているのだろうか、という疑問が筆者には残った。

現在でも党・政府がこれまでの総戦死者数を公表していないのはなぜなのか？　軍人たちは自分が戦死した時に自分の遺影が祭壇に飾られることを本心から受け容れたのだろうか？

『人民軍新聞』やテレビの軍隊番組には、依然として行方不明軍人の消息を探すコーナーが設けられている。ハノイの軍事史博物館（最近まで軍事博物館と呼ばれていた）の片隅には、出征する兵士と母親、そして幼い少女（兵士の妹と思われる）が互いに抱き合い、別離の前に母親が手渡した包みを三人がしっかりと握る銅像がひっそりと陳列されている。このような叙情的なオブジェはきわめて珍しく、今でも、ほとんどの場合は戦意高揚の戦勝像のみが評価される。

ベトナムで著名な作曲家スアン・ザオが作った「道を切り開く少女たち」という曲がある。これは、物資輸送のための補給路（ホーチミン・ルート）が空爆され、それによってできたクレーター状の穴を、輸送車両が通れるように一心に土をかけて埋めなおす女性部隊の活躍を描いたものである。これは実在する部隊であり、爆撃の最中に働くため、部隊全員が死亡した例もある。この詩は、山中を移動しながら、そうした苦労を厭わない少女たちの歌声を耳にした男性と彼女らとの掛け合いで構成されている。男性たちは、あまりにも若い彼女らが、無心に夜中も働きつづける精神力と体力に感服する。彼女たちは、自分たちが勇んで地面の穴を埋めて物資輸送のトラックを通すことが、この美しい祖国を守ることにつながるのだという決意を、優しく小鳥がさえずるように歌う。

この曲は、二〇〇〇年ごろに、ホーチミン・ルートを守る部隊をテーマにしたビデオテープに収められ、販売された。出演はホーチミン市周辺を管轄する第七軍区の若い男女の軍人たち（政治局が管理する歌舞団団員）である。ビデオには、この曲をバックに、ある女性兵士が潜伏する洞窟の中で知り合った若い男性兵士とはにかみながら寄り添う場面がある。男性兵士はまもなく戦闘に出るため、少女の傍らに座り、彼女の手をそっと握り締め、想いを込めて鉄製のクシ（撃墜した米軍戦闘機の破片で作られたもの）を手渡す。現代風にアレンジされたこのビデオテープは、本当の軍人が出演していることもあり、素人芝居の域を出ないが、それがかえってあまりにも淡く切ない恋心と別れのつらさをロマンチックに表現することに成功している。こうした人間的な心の交差、心情は、おそらく全国のどこにでもあったのだろう。だが、それが純粋に前面に出ることはなく、常に戦勝の目的の中で都合よく処理され、美化されていったのである。

二〇〇二年の夏に筆者は仕事の関係で元士官ソン氏と日本で出会った。彼はベトナムのある大衆団体に所属する中堅幹部職員であるが、元々は他の職業に就いていたという。ベトナム人、特に北部出身者はあまり身元を語りたがらないことが多いから、こちらもあえて聞かなかったが、個人的に意気投合したので、食事に誘った。その席で彼は次のような話をしてくれた。

ソン氏は戦争中は戦車部隊に所属していた。一九七五年、サイゴン解放に向けて彼を乗せた戦車部隊がハノイから南下する途中の出来事であった。部隊が一七度線（北ベトナムと南ベトナムの境界）を越えてある村を通過しようとすると、進路を阻むように道に横たわり、人間の盾をつくる村人たち数十名に遭遇した。そこはカトリック信者の村であり、住民たちとは、一九五四年に共産主義を拒否して北部を捨てた「信仰を持つ難民」たちであった。村民たちは頑として戦車部隊の通過を許さなかった。部隊の指揮官は、通過を阻まないように警告した。それでも、村人たちは退かなかった。時間が経過し、らちがあかないと判断した指揮官は、最後通牒を突きつけ、ついに部隊の強行突破を命令した。前進したソン氏が後ろを振り向いた時、そこには戦車のキャタピラに潰された村人たちの死骸だけが残っていた。サイゴン陥落はその後の出来事になる。

ソン氏は「こういうことはいっさい口外できないんだ。自分はこの事実を墓場まで持っていかねばならないよ」と語った。戦中戦後に体験した軍関係の事実、内情は、ドイモイの今でも公表してはならない、という冷然とした掟が存在しているのである。党と国がそれを禁じ、個人は無条件にそれを受け容れるしかない。

この元士官が話した出来事は、公表されていない以上、それが事実であるかどうかの確認はできない。しかし、もしかしたら、ソン氏は、どこかに歴史の一コマを残しておきたい衝動に駆られたのかもしれない。

三　食生活と衛生環境

❖兵士たちの食事

一般的に、一国の軍事力を推し量る上で、その軍隊の生活環境全般を知ることはきわめて重要である。敵情視察を行なう際に敵地に残された糞の内容物を分析することにも、その重要性が表れている。はたして「栄光ある」ベトナムの軍の生活状況はどうだったのか。

戦争中のベトナムでは、経済力、戦闘の形態、兵站能力自体の問題等から、全軍に十分な兵食を供給することがきわめて困難であった。むろん、その戦争思想から「人民の海の中で軍という魚が泳ぐ」ことを前提にしていたが、事態が困窮すれば、軍による現地調達、自給自足を原則としていた。だが、実際にいかなる食生活をしていたかは、対外的には秘密とされた。ここでは、軍の兵站部門が発行した内部資料をもとにそれを再現してみたい。

軍人たちの生活を理解するには、まず彼らが基本的にベトナム全人口の約八〇%を占める農村出身者である事実を踏まえることが重要である。すなわち、軍人たちの性格・立ち居振る舞いは、農村特有の生活を如実に反映しているということだ。彼らは概して明るく素朴であり、感情表現が朴訥で、時には粗野ですらあった。単純明快な会話と人間関係を好み、理屈より感情で物事を判断することが多かった。質の高い教育を受ける機会がない場合がほとんどであったことも、思考の単純化を助長させていたかもしれない。食生活も単純で、米などのでんぷん質と野菜等のビタミン類を中心に摂取し、肉等の嗜好品は祭事の時などに限られていた。

ベトナムの軍人の圧倒的多数は、こうした農村的生活スタイル・生活習慣を持った人々であった。彼らは正規の軍隊教育を受けてはいないものの、農民としての体力を有していた。したがって、軍隊で課される重労働を都市部出身者に比べて三〇%近く少ないエネルギー量でこなすことができた。それほど彼らは健康かつ頑丈で、忍耐力に富んでいるとみなされていた。彼らの軍での行動パターンの基本は農村生活の延長線上にあり、政治・思想工作もそうした人々に見合うように、わかり易く明快なかたちで行なわれていたのである。近代兵器も持たず、兵員数と体力で軍事力をカバーするカギはここにあった。

戦時の軍人の食生活は、むろん、平時のそれとは異なっていた（戦後の一九八〇年代は、財政赤字等の問題で軍内の食生活がきわめて貧しくなった）。食事などを確保するのは兵站部門の任務であるが、規定によれば、三度三度温かい食事を用意することが定められていた。しかし、経済的に立ち遅れた農業国の、しかも工業生産もおぼつかない戦時下でそれを望むのは困難であった。抗仏期は装備自体が立ち遅れていたし、抗米期は一九七三年まで前線が全国各地に展開したため、当時の兵站能力では到底間に合わなかったからである。

さらに、戦闘中の部隊が固定的な場所に駐屯していると敵の攻撃の的になりやすいため、常に移動を続けなければならなかった。ことに戦場の拡大は、補給路の延長による前線支援と兵站確保をいっそう困難にさせた（特に南部や山岳地域など）。

兵舎で食事をする際は、普段の実生活と同様に丸いお盆一つを六名分と数えて、それを囲んで平等に配分した。常時おかずは少ないため、塩がきいたヌォックマムのタレにほんの少しおかず（野菜）をつけて、ご飯の量を多くするという、きわめて質素な食事だった。

そうした状況で軍人たちがよく口にしたのは、米と空芯菜などの野菜、そして付けダレとなる塩分の濃いヌォックマム、塩、ゴマ、胡椒を混ぜたふりかけなどであった。時には揚げ豆腐や塩辛く煮込んだ小魚などを食べた。肉は、やはり常時口にできるものではなかった。米（ご飯）は、事情が許せば大盛の茶碗に五杯でも六杯でもかきこんだ。ビタミンや鉄分等が豊富な空芯菜をはじめ、野菜類はだいたい現地調達で、炒めるか、ボイルするかなど、あの手この手で料理方法を考えた。「ザウマー」や「ザウタウバイ」（ガソリンの味がするという）などの草類、タケノコ、芋の種類であるクーマーイ、キャッサバなども食された（山中にも野菜や草類がない場合に備えて「乾燥野菜」も考案、開発された）。料理用の油は、ラードが基本であった。

軍人たちは、兵站が途切れやすい戦闘時に備えるために携帯食を準備した。また、行軍中の非常用携帯食の代表的なものはクゥムザン（炒め飯）、クゥムナム（握り飯）などであった。クゥムザンは、米に塩、味噌、胡椒などで味付けして炒めておき、前線でお湯に入れて、米がふやけてやわらかくなってから食べた。今で言うインスタント食品に相当する非常食だ。クゥムナムは、インディカ米がパサパサしているために通常より多めに水を入れて炊き、それを握った。それとは別に、塩、胡椒、落花生を混ぜて粉状にし、握り飯につけて食べたりすることも一般的であった。いずれも特別なものではなく、普段の生活で食するものだった。こうした携帯食は、抗仏期には各地の民家が協力して提供し、兵站能力が向上する抗米期ではあらかじめ前線と後方を結ぶ中継基地で用意された。

抗米期に入ると、主に中国から固形の携帯食が援助された。これは、今の固形補助栄養食のようなもので、ほのかに甘い栄養分を含んだ粉を四角く圧縮したものだ。戦時中の固形携帯食は通常兵食の二・五倍から三倍のコストがかかったことから、援助が中止された後は、パイロットなどのハードな戦闘遂行能力が求められる部門に対象を絞って支給された。ハノイの空軍・防空軍司令部近くで戦後に茶店を開いた老婆によれば、軍人たちがよく小遣い稼ぎに、官給品の固形携帯食を箱ごと売りに来たという。

肉類は、仮に調達が可能であれば、鳥、豚、牛、はては羊肉の缶詰類など何でも食された。国内で調達が難しい食糧は、ソ連からモンゴルまで様々な社会主義諸国からの援助物資でまかなわれた。こうした態勢は、抗仏期より抗米期のほうが整っていたという。

山村などでは村人に食料提供などの支援を受けたり、家畜を買い取ることもあった。もっとも、軍人の中には勝手に捕獲してつぶして食べる者もいたという。軍規には「人民のものには手をつけてはならない」と規定されているが、その程度のことは珍しくなかったようだ。

ヌォックマムはベトナム人にとって欠かせない調味料であるが、彼らはこれにも工夫を凝らした。これは抗米期の話であるが、通常の液体では運搬どころか調達自体が困難なため、「ヌォックマム風味」の代用品として、砂糖を焦がしてキャラメル状にし、塩を足した後に粒状にしたマムコー（固体のマム）と呼ばれるものを携行した。これが食事の際のつけダレとなったのである。

筆者が出会った元砲兵下士官ハイ氏によれば、ご飯の炊き方にも注文があり、いかなる環境でも炊事班は米の生炊きはもとより、焦がしてもいけないとされた。おこげは昔から死人が出ると信じられて忌避されていたという。部隊の最小単位である小隊は一個六名であるが、戦闘中は食事をしながら戦った。ご飯、魚などが一緒に載った皿飯が支給され、早食いが当たり前だった。

前線が全国展開する抗米期においては、食糧補給は中継地で行なわれた。たいていの場合、軍人たちが休憩時に汗を流したりするため、中継地は河川や泉付近に設営された。しかし、それは食料調達が順調な時だけで、天候不良時は洪水などで補給路を断たれた。食糧補給が途切れた場合は、現場ではおかゆや握り飯などを食べなければならなかった。もちろん危険な時には食事すらできず、山中などに退避した。

戦況の変化により、特に抗米期に入ると各兵科も次第に整備されていった（装備の内実は、敵からの捕獲品や援助品であり、いわゆる近代化とは程遠い）。砲兵部隊は、主に車両移動に頼るため、一般の歩兵部隊より移動が楽な兵科とされた。しかし、固定した場所に長期間滞在すると攻撃対象になりやすく、移動の連続を余儀なくされた。

抗米戦に参加したある砲兵兵士の話によれば、天候がいいと日中は敵の攻撃が即座に開始された。

そのため、朝と夜になるべく食事を余分にとっておかねばならなかったという。朝食と昼食兼用の食事が習慣化したせいで、除隊後もしばらくその感覚から抜け出せなかった。抗米期になると空爆が日常化するため、場合によっては、夜間に毎晩平均二〇キロ移動し、滞在地でどんなに疲労が蓄積していても壕を掘って大砲と人間の逃げ場を作ることが最優先された。一つの部隊で掘る壕の面積も平均約六〇立方メートルに及び、相当な重労働であった。

❖劣悪な衛生環境

軍の衛生環境も軍事機密に属する重要な問題である。ここでは、複数の衛生部隊に関する内部資料をもとに、抗仏・抗米期の軍の生活環境の一端を検証してみたい。

一九七六年出版の軍医科（いわゆる軍衛生部門）の内部資料によれば、戦闘の場が都市部から農村や山岳地に移った抗仏期から、軍の衛生環境はますます劣悪なものとなっていったという。こうした状態は抗米期を経ても終始変わらず、ドイモイが進んだ最近になってようやく改善の兆しが出てきた。

抗仏・抗米両期間を通じて、軍の存在を脅やかし続けたのはマラリアであった。一九七八年以降にカンボジアに駐留した時期の軍は、実際の戦争による死者以上にマラリア等の病死者が多かったというから、抗仏・抗米戦争期の状況はそれ以上だったことは想像に難くない（カンボジア戦線の死者数も公表されていない）。一九四五年当時は、マラリアが蚊ではなく水から媒介されると思われていたという。医者も一〇〇名程度しか養成されていなかった時代であったため、医学は著しく立ち遅れていた。当時の衛生部隊ができたことといえば、衛生教育の啓蒙と普及ぐらいであった、一九四七年から軍では衛生啓発運動が進められ、手洗いや爪切りの励行、食品をハエから守る、生水の飲用禁止や、少なくとも一週間に一度の衣類の洗濯と入浴等、生活の中でできることの指導がなされた。大便の処理を「ネコ穴」と呼ばれる穴に埋めることも励行された。

高温多湿の厳しい気候条件の中で、食物が早く傷み、細菌や回虫が体内に入り、多くの軍人が下痢に悩まされる状況が、抗仏期から続いていた。密林や山中での行軍によってマラリアが蔓延し、戦う前に死亡する軍人が後を絶たなかった。野戦病院や前線での医療体制が不備・不足であったため、重度の負傷者は死に至るケースが多かった。中には、ノコギリや台所の包丁で手術をするケースすらあった。飲料水が不足する乾季には、痒くて痛い皮膚炎が大きな悩みであった。治療薬として、漢方のように民間医療として経験的に使用されている各種の草葉を採取し、揉んで付けたり、煎じて飲んだりしたという。

抗米期の話であるが、女性の場合、生理になればガーゼを長細く切って幾重にも折りたたみ、ナプキンに代用したという話を聞いた。しかし、交換用に複数用いるため、きれいに洗濯しては天日干しをする必要があった。しかし、戦時（あるいは戦地）ではそのような環境が恒常的にあったわけではないだろうから、けっして衛生状態を保てたわけではなかった。

地域別では、中部のチーティエン地方の部隊が特に食生活に困窮していたという。米は、本来の含有栄養分が含まれないほど品質が悪く、おかずも「マムトム」と呼ばれる液状のエビの塩辛のタレをさらに水で薄めて唐辛子をまぶして液状にし、まずいご飯にかけるだけといったお粗末なものだった。衣類や蚊帳、布団類も同様に不足していた。

中南部各省では、フランス軍に包囲された解放軍勢力が、地域住民の居住地から離れて活動する必要が生じた。このことは地元民の協力を得られないことを意味しており、各部隊は食料が不足して、ビタミンＡの補給が滞った。兵士の中には、視覚が衰えて、戦闘はおろか、歩哨に立つことすらできない者も出たという。また、水源に遠い部隊は、水の補給に二名の兵士を派遣し、一人は担ぎ役、もう一人は護衛として丸一日かけて限られた量の水を運搬した。そうした部隊では、一人の兵士に与えられる一日あたりの飲料水と生活用水の量は四〇〇ＣＣに限定された。

クアンナム省の山岳地に駐屯した第九六連隊にいたっては、住民のいる地域からも離れたあまりの遠隔地で、気候も劣悪、地理的にも危険な地形に位置していたことから、後方支援も満足に受けられなかった。そのため、ある中隊は一四〇名の兵員のうち九五名がマラリアや体力消耗が原因で病死した。飢えの中を生き延びた者も、軍医が経験不足なために、食事を与えすぎて死なせてしまった例もあった。ベトナム軍が得意とするゲリラ戦の展開は、こうした事象をも発生させたのである。はたして、このような出来事をこれまで党と軍は公表してきたであろうか。

四　犯罪の発生と規律の乱れ

冒頭に述べたように、ベトナムの人民軍は、この国の歴史の中で常に革命の先頭に立ち、革命を成功させるための道具として、不屈の戦いに身を投じた英雄と描かれ続けてきた。それは、共産党の指導的立場を揺るぎないものにするための戦略的思想から発したものであった。したがって、大規模な人間集団であるにもかかわらず、内部で発生する諸問題は公開されず、情報は隠蔽され続けてきた。

抗米期から輸送部隊の運転手で、中越戦争中にカンボジア戦線にも従事したハノイのラン氏は、軍隊生活の苛酷さに耐え兼ねて逃亡した。彼は「ポル・ポトのせいでカンボジアは人々があまりおらず、おかげで彼らが残した指輪やブレスレットなどの金製品がたくさん手に入った」と語っていたが、逃亡の理由は語ってくれなかった。しかし、彼の逃亡で、ハノイの家族が得ていた彼の分の配給は停止され、彼の住民登録は抹消された。一家の大黒柱の配給分がなくなることは厳しい生活が待っていることを意味し、加えて、彼には逃亡兵のレッテルが貼られた。彼は息を殺して生活し、根回しをして入隊前の勤務先に復帰できたのは相当後になってからのことだった。読書が好きで博学だった彼には、様々な制度的矛盾に対する不満や問題意識を抑えておくことが難しかったのかもしれない。彼の父親はフランス植民地政権の協力者だったので、彼は大学進学を諦めて独学で様々な書物を読破していた。社会主義政権はそうした人々も軍隊に動員したが、親の履歴が個人の人生を規定していたのだ。

こうした事例からもわかるように、実際には軍隊内部では様々な問題が発生しており、刑事事件を含めて、その内容は命令違反、上官への抵抗、敵への投降、徴兵忌避の他に、士官による物資横領、汚職など多岐にわたっていた。それは、一般社会の縮図と何ら変わりはなかった。しかし、建前では、ベトナムの軍隊にはこのような問題自体が存在しないこととなっていた。ことに、徴兵忌避や脱走、逃亡は、その発生自体が全人民国防体制を揺るがすために、厳しく処罰された。このほか、「軍閥主義」と呼ばれる上官による部下のいじめ（軍内部資料による）も存在し、民主的運営による部隊生活などといったプロパガンダの文言とはかけ離れたものだった。

このような軍内の状況は、ドイモイを経た二〇〇五年の現在でさえ、赤裸々に話すことは許されていない。それは、「党や国家の利益に反すると思われる行為に対して」個人が自然に自己抑制する環境が、この数十年間で形成されてきた証でもある。にもかかわらず、現在では徴兵忌避をタブー視する傾向が以前よりかなり減ってきた。戦中戦後を問わず、自分の子弟を都市部に勤務させたいと希望する高級士官が、コネを使って人事的配慮をしてもらう話をよく耳にする。戦争勃発の可能性が低くなり、兵員削減を大幅に断行している現在、徴兵逃れはかつてないほど堂々と黙認されている。

軍が形成されつつあった一九四〇年代は、部隊でも平等を謳う共産主義思想が重視されていたから、封建的かつ家父長的な人間関係は否定された。人称代名詞も年齢を細かく考慮しない簡易的な呼び方、あるいは一括して「同志」という呼称が使われた。軍隊内ではそれらは親近感を高める役割を果たした。そうした意味では、彼らの軍隊勤務は同志的連帯――祖国の独立、侵略者の駆逐という共通の目標――で結ばれていた。彼らは軍隊内の階級差を超えて、前近代社会における地縁血縁関係のつながりのように、兄弟愛にも似た感情で互いを扶助しあった。近代国家における軍隊では、本来ならば、階級と軍律で厳しく人間関係を規定し、差別化を徹底する組織であるはずだ。ところが、ベトナムでは、戦場での指揮命令系統は存在するものの、それ以外の場では階級差を超えた人間関係が、まるで村社会のごとく構築されていた。

とはいえ、そこでもイデオロギー的操作はきちんと施されていた。たとえば、階級差の撤廃は、上下関係の親密度を高めさせることで政治的イデオロギーの伝達を容易にする手段とも考えられていた。現在の一般の職場環境においても、肩書きで呼ぶことをためらい、年齢差に応じた人称代名詞で呼びあうことを好むのは、こうした経緯による影響があるからと考えられる。日本風に言えば「貴様と俺」に近い感覚かもしれない（ただし、ベトナムの表現には卑下したり見下げる意味は日本で用いられるほど度合いが強くない）。

対外的には、こうした親近感のある軍隊像が政治的に強調されて描かれ、宣伝されてきた。実際、彼らがそのような側面を有していたことは筆者の体験からも窺えた。筆者が、国防省軍事史研究所において一九九二年末から九三年春までに一〇〇時間の特別講義を受けた時期、研究所員の一部には、一定の警戒心を持ちつつも「ご近所」感覚で近づいてくれる人たちもいた。男性なのに手をつないでくるのは親しい証だが、いきなりそうされた時はさすがに驚いたものだ。

中越戦争中に偵察部隊として北部国境に従軍したフー氏は、ハノイ出身であるためにハイフォン出身の上官たちからにらまれ、徹底的に「いじめ」にあった、と筆者に話してくれた。彼によれば、ハノイ人は都会人としてのプライドがあり、ハイフォンは港町なので人の気性が荒々しいため、ハノイとハイフォンは同じ北部同士でも互いに競争心があり、敵対視するという。彼はあまりのいじめに我慢ならず、ある時ハノイ出身者同士で話し合い、皆で結託して、いじめる上官に復讐した。夜道で上官を待ち伏せし、背後から近づいて米袋を頭にかぶせて、文字どおり「袋叩き」にしたという。

また、同じく中越戦争期に偵察部隊にいたタン氏は、やはり中越国境で中国製の物資や食糧をひそかに「輸入」し、ハノイに持ち帰っては売りさばいていた。中越戦争が発生してから一九八〇年代初頭まで、ベトナムは激しく中国を非難し、互いに罵り合っており、中国製品の不買運動も盛んな時期だった。彼の行為はその最中の行動だった。指揮官に見つかって受けた懲罰とは、炎天下に練兵場の真ん中で箸をくわえて一日中立つというものであった。彼はハノイ出身で、やはり、地方出身の上官から嫌われていた。

軍の内部資料によれば、上官による部下への「しごき」は、戦後でも「軍人の職責義務違反行為」として発生した事案数全体の約一二・五％を占めるに至った。中部を統括する第四軍区のある中隊長は、他の士官と共に部下の兵士四人に暴行を加えて一人が死亡、三人が重傷を負った。中隊長には禁固一二年の刑が言い渡された。

戦時中の軍人の犯罪は、軍事法廷が設置された一九四七年から六〇年まで、毎年平均五〇〇件処理されていた。一番多かったのは一九五四年の六八二件である。約八年間の中で最も多かった犯罪は脱走（多い年で四四％を占めた）で、他に公金横領（約二五％）や敵へのスパイ、投降・寝返り、婦女暴行、上官の命令無視等があった。重要事案には死刑判決が複数回言い渡されている。中には、部隊の仲間に日頃の行ないを注意されたある軍人が、逆恨みして手榴弾を分隊休憩室に投げ込んで二名を死なせた事件（死刑判決）、士官が部隊脱走後に犯罪を犯した例（殺人、窃盗、婦女暴行、自傷行為による戦闘参加忌避等）などの事案もある。

上記と同じ資料によれば、一九六一年から七五年まで軍事法廷で処理された約五〇〇〇件の事案は、六五年から七五年までの期間に集中していた。折しも戦争が激しさを増した時期であった。統計的に明確な数値は示されていないが、やはり脱走、自傷行為、上官への抵抗が多く、年次によっては事案数全体の四一％を占めていた。また、六〇年から六四年までは北部の経済は比較的安定していたものの、六五年からの戦争の激化で窃盗が増加していた。非日常的な状況の中で、一部とはいえ、軍人たちによる犯罪が発生していた事実に間違いはないと思われる。彼らの行為は軍の士気を乱し、経済的影響を及ぼすだけでなく、「ベトナム人民軍」という英雄視された組織の実態をさらけ出してしまう恐れがあった。しかし、本当の問題とは、その事実を隠蔽してしまう党の体質にあるのだ。

ドイモイによって軍にも独立採算制が求められ、各部隊は自力で食糧の自給自足や、工場の民生転換を開始した。そうして生まれた数百社もある企業の中には、成功を収めて、実業家と何ら変わりない幹部が増えている場合もあった。むろん、彼らの商行為は、「国防上の利益」の範疇を超えないことが求められた。しかし、そのことは、国益に反しなければ「民間で行なわれている様々な商行為」と同様の営業活動が行なわれる根拠にもなった。皮肉にも、社会の中で「生かされる」存在である軍の特性が、ここでもいかんなく発揮されたのである。汚職は当然のこと、たとえそれが非合法であれ、社会的に暗黙の了解を得ていさえすれば、たいていのことはまかり通った。

筆者は、ハノイ滞在中に購入した自家用車（外交官用だったので免許扱い）を軍の企業に売却した経験がある。彼らは書類を書き換えてそれを一般車両とし、転売して利ざやを稼いだ。こうした行為は取るに足らないことで、土地・家屋に絡んだ売買は、一般社会で行なわれているそれと何ら変わりはなかった。ある大手の軍企業の社長は、筆者に対して「軍の企業と思わず、普通の企業とみなしてほしい」と言い放った。

英雄とみなされている一方で、軍人の意識は、ドイモイの影響で水面下で変化しつつある。これは現地では一般的に見られる現象であり、特別なことではけっしてない。それは彼らが社会と同居している存在であることに起因する。人々はそのことをつぶさに見ているのだ。

五　今後の軍の姿

軍の若手士官の意識調査の結果を掲載した資料が軍で発行されたのは一九九三年のことである（内部資料扱い。アンケート調査は一九八九年末から九二年四月まで行なわれた結果を必要に応じて抜粋し掲載している）。折しもソ連・東欧社会主義祖国での政治変動が発生し、党の指導的役割と威信に少なからぬ打撃を与えた。それは軍人の意識にも影響を及ぼしたと思われ、思想工作の方向性を探るためにもアンケートは必要だった。調査結果の中の「ほとんどの若手士官が軍への長期勤務に不安を覚えている」という記述には、そうした事情が如実に現れている。逆に、「安心して勤務できる」と答えた者は八九年では全体の二〇％から三〇％を占めていたが、九二年には一〇％に下がっていた（兵站部門や財政、空軍等に所属する士官は満足度が最高九八％と高い）。

不安感を覚える主な理由としては、物質的な欠乏のみならず、精神面でも厳しい状況にあり、給料もきわめて低いこと（八〇～八五％）、軍の社会的威信が日ごとに減じていること（六一・四％）、兵員の

徴兵され家族に別れを告げる青年たち。1992年、ハノイ。

大幅削減がなされてリストラの危惧を感じること（七五％、八七年以降大幅な軍縮が断行された）、家庭からの勧めで除隊を考えていること（約四一％）、遠隔地での勤務のため家族の傍にいられないこと（七九・六％）、そして、結婚できないこと（六一・三三％）等々があげられている。

　こうした不安感は、その後の軍の積極的なビジネス活動の展開とそれに伴う軍隊勤務志望者の増加、そして、正規軍の兵員削減に起因する徴兵制度の限定的実施等によって多かれ少なかれ取り除かれているようだ。しかし、それが党がこれまで喧伝してきたような「祖国防衛の忠実な僕《しもべ》」といった人材の確保につながることを保証しているわけではない。軍人たちの抱く不安の最大の原因は、軍が「全人民国防体制」の名の下であらゆる社会変動と連動して活動を展開することにあるからだ。戦時であれば、軍は社会の牽引役の一翼を担うことが可能であった。しかし、平時の、しかも市場経済制度で誰しもが経

兵舎内で。

済活動ばかりを注視し、時にはきわめて近視眼的な行動さえも厭《いと》わない状況下において、それを目の当たりにする軍人たちがそこから受ける様々な影響をどうして防ぐことができようか。党内部にさえ思想の退化、変質が見られる今日、それが軍へ波及することがあっても驚くには値しない。

現在、軍は、アメリカを中心とする国々が敵意を持って内部変化を図ろうとする戦略に脅威を感じ、機会あるごとに啓蒙と警戒心の醸成を進めている。その本意がどこにあるかは現時点では定かではない。それを額面どおりに受け取れないのは、アメリカを否定しつつもアメリカ志向の風潮が経済的、社会的にも一般的になりつつあるからだ。それは経済のグローバル化に自国経済を参画させようとする以上避けられない事実なのだろうが、少なくとも軍民の隔たりをできるだけ少なくすることで維持されている軍が、グローバリゼーションの波に対抗し得る「堅固な思想」をどれだけ維持しうるか、注目する必要がある。

また、既述のごとく農村出身者で占める軍は、抗仏、抗米戦争を通じてプロフェッショナルな訓練を経て構成された軍隊ではなかった。そうならざるを得なかったのは、近代的軍隊とその兵器に対抗するために、党が軍を社会的に浸透させて多くの兵員参加を呼びかける手法を講じたからである。それは、広範な大衆動員を図る上で、必然的なことだったのであろう。であるなら、ベトナムの軍はそうした認識から捉えられるべきであって、「解放軍」という、美化された側面からだけでは全体像は理解できない。彼らは、ベトナム社会という一大コミュニティー全体に包含されている巨大組織であり、当然、そこにはありふれた日常をかもし出す様々な人間模様、人間関係が交差している。人民軍はそうした人間集団とみなすべきなのだ。

これまで維持されてきた軍のスタイルがいつまで継続されるかはわからない。軍の近代化が図られて、軍民間の乖離が生じない限り、現在の構造は生き続けるだろう。軍自身が現状維持を望み、そこから何らかの富を享受しているなら、なおさらのことである。軍の実際の姿が公開されるのは、グローバリゼーションの波が情報化社会をより進展させ、人々の意識が客観性のある真実の情報、正しい歴史認識を求めるようになった時なのかもしれない。

参考文献

Bo Quoc phong Cuc Quan Y Tong cuc Hau can. 5-1991. *Lich su Quan Y Quan doi nhan dan Viet nam.*Tong cuc hau can.

Bo Quoc phong. Tong cuc hau can. 1995. *Lich su Hau can Quan doi nhan dan Viet nam 1944-1954.* Nha xuat ban Quan doi nhan dan.

Tong cuc Chinh tri. 1993. *Xay dung doi ngu si quan tre Quan doi nhan dan Viet nam trong giai doan cach mang moi.* Nha xuat ban Quan doi nhan dan.

Tong cuc hau can. 1992. *Bien nien su kien lich su Hau can Quan doi nhan dan Viet nam 1954-1975.* Tong cuc Hau can.

Quan doi nhan dan Viet nam. 1976. *30 nam phuc vu va xay dung cua nganh Quan Y Quan doi nhan dan Viet nam 1945-1975.* Cuc Quan Y. Tong cuc hau can.

第六章　人々の意識を荒廃させた経済・社会政策

――ドイモイ前の「バオカップ」制度

小高　泰

ベトナムという国の成り立ちをイメージする時、日本人の多くは「ベトナム戦争（アメリカとの戦争）」を条件反射的に連想する。そして、一九八六年一二月の第六回党大会から実施された「ドイモイ」が新たな情報としてインプットされ、この国の持つ経済的潜在力や現在の経済発展（一部のよく知られた料理や観光スポット等々）などといった、いわば表層的変化が取り上げられることが多い。しかし、クロノロジカルにこれらの二つの出来事を並べてみると、戦争の終結（一九七五年）とドイモイの開始の間には少なくとも一一年もの期間が横たわっている。さらに、ドイモイの実質的な効果は一九九〇年代初頭に表れてくることを考慮すると、その期間は約一六年から一七年間にも及ぶから、けっして短い期間とは言えない。

そもそも、ベトナムでは革命と戦争が続いた期間は約三〇年間に及び、それがもたらした様々な混乱は、経済を荒廃させ、人々の生命と財産を脅かし、正常な社会生活を奪い去った。人々が渇望したものとは、ただ単に戦争が終結することであり、その運命を受忍して、たとえ自己犠牲を強いられても、ひたすらそれに耐えるしかなかった。だから、戦争が終わることは、国民に明るい未来を約束することと同義語のはずであった。

実際、サイゴン陥落と南ベトナム政府の崩壊、すなわち国家統一を人々は喜び、来るべき社会主義社会がもたらすものに大いなる期待をかけた（反共思想の人々は別だが）。しかし、現実はどうだったか。戦争終結直後の混乱と国際関係の変化、そして経済と行政に不慣れな指導者による混迷した政策があいまって、あらゆる側面できわめて厳しい状況が続くこととなった。人々は、エンドレステープのように果てしなく続く経済・社会生活の悪化に、「なぜ生活が良くならないのか」と疑問を抱いたに違いない。

しかし、この国の人々の悲劇とは、戦争に打ち勝ったことの意義を問い直し、そのことへの疑念を持つことを許されなかった点にあることも忘れてはならない。その意味で、戦後からドイモイまでの期間は、荒廃した人々の精神構造をいっそう退化・後退させる要因を作り出すことはあっても、生活向上のためのインセンティヴを与え、精神的な満足感を与えることはなかった。だが、羊のようにおとなしく生きることを強いられた人々は、本音の吐露を禁止されたため、真の自分の姿を封印し、虚飾の社会関係を構築せざるをえなかった。

ここでは、この空白期間に、ベトナム国内、特に都市部において実施されてきた政策、制度としての国庫補助金制度（バオカップと呼ばれる、国からの補助で最低限の生活保障が受けられる配給等の制度）が、人々の精神構造と意識にもたらした影響と、現在の社会関係について考えてみたい。

1986年、ドイモイ発表当時のハノイの中心街。仏領期のオペラハウスが正面奥に見える。（藤田勇）

一　彩りのない、くすんだ生活

❖首都ハノイの情景

一九八〇年代のベトナムは、「首都」ハノイでさえ（あるいは「ハノイだから」と言った方がいいのかもしれないが）、街中の至るところでペンキが剥がれ、鉄が赤く錆びたような物寂しさを感じさせるモノトーンの世界が広がっていた。街並みはどこも暗く、わずかに店開きしている露店はかろうじて油で灯りをともして営業していた。セピア色にあせた家々は、戦争終了直後の風景を彷彿させるほど荒涼としており、街を行く人々のいでたちも、冬になれば男性はNATO服と呼ばれるカーキ色の軍のジャケットをはおり、女性は灰色や白または黒のシンプルな格好が平均的な姿だった。時々、ピンクや黄緑といった単なる原色の衣服をまとうこともあったが、暗い街

ドイモイ実施直後もハノイには路面電車が走っていた（藤田勇）

の風景とはいかにもチグハグで、外部からの訪問者におよそ二〇世紀とはかけ離れた別世界という印象を与えた。

賑やかさを示す飾りは皆無で、無表情な顔が描かれた社会主義国ではお決まりのプロパガンダ・ポスターがあちらこちらに目についた。誰も手をくわえようとしない老朽化した建築物を見ていると、まるで数世紀もの間、時間が止まっていたような錯覚に陥ることがあった。静まり返った都市生活の中で、目立つのは最も普及した移動手段である自転車だけで、発車時刻のわからない路面電車が、錆びて穴があちこちにあいた車体を引きずるようにゆっくりと走っていた。石炭バスもまだ走っており、馬車や牛車が我がもの顔で切り出された木材や竹を引いていた。

治安の面では、現在のような凶悪犯罪こそ発生しないものの、隙さえあれば洗濯物や履物などを長いサオでかすめとる「コソドロ」、公共の場での置き引きやスリは頻繁に起きていた。行政面では細かい規制が人々の生活を縛っていた。たとえば自転車の所有にも申請が必要で、車のようにナンバープレートを付けることが義務付けられた。また、竹で簡単に編んだ家の垣根ひとつ作るにも、それらを購入したことを証明するために行政機関に届け出を出す必要があった。許可なしには近隣の省へも行けなかったし、外国人が泊まるホテルへは立入禁止だった。

最低限の生活は保障されていたが、共同体の中で目立つことは禁じられており、すべての面で平均的な、悪しき平等が求められた。都市部では国家機関やその傘下にある会社、工場での勤務がほとんどであったため、誰の収入が幾らでどんな生活レベルかおたがいにわかっていた。だから、変わったことがあれば隣近所や同じ勤務先の人々がすぐに気がついた。つまり、おたがいに動向を監視することになっていたのである。

❖住環境と食生活

くすんだ漆喰の集合住宅は、勤務先の官庁・機関から割り当てられたもので、家の中にはたいした家具もなく、トイレや風呂は共同使用が当たり前であった。フランス時代の豪華な「ヴィラ」（地主や資本家などが住んでいた）を数戸に配分することもよくあった。不自然な仕切りを作って異なる家族がそこにひしめきあうので、当然、プライバシーもない生活が展開されることになった。

集合住宅の場合（たいていは四階建てか五階建て）、上階に上がれば上がるほど水道の圧力が弱く、朝の暗いうちから近所に水をバケツに汲みに行かなければならなかった。自治会の街頭スピーカーが、早朝からけたたましく頭上で鳴り響いた。アナウンサーは老人男性や中年女性が多く、その口調は機械的で、中身も味気ない地区の宣伝放送ばかりだった。音楽も流れるが、歌手はまるで「国営歌手」のように決まりきった硬い口調の歌い方だったから、聞いても感動するなどということはなかった。

食生活も味気ないものであった。職場には基本的に弁当を持参するが（工場には食堂があったが、公務員は自宅に戻るか弁当を持参した）、誰もがご飯の上に、しょっぱいヌォックマムで炒めた空芯菜を乗せる程度の質素な弁当しか持てなかった。それは経済的な理由にもよるが、周囲に同調しなくてはならないという脅迫観念もあった。たとえば、何らかの臨時収入があって肉などの「ご馳走」を持ってこようものなら、すぐさま同僚などに発見されて、好奇心と嫉妬の目でみつめられ、それが憎悪と化して、果ては与り知らない所で敵意の眼差しを向けられた。職場での食事は、たいてい円陣を組むように座るので、互いの食物の中身が丸見えになってしまうのである。「裸の付き合い」をすることが当時の「美徳」とされ、人間関係を円滑に進める「思いやり」とされたが、実際は不自由で窮屈な生活だった。

そのような状況を伝えるエピソードがある。当時、農村部とは異なり、自給自足が不可能な都市部では鶏肉、卵は貴重品であった。ある家族が、田舎でもらった鶏を持ち帰った。近所にわからないよう、そっと鶏をつぶし、煙が立たないように料理をして食べた。問題は残ったゴミの処分である。新聞紙などで丁寧に包み、夜間になってからその家の主人が橋のたもとから川に投げ捨てた。しかし、不運なことに彼はその場を目撃され、不審な行為をしていると公安警察に通報された。彼は「敵に内通して何かを連絡していた」疑いで拘束され、回収した包みを開けさせられた。しかし、出てきたのは「鶏の骨と羽」であり、疑いは晴れた、という笑えない話である。

❖監視社会

当時、ベトナム共産党および政府は、東西冷戦構造の緊張関係の中で、ソ連・東欧社会主義諸国に与《くみ》しつつも、北は中国の脅威、南西部はポル・ポト派掃討とカンボジアでの親ベトナム政権維持に意を注いでいた。そのために莫大な国防予算が投入され、それが国家予算を圧迫した。同時に、国内に潜む多数の反対勢力を摘発するためにも、人々に疑心暗鬼の状態を作り出して相互監視社会を構築して、自らの政権の安定を目指した。この尖兵となったのが内務省（現在は公安省）であり、「常に誰かが誰かを見ている」公安協力者網が整備された。加えて、人々はおしなべて経済的に平等であることが求められたことから、結果的に贅沢は敵となり、贅沢をする者は何らかの不正行為をしている、あるいは、敵に買収されて不当な報酬を得ていると解釈され、後ろ指を指されたのである。

こうした環境は、人々の自然な感情を鈍化させると同時に歪ませ、意識を硬直化させる結果を生み出した。人々は、このような将来的に不確実な社会を生き延びるために、常に五感を働かせてあらゆる状況を察知する必要があった。国家統一後の一九七五年から八〇年代のドイモイ開始後数年まで、人々はきわめて閉塞した政治、経済、社会状況の中で、不安を覚えながら生きなければならなかった。ほとんどと言ってよいほど、人々は身動きができず、さりとて逃げ出すこともできないで、じっと忍耐に忍耐を重ねていたのである。

二　「バオカップ」の影響

❖「バオカップ」とは？

バオカップ（Bao Cap）とは、漢字で表記すると「包給」となる。字義どおり解釈すると、「包み込むように供給すること」である（ちなみに「包」には「おごる」という意味もある）。すなわち、党・国家が国家機関や国営企業、そしてそこに勤務する公務員と労働者（ほとんどが都市部住民）などに対して、様々な補助金や生活物資を継続的に供給するシステムを指した。その正式名称は「中央官僚主義的国庫補助金制度」や「国家丸抱え制度」などと訳されているが、戦争中からドイモイが始まる時点まで、国家が補助金を拠出して、一定の品目を廉価で企業や国民に供給したのである。

たとえば、企業の場合、生産活動に必要な生産財や原材料、そしてそこで働く人々への賃金はすべて市場価格ではなく、管理価格であった。企業は自社の生産性向上や労働者の能率等にいっさい関わりなく、一律に国からの補助金でその活動が支えられていた（九六頁参照）。

都市部住民の場合もそうであった。党、政府は、戦時から戦後まで、公共料金については補助金、生活物資については配給制度という形で最低限の生活保証をしてきた。都市部が中心となるのは、農村部は自給自足が可能だが、給料生活者は生産手段がないとの判断からだった（ただし、農村部は管理価格より高く、市場価格よりは安く提供された）。

ここでは、一九七五年以降から、ドイモイが開始された後の一九八〇年代後半までの間に、都市部住民に対して行なわれた配給制度に絞って考察してみたい。

❖国家財政赤字の元凶となったバオカップ

一九七〇年以前に生まれたベトナム人で、主に北部、特に都市部に住んでいた人であれば、バオカップの記憶はいまだに生々しく残っているはずである。しかし、ドイモイが実施されてから約一九年が経過した現在、人々は、いかにして自分の生活を豊かにし、かつては到底かなえられなかった個人の欲望をいかにして満たすかということだけに強い関心を寄せているように見える。そのような意識の変容を考える時、戦争が終わったのに引き続き経験しなければならなかったバオカップ時代の体験は思い出したくもないものかもしれない。実際、都市の華やかさを享受する人々には、バオカップ時代の思い出を意識的に遠ざけているふしもある。

バオカップの主要な目的とは、外国からの援助物資を計画的に都市部住民に配分することだった（実際の現場では、物資の流通が日常的に停滞しており、その意味では非計画的であった）。革命闘争と戦争が約三〇年間続いたベトナムでは、国の経済的基盤を建設し、確立させる余裕はなかった。そのため、自給が不可能な都市部居住者（国家公務員や労働者およびその家族、軍人、学生など）については、党・政府が最低限の生活を保障したのである。

しかし、経済基盤が脆弱であったため、あらゆる物資は、旧ソ連を中心とした社会主義諸国からの援助に頼らざるを得なかった。党・政府はそれらを受け取ると、上流から下流に水が流れるように機械的に国民に配分していった。また、公共料金もきわめて低く設定されていた。人々が戦争を続けてこられたのは、こうしたソ連などの友好国からの援助に裏づけされた生活保障があったからだと言っても過言ではない。

しかし、戦争が終わると、ソ連からは、通商協定の期限切れを理由に援助が削減され、原材料の供給は国際市場価格で行なわれるようになった。問題は、党・政府が、援助が大幅に削減されても、この制度を戦争中と同様に継続させた点にあった。

戦後のベトナムは、ほどなくして未曾有の経済困難に襲われた。その中で、膨大な国家予算の赤字を生み出した原因の一つがバオカップだった。公共料金は四〇年代から据え置かれたままで、配給制度で配給される生活物資は、質はともあれ無償で都市部居住者に提供されていた。だから、市場価格との差の部分を国家予算で補う割合が極端に増え、経済はますます疲弊していった。

❖制度の実態

配給制度の対象となる物資とは、米、ヌォックマム、砂糖、塩などの調味料、布地、石鹸、燃料、肉などで、基本的に抗米戦争中から継続されてきた制度を踏襲していた。それらを計画的に運営するため、各家族には配給手帳と配給切符が支給された。配給手帳には配給の度に係員が必要事項を記載し、配給切符には配給品目が印刷されており、配給されると該当部分がハサミで切り取られるシステムであった。

いずれも一年を四期に分けて、受給資格のある必要人数分（年齢、職業で数量が細かく規定される）を

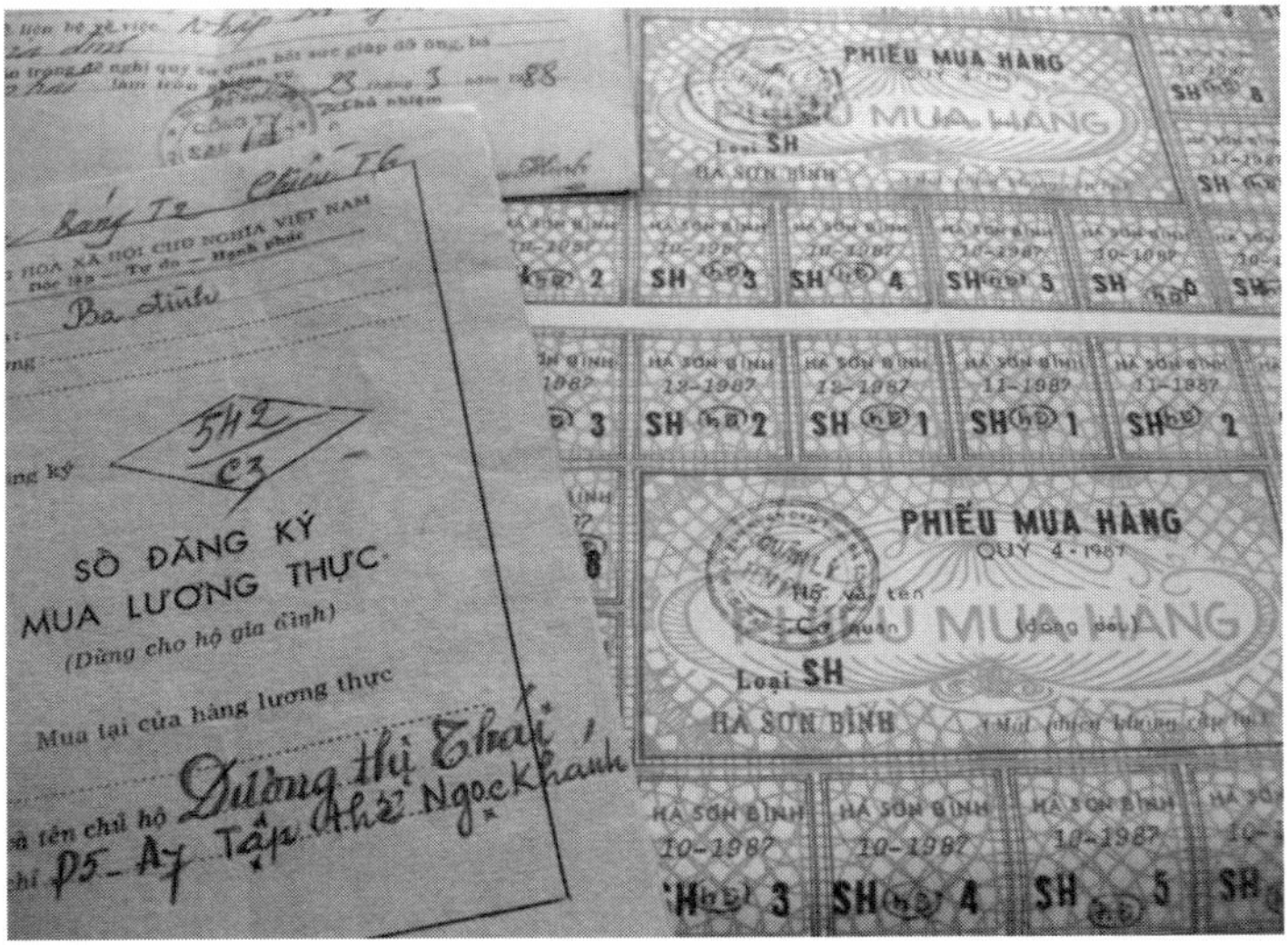

配給手帳（左）と配給切符。

対象に配給された。そして、米・麦類は食糧配給所、食品（肉、魚、ヌォックマム等）は食料配給所、石炭や油類は燃料配給所、コンデンスミルク、砂糖、自転車のタイヤ、マッチなどの生活物資は国営百貨店というように区分され、それぞれの地域に配給所が配置されていた。一説によると、各種配給所はハノイだけでも四〇〇ヵ所近くあったという。

主食である米は、食糧庁が主管官庁として配給手帳を各戸に配って管理した。米は毎月決められた日に支給されることが原則であったが、現場では遅延や「入荷なし」が度々だった。一般的に、経済的に困難な時代にはどうしてもエンゲル係数が高くなる。しかも、おかずが少ないため、ご飯を大量に食べることになる。ベトナムでも、男女を問わずどんぶりで何杯もご飯を食べることが平均的であった。そのご飯が食べられないとあっては大変なことになるので、遅延の場合は、各自が貯蓄する米でつなぐしかなかった。

台所には、五〇キロでも六〇キロでも備蓄可能な米びつ（たいていはトタン製の四角か丸い入れもの）が配置され、不測の事態に備えていた。良質米は底辺の住民には回ってこないから、多くの場合、支給されるのは粗悪米であった。紛れ込んだ石で歯が欠けることも珍しくなかった。また、時には色が真っ赤に変色した米を支給されたこともあった。なぜ米の色が赤いのかわからないが、口にできそうになくとも、とにかく指定期日に配給される米を受領しないと、翌月まで生活できない。とりあえず家に持ち帰って料理方法を工夫するか、自由市場で売却して良質米を購入するしかなかった。むろん、売る場合は割高になるので、量的に少なくなることは我慢しなければならなかった。

「入荷なし」に限っては、翌月以降に持ち越しが認められるか、代替品が支給される仕組みになっていた。翌月以降に持ち越しされても、食べるものが確保されないのは精神的にもきわめて不安である。代替品の場合、すべてを米で支給できない代わりに、一部を乾麺やパンとして、定期的に規定数量分支給するなどの措置がとられた。乾麺は、粗悪な質でにおいの強いものもあった。国営企業が製造するパンは、きちんと定量のパン粉を用いてはいるが品質管理が著しく悪く、中に入り込んだ虫をたびたび吐き出さねばならなかった。それでも、食生活に変化を与えるので、子供には人気があったようである。

米以外の食料、燃料などには、その都度、支給される各種品目を表す、記号化された配給切符が用いられた。毎回配給物資が変更されるため、具体的な品名の記載はなかった。各配給場所では、次回の物品の引き渡しに必要な記号が掲示され、人々はその告示を確かめて切符との交換に走ることとなった。そうした物資は、米や燃料などとは別の場所で受領された。米と同様に代替品支給や「遅延」、「品切れ」があるから、一つでも切らすと生活に支障が出た。そのため、早朝から家族総出で列を作るのは、米、燃料と同様である。

バオカップの苦い思い出の中には、テト（旧正月）の配給がある。テトはベトナム人にとって新年の節目となる重要な祭日である。それぞれの家庭に、人数に応じてビニール袋入りの正月セット（マッチ、テト用菓子の詰め合わせ、調味料等々）が配布された。その中には、来客などのもてなしに出されるビスケットを作る材料も入っていた（全国一律にそうだったかどうかは定かではない）。これを焼くには、街中で「婦人会」が主催するビスケット焼き場まで赴き、容器に入れた材料を持って並んで待たねばならなかった。そこにはビスケットの型が置いてあり、順番が来たら担当者が型を取ってくれて、プレートの上に並べてくれる。他人のものと間違われてはいけないから、炉の中に入れて焼き終わるまで、番もしなくてはならない。少しでも日持ちさせるために、あえて大晦日の日を選ぶ家庭も少なくなかった。テトを間近に控えて、大晦日の晩はバインチュン（ベトナム版チマキ）を作る以外にも、こうした非効率的な作業があったのだ。

三　バオカップ的思考からの脱却

❖制度のもたらす後遺症

このように、配給を受けるということは精神的にも肉体的にもつらいことだった。だから、人々からは配給時代の楽しい話はあまり聞かない。実は、この時期を暗い記憶に留めさせる要因は他にもある。それは、配給制度自体が受給者の職業と社会的地位によって人々を差別化する「グレード」制であることだった。

つまり、バオカップは、党や政府の最高級幹部はA、次官クラスはB、局長クラスはC、一般的な管理職はD、庶民待遇のものや、学生・生徒を対象としたもの、というように「身分」を規定する制度でもあった。配給場所のみならず、配給物資の量、質までもが「身分」によって区別された。特に、食糧（料）などは、良質のおいしい部分が優先的にグレードの高い職種・地位を持つ人々に配分された。グレードが高い人々は長い列を作る必要もなかった。逆に、底辺に位置する大部分の人たちの苦労は計り知れなかった。彼らには、上質な部分を除いた「余り物」が支給され、それらは新鮮でなく、傷んでさえいた。それでも食べるものを確保するために長い行列に並び、争うように入手しなければならず、それが毎日のストレスと苛立ちの原因にもなっていた。

そうした人々の苦労を尻目に、配給場所の職員――「服務員」と呼ばれた――の態度はあまりにも冷淡だった。彼らは列を作る人々に高圧的な態度で接し、時には罵倒し、「頭を下げない」人々には平気で傷みの多い食糧を、まるで放り投げるように渡した。ある家族は、少しでもいい米を手に入れようと、服務員の機嫌をとるために自ら倉庫での米束の整理を申し出たという。だが、多くの場合、服務員たちはあらかじめ良いものを選んで横流ししていた。バオカップが終わった後、服務員をしていた人たちが非難されたのは、そうした理由からだった。

また、配給の列にはたいていダフ屋がいて、列並びの代行のほかに、服務員に賄賂をきかせて配給物資の優先割り当てをしてもらったり、安値で買い取り高値で転売するなどの商売をしたりしていた。人々は基本的に割り当てられた切符で生活しなければならないため、それをなくすことは完全に収入が絶たれることを意味した。街中には、子供や隙のある人たちを狙って配給切符泥棒が横行し、盗んだ切符をダフ屋に売りつけていた。ただでさえ不条理がまかり通るこの時代に、彼らの行為は追い討ちをかけるようなものだった。

総じて、人々は上部階層と、服務員のように、本来ならば主従関係にない職権を有する者たちからのいわれのない差別を被っていた。「戦争が終われば生活がよくなるはずなのに、いっこうにそうならない」という失望と不満の上に、その不条理がさらに塗り重ねられていった。こうした環境の中では、「服務」（サービス）とか「平等」などといった言葉は何の意味も持たなかった。人々は、現実を現実として受け止め、ひたすら隠忍自重を重ねるしか方法はなかったのである。そして、その「痛み」すら自覚できないほど、喪失感を味わっていた。

❖ナンセンスな「ティンカム」

こうした、本来必要悪である「忍耐」は、監視社会による閉鎖的な環境とあいまって、人々の中に歪んだ精神構造を作り出し、いびつな社会関係をもたらす結果となった。

たとえば、バオカップ時代によく用いられた表現に、「思いやり」や「気持ち」を意味する「ティンカム」という言葉がある。この言葉は、相互扶助の代名詞のように、互いに何らかの協力をした際に、口癖のように用いられた。たとえば、協力を頼む側は、頼まれた側が断れないような状況を作り出す。頼む側はただボールを相手に投げて、その結果を待つだけだ。しかし、依頼された側は、何かの都合で協力が無理だとわかっていても、断ることから生じるリスクを念頭に入れて行動する。もし断れば、後日、陰湿な非難、中傷を覚悟しなければならないこともある。ボールを受けた以上、何らかのアクションを起こすことで誠意を見せる努力をしなければならない。頼む側はその態度を見て「ティンカムな人だ」と評価する。そして、依頼された側は、誠意を見せた上で、至らぬところを謝罪する。

たとえばA氏がB氏にバイクを借りたい、と申し出たとする。B氏は即座にA氏に貸すことのリスクを計算する。ただ貸すだけなら何の問題もないが、事故にあわれたら賠償請求できないし、部品を粗悪品と勝手に交換される可能性もある（よくある話である）。しかし、無下に断ると感情問題に発展する。だから、最初は「問題ない」と快く承諾をする。そして、時期が近づくと「故郷で不幸があり、家内が葬式に出るためバイクが必要になった」などの理由で断りを入れる。この際の理由は合理的でなければならないが、断られた方もその裏は十分読めているものだ。これは一つの例にすぎないが、

古い家屋に住む大家族。1988年、ハノイ。

こうしたことが生活の細部にまで沁みこむと、人間関係は一筋縄ではいかなくなる。

とはいえ、「貧困度」がどんぐりの背比べの時代においては、互いに手助けし合える範囲は高が知れていた。また、ハノイの人は特にプライドが高く、「外見を取り繕う」傾向が強いために、なにかにつけ美辞麗句を必要としていた。無味乾燥な当時の経済・社会環境において「ティンカム」という言葉は一種の潤滑油の役割を果たしており、けっして無意味な存在ではなかった。

しかし、市場経済制度に移行した後は、現実主義が強まった都市部住民にとって「ティンカム」などは全く無意味な表現となってしまい、ほとんど聞かれなくなった。もっとも、南部のように、もともと現実的な生活感覚を有している人々にとっては、ハノイで用いられる婉曲な表現は空虚でわかりづらく、最初からナンセンスとしか映らなかったのかもしれない。

地方に向かうバスの発着場。1988年、ハノイ。

「戦争が終われば…」という夢の実現の可能性が絶たれ、単調で味気ない生活が続いて、「もらい慣れ」の人生観が定着したこの時期、人々はまさに生殺しの状態であった。次第に人々の思考は鈍化し、能動性は稀薄となった。一方、人間関係には疑心暗鬼がつきまとい、経済的な問題が絡めば、親戚同士でもいがみ合うようになった。むろん、困難な場面に遭遇すれば、最終的には伝統的な社会関係としての地縁・血縁関係に依拠するのであるが、経済的な格差が理性を失わせ、相手が血縁者でも人間性をむきだしにするようになったのである。実際、裕福な親族、知人を頼って人々が借金をすることが多くなったが、なかなか返済しようとはせず、催促されると逆恨みすることも頻繁で、それが当然のようにまかり通る社会になってしまった。地縁・血縁関係にはさいわい復元能力があるが、毎日顔を見合わせる近所などとこじれた関係になると、子供同士のつながりも含めてすべてがギクシャクしてしまう。かといって、そこから逃げ出す手段も金もない。そうした不快な状況に陥っている実例がひんぱんに見られるようになったのである。

❖グローバリゼーションの渦中で

これほどにまで窮屈な環境に置かれた人々が、正常な思考状態でいられることはきわめて困難であろう。バオカップ時代に定着した人々の感性は、ドイモイと市場経済制度の時代において、グローバルな価値観、基準への移行を著しく妨げた。ドイモイが進展する現在、諸外国から求められているものとは、これまでの閉鎖的体質から開かれた思考への転換である。しかし、人々の基準は常に内向きで、外部からの要求に応えられずにいる。外国との交渉の場では、自身の抱える矛盾は棚上げにして、権利ばかり主張する。それはベトナム人個人の性向にとどまらず、政府の体質とまでなってしまった。たとえば、国際援助を受ける場合、援助国から引き出せるものは何でも引き出すが、政府間ないし企業間の契約事項などは、国内諸制度の未整備を理由に、ことごとく期待を裏切る対応を続けてきている。多くの国々や企業が厳しく批判してきたにもかかわらず、彼らは国内事情を優先するのである。

世界がグローバリゼーションの時代に移行してからは、自国もその波に乗ることの必要性を為政者自身も感じてはいた。しかし、国内における様々な分野での意識の停滞と価値観の相違は、ベトナムが経済のグローバル化に耐えうるレベルに達していないことを示していた。様々な場面で国際的スタンダードが必然となる国際社会への参画――それはＡＦＴＡ（アセアン自由貿易協定）の実施や、米越通商協定の批准、ＷＴＯ（世界貿易機関）加盟準備などに象徴される――は、国内基準一本槍で通してきたベトナムの為政者、あるいはベトナム企業、ベトナム人自身にとって、「ついに来るべきものが来た」ということだったのである。

バオカップ時代、人々は停滞した時間を否応もなく過ごし、その間、感受性や創造性、責任感、協調性、計画性、法の遵守意識、ビジネスマナー等々が育まれることなく、逆に、過度なまでに高揚された自己民族中心意識ばかりを増長させてきてしまった。戦争の時代に人々は外国からの侵略という「外圧」と戦ってきたと言うが、今では自ら招いた様々な矛盾が「内圧」となって、より多くの障害、欠陥を作り出し、解決されずに今日に至っている。それは、ベトナムの国際社会への参画を妨げる大きな要因となっている。今、ベトナム人に求められているのは、そうした「内圧」からの脱皮、すなわち、バオカップ的思考からの脱却と言えるのではないだろうか。

抗米戦争終結後、全土が社会主義体制下に入ったベトナムで、搾取や貧困や差別のない平等な社会が実現しつつあると信じた日本人もいたかも知れない。しかし実際には、ベトナムの人々にとって、この時代は思い出すのも嫌なほどの暗い時代だった。人々の最低生活を保障しようとした配給制度でさえ、人々の物質生活を圧迫し、精神生活を荒廃させ、社会の人間関係を歪める要因となっていた。バオカップという言葉は、抗米戦争後の暗く貧しい時代の象徴であり、そのバオカップが招いた経済破綻の苦い経験の延長上に、ドイモイが成立していると言えるだろう。

参考文献

三尾忠志編　一九八八年『インドシナをめぐる国際関係——対決と対話』国際問題研究所
小高泰　一九九九年「ベトナムビジネスに影落とす配給制後遺症」『アジアマーケットレビュー』六月一日、重化学工業通信社

第七章　抗米戦争と文学

森　絵里咲

一九四五年から一九七五年までの三〇年間、北ベトナムにおける文学は戦時体制もしくは準戦時体制下にあった。三〇年間にわたる戦時文学は、抗米戦争の終結を経て、一九八六年のドイモイ路線の採択を境に大きく変貌した。

本章では、戦争をベトナムの文学作品がどのように描いてきたか、戦時中から戦後、特にドイモイ路線採択後にかけての変化を紹介したい。作家らが生存中に公表できなかった遺稿、戦時中に文学事件を招いた作品、そして戦争終了後の一九七八年頃からドイモイ時代までに書かれた論評・作品を中心に考察する。これらの資料は、ベトナムの作家らが抗米戦争をどのように考えていたのか、本心を知る手がかりとなろう。この作業によって、これまで表面化しなかったベトナム作家の戦争への見方を明らかにし、抗米戦争を再考する一視座を提供することを目的とする。

一　抗仏戦争期の文学

❖植民地体制下の作家たち

まず、文学史の流れを簡潔に紹介することから始めたい。

一九三〇年代、ベトナムはフランスの植民地支配下にあり、この時期に文化を支える知識人が、それまでの儒学的知識人からフランスの教育を受けた新学的知識人へと世代交代した。文学においては、漢文学から国語《クオックグー》[1]を用いる現代文学への転換期でもあった。新学的知識人が文学の担い手になっていく中で、一九三〇年から四五年までの文学は二面性を持っていた。すなわち、公に文筆活動をしていた「合法文学」と、秘密に活動していた非合法の「革命文学」である。

合法文学には主に、作家グループの「自力文団」派、「リアリズム」派、「新しい詩」派がある。彼らは、フランス植民地支配への無力感、市民の貧窮、古い道徳観の打破、個人の尊重、男女の恋愛など、各々の想いを主義主張にとらわれることなく文学作品に託した。フランス植民地支配下であったが、植民地政権の打倒を呼びかけない限り、これらの作品は自由に流通できた。

一方、共産党員のチュオン・チン、詩人のトー・ヒュー[2]らは水面下で「革命文学」を指揮し、フランスからの独立と共産主義を唱えていた。彼らは一九四三年に「ベトナム文化綱領」を作成し、作家らの参加を呼びかけた。なぜなら、「文化活動をしてこそ、党は世論に影響を与えることができ、党の宣伝にもなる」として、文芸作品の宣伝効果に着目したからである。そして一九四四年三月に、その活動母体である「救国文化会」を秘密裏に発足させた。党幹部のチャン・ドらは著名な作家を訪ねて綱領を広めたり、救国文化会に加わるよう呼びかけたりした。

多くの作家は当初、共産主義や、文化綱領の掲げる「民族化・科学化・大衆化」という三原則をあまり理解していなかった。ただ、独立を勝ち取れば、庶民が自由を享受し、民族独自の近代化された文化を築くだろうと考えた程度であった。それよりも、フランスからの独立を前面に掲げたベトミン(ベトナム独立同盟)の趣旨に賛同したのである。

❖抗仏文学

一九四五年八月にベトミン主導の八月革命が成功し、九月二日にホー・チ・ミンがバーディン広場でフランスからの独立を宣言した。しかし、フランスはこの独立を認めなかったため、同国との間に

＊1　**国語**(クォックグー)　現在のベトナム文字をさす名称。もともとフランス人宣教師がベトナム語を覚えるために作り出したもので、一九四五年のベトナム独立後にホー・チ・ミン政府がベトナムの国民文字として採用した。

＊2　**トー・ヒュー**(一九二〇〜二〇〇二年)　詩人。一九三八年インドシナ共産党入党。一九四七年ベトバックで文芸担当。一九五五年党中央委員。一九六〇年書記局員。一九七六年政治局員候補、党中央委員会委員長。一九八〇〜八六年政治局員。一九八一〜八六年副首相。詩集『それから』(一九五九年)、『ベトバック』(一九五六年)等多数。

第一次インドシナ戦争が勃発した。一九四六年一二月二〇日、ホー・チ・ミンはラジオ放送で、フランスに対する徹底抗戦を人々に呼びかけた。この時、ほとんどの作家はベトミンと共にハノイなどの都市部を退き、北側の山岳地帯のベトバック[*3]を中心に集結した。ここで彼らは「抗仏戦争」を支える文芸活動に従事した。この時期の文学を一般的に「抗仏文学」と呼ぶ。

戦争が始まって三年目の一九四八年七月、第二回全国文化会議がベトバックで行なわれた。他の地区からも約八〇名の作家・芸術家が集まった文芸大会であった。ここで、チュオン・チンは文芸活動の方針を示す「マルクス主義とベトナム文化」を発表した。その要点は、①社会においては労働者階級を、②政治においては民族の独立・民主・社会主義を、③思想においてはマルクス・レーニン主義を、④文芸創作においては社会主義リアリズムを根幹とする、というものであった。

このほかに、チュオン・チンは、芸術を宣伝として用いても芸術の価値は損なわれないと説いた。なぜなら、「宣伝も芸術の一種である。宣伝が一定以上のレベルに達すれば芸術になる」と解釈したからである。これは、芸術と宣伝は別個のものだという画家トー・ゴック・ヴァン[*4]の異議に対して答えたものである。この解釈に多くの作家は納得しなかったが、フランスから独立を勝ち取らないことには芸術もないと考え、とにかく勝利のためになる文芸活動を優先した。

ここで注目すべきことは、プロレタリア階級である大衆向けに創作活動をするよう指示した点である。ベトミンは大衆の立場に立って大衆のために創作することを要求した。このことは、一九四九年九月二五日から二八日にかけてベトバックで行なわれた文芸論争の中で盛んに議論された。この時、作家グエン・ディン・ティ[*5]の詩の新しい試みが批判されたが、その理由は「大衆にはわかりにくい」

「ブルジョア階級の個人主義に陥っている」というものであった。トー・ヒューは良い詩の基準について、「自分の尺度で判断するのではなく、大衆がこれを読んだらどう思うか。感動するだろうか。大衆の苦しみが表現されているかどうかが重要である」と提示した。

これは後に革命文学の原則になるが、その適用に関しては、抗仏戦争時はあまり強制力を伴っていなかった。それは、ホー・チ・ミンが、知識人に対して「祖国を愛し抗仏戦に加わるのであればよい」との緩やかな態度をとったからである。前述したように、作家たちはフランスからの独立を呼びかけるベトミンに参加したが、一部の党員作家を除いて、ほとんどの作家は共産主義をよく知らず、ホー・チ・ミンを一人のナショナリストとして認識していた程度であった。ホー・チ・ミンのほうも、強大なフランスとの戦いを乗り越えるために超党派の結束を必要としていたので、共産主義色を出さなかった。

＊３　**ベトバック**　一九四六年から一九五四年までのベトミンの活動本拠地。現在のバックカン省、トゥエンクアン省、テイグエン省にあたる。

＊４　**トー・ゴック・ヴァン**（一九〇六～五四年）　画家。一九三一年インドシナ美術大学を卒業。ベトミンに参加、一九五四年ディエンビエンフーで戦死した。

＊５　**グエン・ディン・ティ**（一九二四～二〇〇三年）　詩人、作家、作曲家。一九四五年タンチャオで行なわれた国民会議に救国文化会の代表として参加。ベトナム作家協会長（一九五八～八九年）。ベトナム全国文学芸術連合委員会会長（一九九五～二〇〇三年）。戯曲『黒鹿』（一九六一年）、『東関のグエン・チャイ』（一九七九年）、小説『突撃』（一九五一年）、『決壊』（二巻一九六二、七〇年）、歌謡曲「ハノイの人」等、多数の作品がある。一九九六年第一回ホーチミン賞受賞。

したがって、「芸術と宣伝は違う」の議論のように、疑問を自由に述べることができる雰囲気があった。つまり、抗仏戦争の間は作家の主体性がまだ保たれていたのである。大衆に向けて創作するよう要求されたとはいえ、人々の士気を高め、戦いに有益な内容であれば細かいことは言われなかった。これが後の抗米文学と大きく異なる点である。というのも、一九五六年のニャンヴァン・ザイファム事件を契機に、文芸に対する統制が強化され、この主体性が失われたからである。

❖ニャンヴァン・ザイファム事件

作家らの主体性が失われるようになった背景の一つに、「ニャンヴァン・ザイファム」事件がある。一九五六年にハノイの作家、詩人、教授などの芸術家・知識人らが、文学誌『ザイファム（佳品）』と新聞『ニャンヴァン（人文）』を発刊して、文芸の自由と民主化の実現を労働党（現共産党）に求めた。そのため、間もなく両誌紙とも発禁、回収され、関係者は厳重に処罰された。これを「ニャンヴァン・ザイファム事件」と言い、事件の当事者を「ニャンヴァン・ザイファム・グループ」と呼ぶ。この事件は内外に知れわたり、当時誕生したばかりのベトナム民主共和国に、社会主義政権が言論の自由を禁じ知識人を弾圧したという負のイメージを与えることになった。

労働党は、こうした内部「反乱」を許したことを反省し、中国の毛沢東が行なった「反右派闘争」を見習って、同じようにニャンヴァン・ザイファム・グループを糾弾した。そして、一九六二年に、「文芸は政治に奉仕する」という確固たる原則を打ち出した。これによって、作家が好むと好まざるとにかかわらず、文芸は党のために機能するものと決められた。それ以前は作家が任意にベトミンと協力しフランスと戦ったとすれば、一九六二年以降は協力が義務に、任意が強制に代わったと言える。

ニャンヴァン・ザイファム事件の背景には、毛沢東路線への依存が高まった抗仏戦争期の後半から、ベトナム労働党が毛の文芸観を適用したことがある。一九四二年五月、毛沢東は延安で「文芸談話」を発表した。そこでは「文芸は人民大衆すなわち労働者・農民・兵士のためのものである」「作家は大衆の生活に入ること。芸術基準より政治基準を優先しなければならない」とされている。この「延安談話」がベトミンの文芸方針としてそのまま導入され、一九四八年の「マルクス主義とベトナム文化」に反映された。しかし、前述のように、抗仏戦争を遂行するに当たってホー・チ・ミンは超党派的結束を必要としたため、「延安談話」の内容に従うことを作家らに要求しながらも、さしあたりその作品が勝利のために貢献すればよいとの緩やかな態度をとった。

❖強制されたプロレタリア文学

しかし、一九五〇年代に入ってからは、毛沢東の文芸観が押し付けられるようになった。ただし、作家たちの多くは労働者階級ではなく、「プチブル」と呼ばれる都市市民階級の出身者で、フランス植民地支配下でロマン主義や個人主義などを満喫してきたので、プロレタリア階級の立場になって大衆のために創作することは困難だった。美女をモチーフに描いていた画家トー・ゴック・ヴァンは、代わりに老婆と少女を描いた。詩人テー・ルは、人民大衆とまだ心が通じ合っていないから詩が作れないと嘆いたという［Phan Khoi 1956：4］。

このように、作家たちは階級闘争に基づく文芸観やその押し付けに違和感を抱きながらも、民族独立のための団結を優先した。日ごろの不満は独立後に話し合えば解決できるものと考えていた。しかし、一部の文芸家は、この種の問題は独立した後に話し合ったからといって解決するものではなく、ベトミンの本質に関わるものと考えた。そのため、彼らは先行きを不安に思い、抗戦区を離れてフランス軍占領地区のハノイに戻った。米国在住の作曲家ファム・ズィ[*6]もこの時にハノイに戻った一人であった。

しかし、ハノイに帰ったとしても、困難な抗仏戦を見捨てたとの非難を受け、肩身の狭い思いをしなければならない。留まった人たちの複雑な心境を文学者のファン・コイ[*7]が次のように表現した。

「どのバラにもとげがある。（略）されど、とげがあってもバラを愛している」

ホアン・ヴァン・チ[*8]の解釈によると、ファン・コイは抗仏戦争をバラ、ベトミンをとげに喩えた。つまり、バラは美しいけれどとげがあって刺されると痛いが、民族独立のためなら、とげのあるベトミンにでもついていかざるを得ないという意味である（Hoang Van Chi 1959：55）。

しかし、ディエンビエンフーの戦いに勝利し、労働党が政権を掌握した後、毛沢東の文芸観がますます押し付けられるようになり、何かにつけ階級闘争が強調され、政治的に正しいかどうかだけで作品の良し悪しが決められた。この行き過ぎた政治的検閲が、抗仏戦争中のベトミンと文芸家との間で暗黙の内に了解されていた「民族独立のために我らは芸術を差し出して政治と協力しても構わないが、せめてどのように創作するかという芸術の部分に関しては尊重してもらう」（*ibid.*：8）という均衡を崩した。そこで「文芸を文芸家に返還するよう」「主義主張に囚われない人間本意の文学（人文《ニャンヴァン》）」を求めたことがニャンヴァン・ザイファム事件の本質である。これ以外に、一九五六年に同じく中国から導入された土地改革の残忍さを見て、労働党に対する不信が生じたという社会背景があったことも要因の一つである。

二　抗米戦争期の文学

❖抗米文学

一九六五年三月、アメリカの海兵隊が南ベトナムのダナンに初上陸し、米軍による戦争への介入が

＊6　**ファム・ズイ**（一九二〇年〜）　作曲家。ベトバック抗戦に参加したが、後にハノイに戻り、一九五一年サイゴンに南下した。一九七五年ベトナムを離れ、米国カリフォルニア州に在住している。

＊7　**ファン・コイ**（一八八七〜一九六〇年）　儒学者、ジャーナリスト、作家。幼少より儒学を学んだが、後からクォックグーとフランス語を独学。一九一八年から『南風』紙等の新聞に多数執筆。一九五六年『ザイファム』誌執筆および『ニャンヴァン』紙編集長就任。そのため、一九五八年ベトナム作家協会から除籍された。

＊8　**ホアン・ヴァン・チ**　文化人。旧南ベトナムで活動していた。ニャンヴァン・ザイファム事件についての『北の地に咲く百本の花』（一九五九年）や土地改革についての『植民地主義から共産主義へ』（一九六四年）の著作等がある。

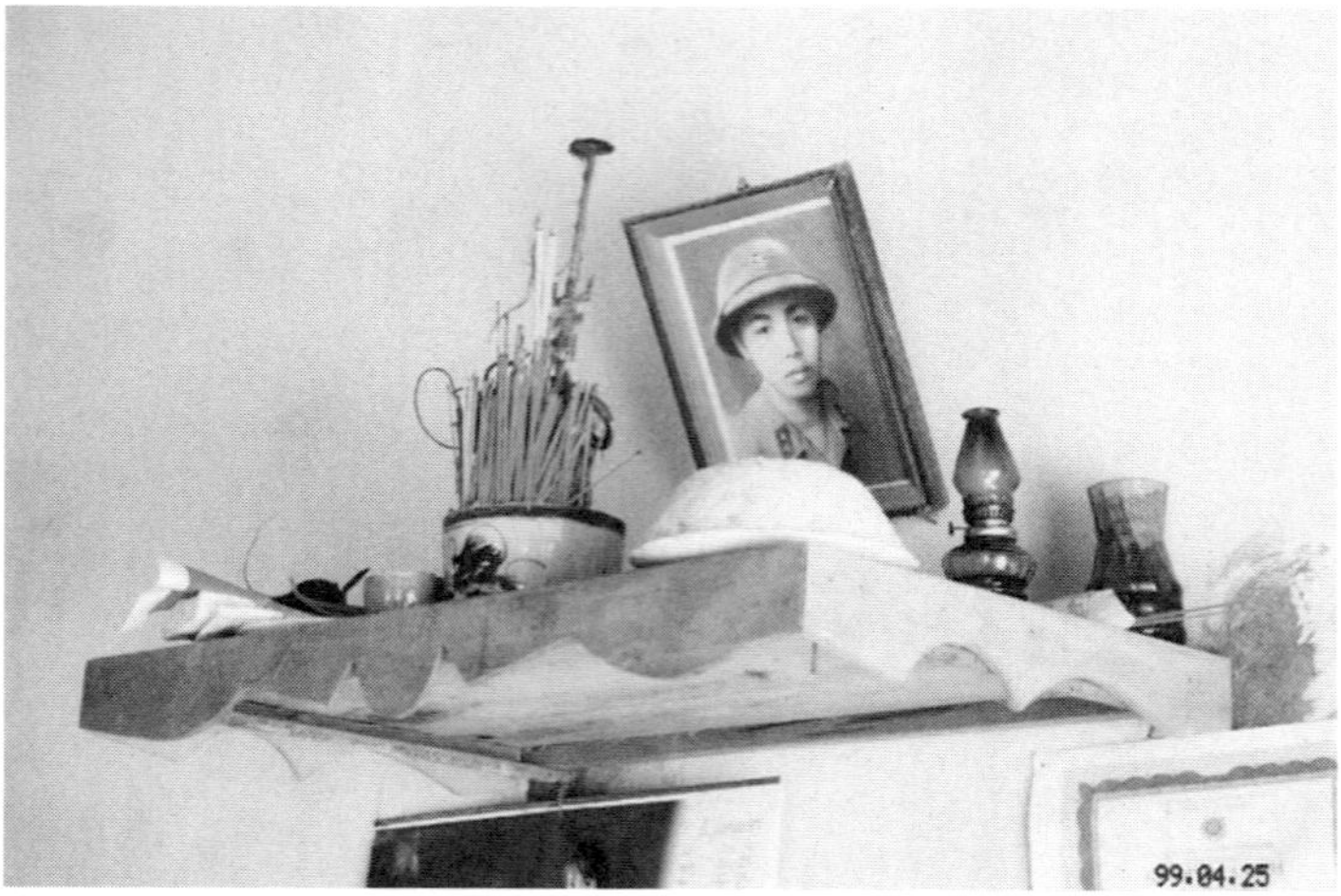

抗米戦で息子を亡くした家庭の祭壇。（小高泰）

本格的になった。いわゆる「ベトナム戦争」のこの時期の文学を、一般的に「抗米文学」と呼ぶ。抗米文学の特徴をあえて一言で表現するならば、「戦勝に奉仕する文学」である。この時期の文学は、「本来の」文学ではなく、「戦争遂行を支え勝利に導く」という目的を達するための政治文学であることを念頭に置いて見る必要がある。

ホー・チ・ミンの言葉に「文化は一つの戦線であり、文芸工作者はその戦線の戦士である」とあるように、共産党は一九四三年の「ベトナム文化綱領」から一貫して文芸の持つ宣伝効果を重視してきた。銃を持って前線で戦う兵士と同様に、作家はペンで戦う文芸兵士なのである。しかも、抗米戦争の場合、作家は後方にいて戦いを鼓舞する作品を創作するだけでなく、実際に銃を持って戦うこともあった。いわば作家兵士なのである。彼らは作品を通じてアメリカの侵略を非難し、南ベトナム傀儡政権を糾弾する。そして、作品の中でこの戦争が帝国主義者の侵略や傀儡政権の支配から民族同胞を解放する戦いであることを強調し、祖国のためなら命も惜しまぬという人々の愛国心を引き出した。「飯より詩の方が必要」と言われるほど、文芸作品は戦う兵士を激励する精神的な拠り所であった。

ベトナムは一〇〇〇年に及ぶ中国の直接支配を受け、九三八年に独立を果たした後も、中国の各王朝から繰り返し侵略を受け、それを撃退してきた歴史を持つ。ベトナム人の誰もが、子供の頃から「聖ジョン」[*9]「李常傑」[*10]などの列伝を学び、侵略から領土を守った人物を民族英雄として仰いできた。そのためか、人々の中に、外国の侵略から祖国を守ることが崇高だという愛国心のようなものが無意識のうちに形成された。

北ベトナム指導者はこの心理をよく心得ており、人々の愛国心を「アメリカの侵略とその傀儡政権の打倒」に結集させるよう、文芸分野を統制し、利用した。この愛国心が最大限に引き出されたからこそ、「石ころを米に変えることだってできる」（詩人、ホアン・チュン・トン[*11]）と詠われるほど、「不可

＊9　**聖ジョン**　雄王時代に中国の殷王朝から大軍がやってきた時、フードン村に生まれた三歳の子供が国を助けるために急に大人に成長し、敵軍を撃退したという伝説。勝利を収めた後に馬に乗ったまま天に昇ったため、聖ジョンとして祭られるようになった。

＊10　**李常傑**（一〇一九〜一一〇五年）　李王朝の将軍。一〇七七年、中国の宋王朝の大軍を撃退したベトナムの英雄。戦いの最中に兵士を激励した有名な檄文が残っている。「南国ベトナムの山河は、これベトナムの皇帝が治めるところ／その領域は天の書にも明確に記されているではないか／なぜに外敵どもは、我らの土地を掠めようとするのか／我が兵たちよ、生きて宋軍の敗戦の後を見てくるがよい」

能を可能にしてみせる」強靭さを北ベトナムの人々は持てたのである。

もっとも、愛国心という面では、南ベトナムの人々も同じはずである。だが、作曲家ファム・ズイが回想したように、サイゴン政権は文芸戦略を持っておらず、講じられた対策はその場限りのもので、文芸家らを束ねることができなかった。ましてアメリカ人記者の報道となると、自国軍の士気を喪失させるような情報ばかりを取り上げる。言論の自由は自由世界の長所であるが、この場合はマイナスに作用し、友軍の士気にダメージを与えたことは言うまでもない。これと比較して、北ベトナムの統制は全般に行き届いており、不利な情報がすべて自粛され排除された。このことが同時期の文学に、「英雄主義」「楽観的」などの特徴をもたらした。

ホー・チ・ミンの言葉に、「誰のために書くか。それは人民大衆（労働者・農民・兵士）のため。何のために書くか。それは人民大衆に奉仕するため」というものがある。人民大衆、すなわちプロレタリアは社会主義革命の主要階級であり、戦争の主力でもあった。そのため、文学はこの階級に向け、平易かつ明晰な言葉で、彼らが勇敢に戦争を遂行できるように奮い立たせる必要があった。人民軍の兵士なら敵に屈したりせず、チャン・ディン・ヴァンの小説『あなたのように生きる』の主人公「チョイさん」のように、処刑される直前でも「ホー・チ・ミン万歳」と叫ぶような雄姿が描かれた。このような登場人物の英雄化は、英雄主義と呼ばれる。この時期の作品には英雄主義が満ちており、「街角に出れば英雄にぶつかる」と言われているほどだった。それは、圧倒的な戦力を持つアメリカ軍の攻撃に耐えて勝つためには、過酷な現実を前にしても怯まない「超人」的な人間を必要としたからである。

そのためには、この「超人」力を保つ環境を確保せねばならなかった。人民軍の士気を低下させるようなマイナス要因をすべて排除し、彼らを「無菌世界」の中に保全した。このことが、「楽観的」という特徴につながる。味方軍の死傷、損失、兵士の脱走、投降、そして前線を支える後方の腐敗堕落などに触れてはならず、触れてもごく軽度のものに限られた。たとえば、一九六六年、作家ファン・トゥ[*12]が小説『マンと私』の原稿を書いた時、後方の消極的現象に触れても良いかどうかをトー・ヒューに尋ねたところ、彼は「触れてもいいが村レベルまでで止めておきなさい」と答えたという[Bui Minh Quoc 1994：4]。

マイナス要因に触れないという共通の認識を、作家グエン・ミン・チャウ[*13]は次のように友人に語った。

「悲しいことを口にしても何の利益にもならない。後に触れることもあろう。ただ、それは戦争が終わってからだ。今大事なことは、完全な勝利を得るまで、いかに頑丈に耐えるかを考えることだ」

＊11　**ホアン・チュン・トン**（一九二五～九三年）　詩人。『ヴァンゲ（文芸）』紙編集長。文学院院長。詩集『戦う故郷』（一九五五年）、『月を招く』（一九九二年）等多数ある。二〇〇一年国家賞受賞。

＊12　**ファン・トゥ**（一九三〇～九五年）　作家。二〇世紀初頭の革命運動家ファン・チュ・チンの孫。小説『一斉射撃の前』（一九六〇）、『バイ母さんの家族』（一九六八年）、『マンと私』（一九七二年）等がある。二〇〇〇年第二回ホーチミン賞受賞。

＊13　**グエン・ミン・チャウ**（一九三〇～八九年）作家。「ヴァンゲ・クアンドイ（軍隊文芸）」に勤めていた。小説『戦士の足跡』（一九七二年）、短編集『急行に乗る女性』（一九八三年）、『故郷』（一九八五年）等多数。

逆に、「戦場はお祭り」「今季の戦場への道中はきれいだ」のように、文学は戦いに出陣することが楽しいと強調した。そして「詩の一行ずつに笑い声がいっぱい詰まっている」というように、明るく楽観的に表現した。たとえ別れのような場面でも、悲しくは描かない。たとえば、兵士が恋人との別れを詠う詩『赤い色の別れ』（グエン・ミー）[*14]がある。本来別れはさびしいはずだが、革命と勝利を表す赤い色にたとえて、戦う目的と勝利を決して忘れないという前向きな別れ方になっている。

❖英雄主義の下の作家たち

それでは、一凡人を超人のように英雄化し、不利な事実に触れず、抗米戦を美化する描き方を、作家がどんな心境の下で書いたのだろうか。

前述のように、一九五六年にニャンヴァン・ザイファム事件が起こって、同グループを糾弾する反右派闘争が激しく行なわれた。「この弾劾がどんなに過酷なものであるか、当事者でなければわからない」（詩人レ・ダット）[*15]と言われるほど、精神的・肉体的苦痛は大きかった。グループのメンバーは三〇年間にわたって、社会からはじき出され、罪人のようにひっそりと暮らさなければならなかった。

ニャンヴァン・ザイファム・グループに対する糾弾を見て、他の作家もわが身の安全を守るため、党の方針に従順に従った。そして、ホー・チ・ミンと共産党の指導を感謝し、忠誠を誓う作品が相次いだ。中国で反右派闘争が行なわれた後に毛沢東の個人崇拝が助長されたが、それと同じようなことが北ベトナムでも起こった。たとえば、詩人スアン・ジエウ[*16]の詠った、

わが心よ
共産党に感謝せよ
わがホー・チ・ミン主席に感謝せよ
のような詩、あるいは詩人チェ・ラン・ヴィエンの、
あの方は私の人生を変えてくれた
私の詩を変えてくれた

＊14　**グエン・ミー**（一九三五〜七一年）　詩人。詩「赤い別れ」（一九六四年）がよく知られる。『グエン・ミーの詩』（一九九三年）、『グエン・ミー詩人兵士』（一九九五年）の追悼詩集がハノイ作家協会やフエン文化局から出版された。

＊15　**レ・ダット**（一九二九年〜）　詩人。一九四九年中央宣伝教育委員会勤務。一九五二年ベトナム文芸協会を経て一九五七年作家協会勤務。一九五六〜五八年『ニャンヴァン』『ザイファム』両紙誌を主宰したため、一九五八年作家協会から除籍された。一九八八年に会員復籍。その後『字影』（一九九四年）をはじめとする詩集が出版された。

＊16　**スアン・ジエウ**（一九一七〜八五年）　詩人。一九三六〜三九年の「新しい詩派」の代表的な詩人。一九四四年ベトミンに参加し、救国文化会の中心的なメンバーとなる。ベトナム作家協会役員や国会議員等の要職を歴任。『風に香りをこめる』（一九四五年）、『わが思想の足どり』（一九五年）等がある。一九九六年第一回ホーチミン賞受賞。

といったの作品がそれである。このような個人崇拝の傾向を、文学批評家のライ・グエン・アイン[*18]は「感謝の心を表そうとするあまり、作者がひれ伏して拝んだという印象をさえ持つ」と辛辣なコメントを呈した。オーストラリア在住の文学批評家グエン・フン・クオック[*19]はこの現象を「作家における人格の放棄」と表現した。

しかし最近になって、こう表現された作家の本心を垣間見ることのできる資料が公表された。たとえば、一九九一年、一九九二年に公表された詩人チェ・ラン・ヴィエンの遺稿である。チェ・ラン・ヴィエンは、ベトナム戦争中に「敵をやっつけることが崇高なる愛」などの殺気に満ちた宣伝詩や、「ひざまずいて拝んだ」との印象を持たれるほど、賞賛詩を多く作ってきた詩人として知られていた。しかし、詩人の死後に公表された遺稿は意外なものであった。

後にわたしが書いた詩を詠むことがあったら
これは覚えていてほしい
わたしが書いたものではない！　半分だけ
詩に託すべきものをわたしが殺した
叫びを殺し　笑い声を殺す
思い出を殺し　夢を殺す
そして飛び立つ翼までを殺す（略）

だから　わたしの詩はやせこけている
骨で書いたのであって肉で書いたのはない
この詩があなたの許に届いた時
あなたはわたしが書いたというだろう
ちがう
けれどわたしでもあり　過ちを犯した人でもある
わたしは罪のないものをいくつも殺してきた
自分と同じように罪のないものを

［Che Lan Vien 1988］

この詩は詩人の本心を物語っている。表面的に忠誠を誓い、期待される以上の宣伝詩を作る。しかし、それらは自分が書いたのではない。本当の自分は、個々の人間の感情や、過去や希望が押し殺されたように、そこには存在していない。詩人が自らの詩作人生を振り返って打ち明けた、世を去る一年前の心中である。

＊18　**ライ・グエン・アィン**（一九四五年～）文学批評家。作家協会出版会勤務。『ヴー・チョン・フン　才能と真実』（一九九七年）、『ファン・コイ　一九二八年新聞に掲載された作品集』（二〇〇三年）等の著作がある。

＊19　**グエン・フン・クオック**（一九五七年～）文学批評家。一九八五年にベトナムを離れ、現在オーストラリアのヴィクトリア大学でベトナム文学を教える。著作『共産主義制度下のベトナム文学』（一九九一年）等。

チェ・ラン・ヴィエンは一九二〇年に中部のクアンチで生まれた、一九三〇年代のロマン主義の「新しい詩」派の代表的な詩人の一人であった。一六歳にして詩集『凋残』（一九三八年）を上梓し、若き才人として文壇にその名を轟かせた。一九四五年の八月革命の後に共産党員になり、ブルジョア階級の象徴だと非難されたロマン詩と決別し、革命文学の先頭に立った。国家議員やベトナム作家協会執行委員などの要職を歴任し、一九八九年に亡くなったが、その手帳や日記などに綴った詩が死の二年後に公表された。前述の詩以外に、「絵に描いた餅」という詩がある。

手に持って味見をしなくても
絵に描いた餅だとわかる
それでも彼は席に着いて友人らとともに
手に持って食べてみる
もし彼が席を立ち上がってこれを断ると
お前が楽しい夜を打ち壊したと非難されてしまう
お前が食べる能力がないからと言われてしまう
そうなれば本物の餅を口にする機会がなくなる
だから彼は再び席に着く
何も起こらなかったように
他の人も彼が席に着いたのを見て自分らも座るようになった

そして、皆でむしゃむしゃと一緒に食べる

［Che Lan Vien 1987］

この詩は、本当はきれいに作られた偽物だとわかっていても、口裏を合わせなければ自分がはじき出されてしまう。だから、自分もまわりも知らないふりをして、その偽りを受け入れ、迎合せざるを得ないことを詠ったものである。これらの詩が公表されて、皆が一様に驚いた。それまでこの詩人を敬遠してきた作家も、彼の胸中を知って彼を見直すようになった。

❖一九七四年の文学事件

一九四五年以前にある程度自由な文筆活動を体験したニャンヴァン・ザイファム・グループや、「新しい詩」派のチェ・ラン・ヴィエンの世代よりも若い作家たちは、抗米戦争の中で成長し、「戦争世代」と呼ばれた。彼らは、銃を持って実際に戦った作家兵士で、戦いの正義を心底から信じ、戦場からの熱いメッセージを込めた檄文を創作して味方を鼓舞した。しかし、その彼らにも葛藤があった。それは、戦争の長期化による人命の損失と、社会の困窮が原因であった。

その葛藤が、一九七三年のパリ協定の締結により米軍が撤退し、戦争終結の兆しが見えた一九七三～七四年に、文芸新聞などで表面化した。しかし、これらは党指導部に批判され、問題となった。これは「一九七四年の文学事件」と呼ばれ、「ポスト・ニャンヴァン・ザイファム事件」という呼び名もあるほど、大きな出来事だった。しかし、不幸中の幸いと言うか、サイゴンへの総攻撃に向けて、これ以上問題を大きくすべきでないとの判断から、第二のニャンヴァン・ザイファム事件までには発展しなかった。

この事件でよく知られているのは、ファム・ティン・ズアット[*20]の詩「白い円」と「ラインさんの林檎の木である。「白い円」は、

爆弾の煙が空に黒い円を描くと
地上に白い円がいくつも現れる
私と君は静けさの中を歩く
戦闘翌日の静かな夜を
死より大きい損失はなく
頭を巻く白い円はゼロに等しい

と詠っている［Tap chi Thanh nien 1-1974］。この詩は内部からの「反戦」として厳しく批判された。ベトナムでは、身内が死ぬと葬儀中に家族が白い麻の布を頭に巻く習慣がある。作者は、爆弾が投下された直後の煙が空中で黒い円を残すことと、地上で頭に白い麻の布を巻いた人があふれることを対照させた。つまり、爆弾が投下されるたびに、死者がたくさん出る。人間の死より大きな損失はないはずだが、戦時下ではその死さえ重みを持たない。それまでの「戦場はお祭り」という楽観的な傾向からすると、この詩は大胆にも、戦争における人命の儚さを詠ったのである。しかし、詩の最後は次

のように締め括られる。

友よ、白い円の中は
燃え上がる熱い頭である

つまり、悲しみの中でも、人の戦う決意は薄れないというのである。この詩は、前半で戦争の犠牲を詠うが、最後の二句で円くおさめたため、本来なら党の方針に違反しないはずである。しかし、前半の六句があったために、これをかばう最後の二句がすっかり忘れられてしまい、それで事件になったのである。今では、この六句が作者の名前と共に多くの人に共感され、英語などに訳されている。

このほかに、短編「ラィンさんの林檎の木」の事件もよく知られている。この短編は元兵士のホアン・カットが子供向けに書いたもので、『ヴァンゲ（文芸）』紙（No.552, 31-5-1974）に掲載された。物語は次のとおりである。

ラィンというおじさんがいて、家の庭に林檎の木を大事に植えていた。妻は爆弾に当たって死亡し、一人息子も戦争に行って久しく帰ってこないので、ラィンさんは一人でさびしく暮らしていた。ラィンさんの庭が学校への近道に位置するため、子供たちは庭の前を通っては林檎をもいだり、石を投げ

＊20　**ファム・ティン・ズアット**（一九四一年〜）　詩人。ベトナム作家協会勤務。詩「白い円」と並んで「チュオンソンの東と西」（一九六九年）がよく知られる。

て落としたりした。このようないたずらをした子供をラィンさんが怒ると、その子は友達に「ラィンさんの林檎の木の上に黒い頭骸骨（dau lau den）がある。恐ろしい」と噂を流した。それを聞いた子供たちは「ラィンさんの庭の前の通りは学校に行く正規の道ではない。近道に過ぎない」「通るのをやめよう」「そうだ！　やめよう」と言ってその前を通らなくなった。すっかりさびしくなったラィンさんは、何とか子供の誤解を解こうとした。最終的に、子供たちは黒い頭骸骨の正体が害虫駆除剤を入れる木の穴だとわかって、ラィンさんと仲直りする。

　このように、話はハッピーエンドで終わる。一見何ということもない話のはずである。しかし、これが事件になったのは次のような一致があったからである。まず、「ラィン」（Lanh）という名前が、文芸方面の最高実力者トー・ヒューの呼び名と同じであること。さらに、トー・ヒューの庭にも林檎の木があり、それが彼の詩「一九六一年の春」の中に、「初夏の林檎は実が熟し今にも落ちてくる…」という形で登場した。それで、作者がトー・ヒューを暗示して党文芸指導者や労働党を批判したのではないかと疑われたのである。なぜなら、ある文学批評家の指摘によれば、「黒い頭骸骨」の頭文字dldは労働党（Dang Lao Dong）を指し、「ラィンさんの通りを通るのをやめよう」という部分は「革命の道を歩まない」を意味するのではないかというのである。そのほかに、「ラィンさんの奥さんが爆弾に当たって死んだ」「戦争が長引いて一人息子が帰ってこない」ので「ラィンさんはさびしく暮らしている」という内容は戦争の長期化や犠牲を批判しているのではないか、とも指摘された。

　このために、単なる子供向けの短編が大問題に発展し、作者がどんな者かを当局が調べることになった。調べてみると、意外にも作者は「反動的な人間」とはほど遠い、片足を失った若い人民軍の元兵士なのである。機械工場に勤め、老いた母と妻と三人の幼い子供と貧しく暮らしている。このような人が「反動」であるはずもなく、何らかの処罰を下すわけにもいかなかった。しかし現実には、無言の前科が作者に付きまとい、彼は長い間孤立した。その上、わずか三七歳で職場から早期退職を命じられ、失業してしまった。それからというもの、この作家は片足で苦労しながら屋台でお茶を売ったり、鶏を養殖したり、妻に助けてもらって辛うじて生きてきたという。

実際のところ、作者の真意がどうだったかは本人にしかわからないが、行間を読めば、ただの偶然とは思えない。おそらく、前述のような意図があったのだろう。ベトナムでは、作家らは考えを自由に書けない分、言葉を巧みに使って、言わんとすることを婉曲に表現する術を心得ている。これらを読み解くと、彼らの本音が見えてくる。社会主義政権下で生きる聡明な作家ならではの知恵である。

戦争中、作家らは、人々が戦争を遂行できるよう、味方の不利になることには触れなかった。それは、最初からあえて書かないか、あるいは書けないからであって、現実を知らない、あるいは何も感じないということではない。そのことは、元党書記長レ・ズアンと作家との間に交わされた会話からも読み取れる。

一九六八年のテト攻勢の後に、ハノイの西湖にある保養地で、レ・ズアンが作家らの宿泊所付近を散歩していた時、偶然数人の作家たちに出会った。そこで、レ・ズアンは彼らに「何を書いているのか」と聞いたところ、そのうちの一人が「テト攻勢のことを書いています」と答えた。すると、レ・ズアンは「君はあの戦いをどう思うか」と聞いた。その作家が「素晴らしい戦いではありましたが、犠牲が多すぎました」と答えると、レ・ズアンは「ばか者！　戦争は犠牲が伴うものだ。あれは素晴らしい戦いだ。どこを見て書いているのか」と大変怒ったという。また、ある詩人の回想によると、戦場で上司に新しい銃を見せられて「どうだ、立派な銃だろう」と言われた時、彼は「銃が立派であるはずがありません」と答えたという。

このように、作家は敏感で感受性の強い芸術家だからこそ、戦争の不条理や人命の損失、社会の困窮などに心を痛めていた。しかし、それらを伏せて逆のことを書かなければならない。それは、書くことを許さないという上からの力と、自分の作品が問題になることへの恐れや、味方に動揺を与えてはいけないという、作家自身の自制の両方が作用したためである。だが、そうした理性が勝っても、作家らは日々繰り広げられる葛藤を、どこかに託さずにはいられないのだろう。だから、「一九七四年事件」のような機会に発表したり、密かに手帳に綴ったりしたのである。

三　抗米戦争後の文学

❖終わらない戦い

一九七五年四月三〇日にサイゴンが陥落し、抗米戦争は終結した。翌一九七六年にはベトナム社会主義共和国が樹立され、労働党が共産党に改名される。旧南ベトナムでは、私営経済の改造、農業の集団化、旧サイゴン政権関係者に対する思想改造、旧南ベトナム文化文芸の追放などの社会主義化が急がれた。この時に、実害を被った人や新体制を受け入れない人たちは、「ボート・ピープル」としてベトナムを脱出した。

また、終わったはずの戦争が、一九七八年のカンボジア侵攻と、翌年の中越紛争で再燃した。一定の年齢に達した男子は徴兵され、犠牲となる若者が新たに増えた。旧南ベトナムでは、多くの青年がこの徴兵を拒んで外国に脱出した。「戦場か海でいずれ死ぬのなら、カンボジアの戦場で死ぬより、将来につながる一縷の望みをかけて脱出を選ぶ」、というのが当時の共通した心境だった。

やがて社会主義改造が挫折し、全土が困窮を極めるようになると、北ベトナムでは、「こうなるために三〇年間も戦ってきたのか」と多くの人が考えるようになった。これに対し、党は「国が過酷な戦争から抜け出たばかりであり、社会主義建設は困難を伴うものだ」と繰り返し弁明し、その失敗の原因は戦争の後遺症にあり、政策の間違いにあるのではないと強調した。

こうした暗鬱な社会変化とは逆に、文学は「春の大勝利（一九七五年のサイゴン陥落）」の賞賛に酔いしれた後、戦時中さながらの楽観性、英雄主義から抜けられずにいた。その結果、戦争中には「飯より詩の方が必要」[*21]と求められた文学が、今ではすっかり関心を失われてしまった。この現状に、作家のグエン・ゴックはいたたまれず、「わが文学には問題がある」「作家は動揺している。書いてはいるが、自分が書いていることを信じていない」と警鐘を発したのである。

作家グエン・ミン・チャウも、同じように危惧した。彼は、「戦争について書く」「『ヴァンゲ・クァンドイ（軍隊文芸）』一九七八年一一月」という論評を書き、これまでの戦争についての作品はすばらしいと長い前置きをした上で、最後に「登場人物がワンパターンで、良く描かれすぎて、本当ではない」「現に存在しているものではなく、存在してほしいと望むものを描いている」との感想を述べた。そして「作家はいつまでも、この夢のごとき世界を描くことに安住していていいのだろうか」と、控え目に問題を提起した。

チャウの「現に存在しているものではなく、人が存在してほしいと望むものを描いている」という意見をヒントに、文学批評家のホアン・ゴック・ヒエン[*22]が、文学の特徴を「存在してほしいことが現に存在している現実を抑えて描かれている」として整理し、これを「ファイダオ的リアリズム」と名づけた。ファイダオとは、「先人から伝えられてきた道理を正しく行なうこと」と定義される。そこから、「党が道理なり」という現実に合わせて、心に思っていないにもかかわらず、党の意向に適おうとする書き方を「ファイダオ的リアリズム」と呼んだ。「御用文学」と意訳するとわかりやすい。このことを書いたために、ヒエンは、勤め先である作家養成学校の教職を追われ、ドイモイが始まるまでの数年間を不遇の中で過ごした。しかし、今では「ファイダオ的リアリズム」は、社会主義政権下の文学における「不誠実」な一側面を表す用語として、すっかり定着するようになった。

文学評論家のゴ・タオ[*23]は、軍隊文芸誌『クアンドイニャンザン（人民軍）』一九八〇年七月六日号に載せた論評「戦争や軍隊における作品の信憑性を再考する」の中で、「戦争の中の人間が十分に描かれていない」「犠牲になった兵士も勝利をもたらした功労者なのに、生きて帰る幸運な兵士のことばかり描かれている」と述べた。そして「パンの半分はパンだが、残りの半分は事実ではない」というロシア作家の言葉を引用して、戦争についての作品は、「半分は事実だが、残りの半分は事実と言えない」と結論した。

これらの意見は、唐突に出されたのではなく、それぞれの作家が戦時中から問題意識を抱いてきたことである。戦争が終わったからこそ、今まで触れられなかった部分に目を向け、文学を真実に近づけようとしたのである。しかし、抗米戦争という大戦争は終わっても、国境沿いではカンボジアや中国との戦争がまだ続き、文芸も引き続き「革命の武器」であることを要求された。このため、これらの意見は、非常に控えめに述べられたにもかかわらず、強く批判された。この出来事は「一九七九年の文学事件」と呼ばれる。

❖ドイモイ路線の中で

社会主義建設が頓挫し、崖っぷちに立たされた社会を立て直すために、一九八六年一二月の第六回共産党大会において、ドイモイ路線が採択された。同路線の中の、開放政策の影響が文芸方面にも及

＊21　**グエン・ゴック**（一九三二年〜）　作家。従軍作家として長くテイグエン地方で活躍。この経験が元になった『立ち上がる祖国』（一九五六年）、『サヌーの森』（一九六九年）等の作品がある。一九七六年作家協会役員。一九八七〜八八年『ヴァンゲ（文芸）』紙編集長。

＊22　**ホアン・ゴック・ヒエン**（一九三〇年〜）　文学批評家。グエンズー作家養成学校で教鞭をとった。『ソ連現代文学』（一九八七年）などの著作や論文多数。

＊23　**ゴ・タオ**（一九四一年〜）　文学批評家。共著『文学の新しい時代』（一九九〇年）、『人生のように』（一九九五）等。

び、文芸政策や創作の傾向に大きな転換をもたらした。

その原動力となる出来事は、一九八七年一〇月六、七日の二日間に、「グエン・ヴァン・リン書記長と約一〇〇人の文芸家との対談」が行なわれたことである。この対談の目的は、リン書記長に、文化文芸に従事する第一線の文芸家を引き合わせ、彼らの現場の実情を把握してもらうことであった。出席者からの主な意見として挙げられたのは、「創作の自由がなかった」「作品が党に反していることへの有形無形の批判が怖かった」「党幹部が文芸家を疎んじ、その文芸指導が非民主的で幼稚だった」などであった。これらを聞いた後に、書記長は「党は皆さんに対する束縛を解くべきである」と発言し、党が現在進めている消極的現象の告発を「ペンを曲げないで、信念を貫く勇気を持って実行してください」と呼びかけた。

これらの発言は出席者に鮮烈なインパクトを与え、社会主義体制の悪い面を書く勢いを持たせることになった。党最高指導者と作家らが会うこと自体は珍しいことではない。だがこの対談が画期的だと言われている理由は、公の場で、作家らが党最高指導者に対し、党の文芸指導の誤りを率直に訴えたこと、そして党最高指導者自ら、党が作家らの自由を束縛してきた事実を初めて認めたことである。

リン書記長の奨励に続き、文芸政策も見直された。一九八七年一一月に採択された「政治局五号決議」である。同決議は、自身も芸術家肌であり文芸の刷新に熱心なチャン・ド委員長と、副委員長のグエン・ヴァン・ハィン教授をはじめとする党中央文化文芸委員会が作成したものである。同決議が従来の文芸政策と異なる点は主に二つある。一つは、「文芸は政治に奉仕する」「文芸は思想工作の武器である」という位置づけを改め、「文芸は精神生活の重要な需要である」と示した点である。二つ目は、作品が法に触れるガイドラインの明示である。すなわち、「法律に違反せず、反動的（反民族、反社会主義、反平和）でなく、また頽廃的（罪悪、堕落をもたらす、品格を失う）でなければ、すべての文芸作品は流通の権利を有し、世論による判断、評価と批評を受けることができる」というものである。

このガイドラインができた背景には、それまでの長い間、「反党的である」「問題がある」と明確な根拠に基づくこともなく批判された作品の作者らが、有形無形の制裁を受けてきた事実がある。前述の「ラィンさんの林檎の木」もこれに当てはまる。作者の真意が別にあったと断定できない以上、解釈による批判を断ち切り、原文がガイドラインの三項目に該当しなければ、作者が不利益を被ることはないという法律の根拠を作ろうとした。そうなれば、作家らもわざわざ裏表のある書き方をせずに安心して意見を述べられる、とチャン・ドらは考えたのだろう。

このように、党指導者の後押しを得て、作家らは一定の開放感を味わい、進んで事実を書くようになった。この時期の作品はそれ以前のもの、特に戦時中とは打って変わったものになった。戦時中の「賞賛」が「批判」に、「英雄」が「退廃した党幹部」に、「良い面」が「悪い面」に代わったのである。まるで、これまでに社会主義体制を良く描きすぎた分だけ、また事実を書けなかった分だけ、その鬱憤が一揆に爆発し、対極に注がれたかのような印象を受ける。

この時、爆発的な文学人気が生じた。戦争終結直後の「文学と読者の溝」からは考えられないくらい、読者は自ら文学を求めた。読者は、その作品が芸術的に優れているかどうかに関心を寄せるより、作家がどれだけの切実な問題を素直に取り上げるかに注目した。その内容に同感であれば、「よくぞ言ってくれた」と歓迎したい心境からきたものだと思われる。

この歓迎をもっとも受けたのは、作家グエン・ゴックが編集長を務めていた時期（一九八七年六月〜一九八八年一二月）の『ヴァンゲ』新聞である。同紙は、主にルポルタージュを用いて社会問題を訴えたが、文学では、戦争中からの原則「文芸は政治に奉仕する」の見直しを提起した。戦勝のために、芸術の自由を差し出してまで政治のために働いたが、ここに至っては、この原則を返上し、文芸の独立を認めてもらいたい、と訴えたのである。

そして特筆すべき出来事として挙げられるのは、同紙が、新人だった作家グエン・フィ・ティエップの短編「退役将軍」や、歴史短編小説「伝家の宝刀」「炎」「貞節」を連載したことである。ティエップは、「彼が登場してから、誰もが以前のように書けなくなった」と評されるほど文学を転換した作家である。ティエップの新しい作風と現実の見方、歴史の見直しが文壇に衝撃を与え、激しい論争を呼んだ。ここでは「退役将軍」を簡単に紹介したい。

「退役将軍」は、革命戦争のために人生のほとんどを捧げた将軍が、退役した後に送った日常生活の苦悩を描いたものである。大きなことを成し遂げた将軍は、退役後の生活をどのように過ごすべきか途方に暮れるが、とりあえず普通の生活に少しずつ慣れていこうとした。しかし、彼の心を痛める出来事ばかりが起こる。だが周囲にしてみればごく些細なことだった。このような出来事が積み重なるごとに、将軍は物思いに沈んでいくようになる。そして、「私はなぜ孤独と感じるのだろう」と独り言を呟くことが多くなった。そんな時、中越紛争と思われる戦地から、かつての部下が助けを求める手紙が届いた。将軍は喜んですぐに出かけたが、数日後、将軍が任務中に命を落としたとの訃報が家族の許に届いた。

このストーリーは、短編小説でありながら、長編小説に匹敵するような多くの問題を取り上げた。その一つは、凱旋した英雄が戦後も英雄でいられるとは限らず、むしろその社会の現実に行き当たって退却したということである。将軍は戦った頃の理想と純粋な心を持って帰ったが、彼が目にしたのは実用主義的でモラルが崩壊した社会であった。現状に心を痛めた将軍を理解する者もなく、最期を古巣である戦場で遂げざるを得なかった。

この作品は、「何十年にわたって行なわれた革命は、何の変化をももたらさなかった。それどころか、過去と比較して、いろいろな面で後退さえしている」「指導者世代は戦争を勝利に導いた英雄であろうが、戦後の国家建設で挫折し、自らがその犠牲者となった」というメッセージとして受け止められた。このメッセージが多くの人に共感されたからこそ、無名の新人だったティエップが、この作品によって一躍その名を轟かせたのである。

このように、ドイモイ路線の開放政策のおかげで、「退役将軍」のように戦時中と戦後の乖離を正面から取り上げた作品が登場することができた。しかし、一九九〇年のベルリンの壁の崩壊と、続くソ連邦の解体、そして隣国の中国で発生した天安門事件が重なって、ベトナム共産党はこれまでの開放政策を引き締めることにした。その結果、一九九三年一月に採択された「四号決議」は、右傾的という判断から五号決議を訂正した。同様に「退役将軍」などの同時期の作品が、ドイモイの行き過ぎだと批判されるようになった。

そんな折に、辛うじて出版されたバオ・ニンの小説「戦争の悲しみ」は、特筆に値する。同小説が登場してからというもの、どの作家も一度ならず自身の書き方を再考させられた。

これは、ベトナム戦争での体験、愛の挫折、戦後の葛藤から筆をとった一作家が、自らの半生を綴った作品である。

主人公のキエンは一七歳の時、大学に進学せず、理想を持って人民軍に入隊した。キエンにはフォンという美しい恋人がいた。フォンは初恋の相手でもあった。しかし、キエンは愛よりも理想を選択した。キエンは偵察部隊の一兵士として、激戦が繰り広げられる最前線で戦った。一〇年に及ぶ戦場での体験は、けっして理想とは言えないものだった。戦争は、敵の命も味方の命も簡単に奪っていった。そして、キエンの愛をも奪った。戦地へ向かう列車が爆撃を受けた時、キエンの目に映ったものは、味方の兵士に強姦されるフォンの姿だった。さらなる爆風で吹き飛ばされたキエンは、恋人を助けることができなかった。

戦争のためにすべてを捧げるという時代の流れに自ら飛び込んでいったキエンとは反対に、画家である彼の父は、「文芸は政治に奉仕する」という原則になじめないでいた。彼の作品には生活感がない、大衆性がないと批判され続けた。妻はよその男と家を出た。息子は戦場に赴いた。孤独の中で絶望感に打ちのめされた父は、死ぬ直前にすべての絵を燃やした。そのような父を理解し、不遇の最期を見届けたのは、同じように孤独を感じていたフォンだった。

キエンは戦後、一作家として再出発したが、戦争での体験から抜けられないでいた。戦争が終わって平和になったはずなのに、キエンは自己を失い、フォンもまた人生を投げ出していた。キエンは、過去に救いを求めるかのように、戦争のこと、仲間のこと、フォンのこと、家族のことを綴った。そして、その原稿によって本作品が誕生したのである。

「戦争の悲しみ」は、ベトナム国内では一九九一年に作家協会賞、外国ではアジア・アフリカ文学賞などを受賞し、一三ヵ国語に翻訳されている。しかしベトナムでは、作家協会賞をいったん授与されたものの、後に厳しく批判されるという逆行現象が起こった。その理由は、バオ・ニンの抗米戦争の見方は陰鬱であり、偉大な抗米救国戦争を内戦として歪曲したからというものだった。

抗米戦争中の作品のもう一つの特徴は、善悪二元論に基づいて、敵味方、善悪を対比させ、味方ならすべて良く、敵ならすべて悪いと単純に描写したことである。これを克服しようと、一九七九年に出版された小説「白い土」の作者グエン・チョン・オアィンは一歩踏み込んで、味方軍の犠牲も凄まじかったこと、敵もただの愚か者ではなかったこと、そして上佐（八一頁参照）になろうかという人民軍の上級幹部が敵に投降した、といった内容を盛り込んだ。それ故に、この小説も批判されたが、我々は容易に戦争に勝ったのではなく、困難もあった、という見方がある程度定着していたために、最終的には高く評価された。しかし、終わり方は他の作品と同じく、こうした犠牲や試練があったにもかかわらず我々は勝った、という定番のハッピーエンドであった。

「戦争の悲しみ」は、そうした作品と全く違っていた。同小説には、戦争を正当化するためのイデオロギーがなく、したがってどちらの正義もない。敵の米軍・サイゴン軍に対する味方の人民軍という敵対の図式もない。また、戦争の勝者もいなければ敗者もいない。あるのは、戦った当事者が同国の者どうしだったという痛ましい事実である。それが戦争の本当の姿であり、その破壊力は凄まじい。ひたすら生き抜いて与えられた生を全うしたい、という人間の願いを簡単に奪うだけでなく、生きている者の運命までをも狂わせる。銃の音がやんだはずの戦後社会も、犠牲になった者や生きて帰った者の悲しみを癒すものではなかった。「戦争の悲しみ」は「戦後の悲しみ」へと続き、いまだに彼らを翻弄している。

前述のように、文学批評家のゴ・タオは、それまでの戦争作品は「戦争の中の人間が十分に描かれていない」と指摘した。正にその通りだが、それは政治目的がなにより優先されたからである。しかし、バオ・ニンは、抗米戦争を捉える上で、従来の「政治」から「人間」に軸を置き換え、キエンという一人の下級兵士からみた戦争を描いたのである。今ではこの見方が主流となり、抗米戦争がいかに偉大な戦いだったかという問題ではなく、個々の人間にとってどんな戦争だったのを考えられるようになった。二〇〇三年一〇月に公安出版社から出版され、すぐに発禁回収となった「偽預言者たちの時代」は、抗米戦争を内戦として捉え、旧南ベトナムに住んだ市民から見た抗米戦争の終結やその後の生活を描いて、話題を呼んだばかりである。

戦争遂行を支え、政治のために奉仕する義務からやっと解き放たれ、ようやく文学を取り戻したベトナムの作家らは、ニャンヴァン・ザイファム事件以後にいったん失われたヒューマニズムに回帰し、「人間」に軸をおいた様々なテーマを追求している。その中で、抗米戦争のテーマは依然として問われ続けている。自身の考えをはっきりと語るようになった作家らが、今後も戦争に対するベトナムの人々の本音を作品に反映させ、様々な見方を新たに提供することだろう。

参考文献

Bao Ninh. 1990. *Noi buon chien tranh.* Nha xuat ban Hoi nha van. Ha Noi.

Bui Minh Quoc. 1994.（未公表）. *May ky niem lang van bi troi.*

Che Lan Vien. 1987. "Banh ve". *Van hoc va Du luan.* so 8 nam. 1991. Saigon.

———. 1988. Tru di. Tap chi Van. 1992. Paris.

Hoang Van Chi. 1959. *Tram hoa dua no tren dat bac.* Mat tran bao ve tu do van hoa. Saigon

Nguyen Huy Thiep. "Tuong ve huu". *Van nghe.* so 24/25/26. 30-6-1987. Ha Noi.

Pham Duy. Hoi ky Pham Duy I. II. III. IV. http://www.phamduy.com/

Phan Khoi. 1956. "Phe binh lanh dao van nghe". Giai Pham Mua thu. tap 1. Ha Noi.

第二部　ベトナムの戦後と関係諸国

第一章　日本から見たベトナム戦争とその戦後

渡部恵子

ここ数十年の日本人の一国に対する関心、感情の中で、ベトナムに対するものほど浮沈が激しかったものは少ないのではないだろうか。ベトナム戦争以後、日本人のベトナム観は、大国アメリカを相手に独立と国家統一を勝ち取ったことへの驚嘆、畏敬の念から、一九七八年のカンボジア侵攻による幻滅へと劇的に変化し、その後ベトナムへの関心は急激に薄れていった。

そのベトナムが再び日本人を惹き付けるようになったのは、ようやく一九九〇年代に入ってからだ。カンボジアからの撤退（一九八九年）で国際的孤立を抜け出したベトナムに、日本政府が一九九二年、一四年ぶりの円借款供与を開始したことがきっかけだった。これが呼び水となって対ベトナム投資ブームが到来し、続く観光ブームで日本からの訪問者数は激増、二〇〇四年からは日本人のビザなし渡航が可能になって、ベトナムはこれまでになく近い国になった。今日では、ハノイやホーチミン市（旧サイゴン）の通りを、ショッピングや食べ歩き目当ての日本人観光客が闊歩するようになっている。

　だが、やはり大多数の日本人にとって、ベトナムで連想するのは一にも二にもベトナム戦争だろう。特に、二〇〇一年の米同時多発テロ後、アフガニスタンでのアメリカの軍事作戦やイラク戦争では、泥沼化する状況をベトナム戦争になぞらえる形で、「ベトナム」の語が繰り返しメディアに現れた。また、日本でのイラク反戦運動にはベトナム反戦の強い影響が見られる。再び我々の意識の表層に呼び戻されたベトナム戦争とその時代は、日本人にとって何だったのか、そして戦後のベトナムと日本人はどう向き合ってきたのだろうか。

　私は一九九七年から約三年間、読売新聞ハノイ支局に特派員として駐在した。当時の経験を踏まえ、ベトナム戦争と日本人、そしてその戦後について考えてみたい。私はいわゆるベトナム反戦世代ではなく、一九八〇年代半ばの流行語となった「新人類」と呼ばれる世代に属している。このテーマは渦中にいたベトナム反戦世代によってこそ語られるべきではないかとも思ったが、ベトナム反戦世代を上目使いに見た論考があってもいいかと思い直した。

一　「戦争の記憶」とベトナムの現在

❖フランシーヌの場合

ベトナム戦争ほど、それをテーマにしたドキュメンタリーやルポルタージュ、写真、映画が多い戦争はないだろう。それは、後で述べるように、戦争がテレビの普及と時期的に重なり、情報伝達の需要と供給が飛躍的に増大したという技術的理由が一つ。第二に、ベトナムが、フランスやアメリカといった大国と闘って独立を達成し、旧植民地の民族自決という二〇世紀の世界的な流れの頂点をきわめた、その歴史的意義ゆえに。第三に、この戦争の是非が、アメリカの世論を二分する論争的なものだったために、戦後もこの戦争を検証する材料として記録や作品が作られ続けた、という事情がある。

戦後ほぼ三〇年が過ぎた二〇〇四年になっても、マクナマラ元国防長官へのインタビューを映画にした「フォッグ・オブ・ウォー（戦争の霧）」が劇場公開される（日本でも同年劇場公開。作品は米アカデミー賞長編ドキュメンタリー賞を受賞）など、ベトナム戦争を検証する作業は現在も継続しており、私たち日本人も、そうした記録映画などに繰り返し触れてきている。

こうした状況は、私のようにベトナム戦争を同時代の体験として認識するには幼すぎた者にも、「ベトナム戦争のベトナム」についての既視感を与える。いわば、ベトナム戦争についての「記憶」が、メディアを通して再生産されているのだ。だが、記憶の常として、それはしばしばあいまいで、選択的なものに陥りやすい。それは、ハノイに赴任するにあたっての私自身の不安の種にもなった。

ベトナムへの赴任準備をしていたころ、先輩記者が「参考に」と、ベトナム戦争の記録映画のビデオテープ数本と一本のカセットテープをくれた。それは、ベトナム反戦運動が盛んだった頃に青春を送ったその先輩記者が、反戦ソングを集めて編集したテープだった。

その中に「フランシーヌの場合」があった。私は、その日本の流行歌を記憶してはいたが、恥ずかしいことに、それがベトナム反戦（とビアフラ反戦）の歌だとは知らなかった。

一九六九年に発売され大ヒットしたその曲は、その年にパリで戦争に抗議して焼身自殺した実在の女学生のことを歌っている。ベトナム反戦運動が持っていた世界的な共時性が、日本でも分かち合われていたことがわかる。

日本には、この先輩記者のように、「ベトナム戦争のベトナム」に強い思い入れを抱く人が少なくない。それは主に、ベトナム戦争が激化し反戦運動が盛り上がった一九六〇年代後半から戦争終結までの約一〇年間に青春を送った団塊の世代、およびその前後の世代にあたる。彼らのベトナムは、「フランシーヌの場合」の一件で明らかなように、私が同時代の体験として理解しているとは言えないベトナムだ。

❖「民衆たちの英雄の国」

一九九〇年代には、社内の編集委員や解説部員の中に、ベトナム戦争やパリ和平会議を取材した元特派員たちがまだ在職していた。私のハノイ赴任が決まると、早速「ヴォー・グエン・ザップ将軍との会見を申し込んでほしい」と言ってきた先輩記者がいた。またハノイ赴任後、別の先輩記者が、パリ和平協定調印式にアオザイ姿で臨んだ南ベトナム臨時革命政府外相のグエン・ティ・ビン[*1]（私の任期中はベトナム副大統領）に会見するのに立ち会わせてもらったこともあった。彼らの熱意から、ベトナムへの強いこだわりを感じた。

これら先輩記者らを通しての、あるいは赴任前に読んだベトナム関連の本から私が得たベトナムの印象とは、南ベトナム解放民族戦線に代表される、民衆の中から生まれた英雄たちの国だ。だが、実際に私が見た現在のベトナムは、「民衆の英雄の国」というのとはずいぶん違っていた。

私がハノイに赴任した一九九七年秋、ベトナムは北部タイビン省の農民暴動の余波で揺れていた。腐敗した地元の党幹部らによる違法な「税」徴収に怒った農民らは、省当局の建物におしかけ、鎌を手に道路を封鎖し、乾燥した籾殻を撒いて、いざという時はそれに火を放って警察に対抗したという（一〇九～一一〇頁参照）。爆発的によく燃えるというそれは、かつてベトナム人が抗仏運動で使った「武器」だった。

「民衆の国」を指導する共産党は今、党官僚の腐敗に怒る民衆が、かつて自分たちが植民地支配に抵抗したやり方を今度は自分たちに向けて異議申し立てすることを恐れている。

一方で国民は、開放政策の下、すさまじい速度で発展、変化する日常生活の中で、日々のやりくりに終始しており、党に真の改革を迫るような、あるいは党の支配を真に脅かすような求心力を持った政治的な動きは見あたらない。これが、私の目に映った、ベトナム戦争終結後四半世紀を経たベトナムの姿だった。

＊１　**グエン・ティ・ビン**　一九二七年サイゴン生まれ。学生時代から反政府運動に参加し、一九五一～五四年に投獄される。一九六〇年南ベトナム解放民族戦線に参加、一九六八年パリ和平会議に戦線代表として出席。南ベトナム共和国臨時革命政府樹立と共に外相に就任し、一九七三年のパリ和平協定に調印。一九九二年憲法下で副大統領に就任した。

かつてベトナムを南北に分けたベンハイ川にかかるヒエンルオン橋。現在は使われていない。

❖解放戦線へのこだわり

ベトナム戦争当時、民衆の戦いに強い共感を寄せた日本人だが、このように党と民衆とが乖離したベトナムの現状にはほとんど無関心に見える。そして、それとは対照的に「民衆の戦争」を担った南ベトナム解放民族戦線へのこだわりは今も折に触れて示される。

解放戦線がらみでは、失敗談がある。二〇〇〇年夏、中部のクアンチ省でベトナム側のＭＩＡ（行方不明戦士）の集団埋葬地が発見され、現地を取材した時のことだ。ハノイに戻って東京に原稿を送信すると、東京のデスクから「遺骨は解放戦線の兵士か」と聞かれ、はっとした。そういう疑問がそもそも頭の中になかったのだ。

このデスクは青春時代をベトナム反戦運動の高まりの中で過ごしている。問い合わせは、こうした世代には当然の疑問、関心事だった。自分の取材不足は、解放戦線への世代的な思い入れの弱さが原因と自覚した一件だった。

クアンチ省に問い合わせると、「当時は正規軍もずいぶんこのあたりにいたから、遺骨は正規軍でしょう」と、頼りない回答だった。支局の助手の青年には、「日本人は、なぜそんなに解放戦線にこだわるんですか」と聞かれた。彼は外務省報道局の職員で、私の前任者たちとも仕事をしており、日本人記者が解放戦線について聞きたがるのを知っているのだ。

右のようなベトナム人たちのやや冷淡な態度は、現在のベトナムでの解放戦線の位置を反映している。

ベトナム共産党にとって「戦争を指導して独立を達成した」という党の自己イメージは、一党支配の正当性の基盤となる絶対的なものであり、党が解放戦線に独立した役割を分け与えようはずがない。ベトナム共産党のホームページで「解放戦線」の定義を探すと、「党中央委の第一五号決議の精神に基づいて設立され、労働党南部委員会[*2]の直接の指導を受けた」となっており、解放戦線に何の独自性も認めていない。ベトナム百科事典編纂指導国家委員会編『ベトナム百科事典』に記述されている「解放戦線」の項目も、解放戦線が軍事力として実際に戦場で果たした役割にはいっさい触れていない。

こうしたベトナム共産党中心の歴史解釈が公式なものとして存在し続けていることは、日本では十

＊2　**労働党南部委員会**　一九五四年のジュネーヴ協定以後、労働党は南部地方委員会を設置して政治闘争による南北統一をめざした。一九五九年の政治局会議で武装闘争を取り入れる方針が決まると、一九六一年一月に南部委員会に代わって南部中央局の設置が決定された（四一頁参照）。

分認識されていない。また、解放戦線や臨時革命政府が標榜した、敵味方、南北の差別のない社会、多様な考え方を持った人々を糾合した社会を実現できなかった、というベトナムの戦後が抱える影の部分にも、注意が向けられることは少ない。

戦争中に解放戦線が果たした役割を明らかにすることは、歴史研究の観点からは重要としても、そこだけに話が終始すると、何か現在のベトナムの現実から遊離した奇妙な情熱に見えてしまう。解放戦線にこだわるなら、解放戦線が黙殺されているベトナムの現在と過去とをつなげて見る必要があるのではないか。

ベトナム反戦運動の洗礼を受けた人々が近年、代表団を組んでベトナムを訪問したりすると、ベトナム側はグエン・ティ・ビン元臨時革命政府外相を担ぎ出して歓迎し、日本人を感激させるが、日本人の解放戦線への「片思い」につけ込まれているようで複雑な気分になる。

❖こだわりの起源

そもそも、解放戦線へのこだわりはどうやって生まれたのだろうか。

一九六〇年にゴ・ディン・ジェム政権の圧政に反対する民主主義者らを中心に結成され、一九六九年に南ベトナム民族民主平和勢力連合とともに南ベトナム臨時革命政府を樹立した解放戦線が、ベトナム労働党（現ベトナム共産党）から独立したものではなかったことは、現在では明らかになっている。

ただ、「解放戦線は北ベトナムの傀儡だ」としてベトナム介入を正当化するアメリカに反論するために、各国の反戦運動では「解放戦線は北の侵略の手先などではなく、南の広範な反ジェム勢力を結

集した、自立的な南独自の組織であることを強調する傾向が強かった」［古田元夫　一九九一：八二］

反戦運動の中で生まれたこのような傾向は日本でも顕著だった。一九七三年のパリ和平協定後も南北間の武力衝突が続き、結局一九七五年の南ベトナムの武力による解放と、わずか一年余で実施された南北統一に遭遇した時、当惑する日本人も少なくなかった。

毎日新聞の徳岡孝夫記者は一九七六年、ベトナム人民軍参謀総長ヴァン・ティエン・ズン将軍がベトナム紙上で発表した手記を読み、サイゴン攻略がすべてハノイで立案され、北ベトナム正規軍によって戦われたとあるのを知って驚愕する。そして、「軍事作戦の中に南ベトナム人民解放軍のことが一行も出てこないのは不思議だが、それよりも不思議なのは、『南ベトナム人民の自決権は、神聖かつ奪うことのできないものであり、すべての国によって尊重されなければならない』というパリ和平協定の精神はどこへ行ったかということである」と書いている［徳岡孝夫：一四八］。

だがこのような疑問は、ベトナムのカンボジア侵攻や中越戦争の混乱の中でベトナムそのものへの共感が薄れていく中、忘れられていった。先に述べたように、日本人のベトナム戦争に対する態度で、戦争当時と現在に断絶が見られるのは、反戦に傾いていた人々の心情からは消化しきれない疑問が次々に生じたためであろう。カンボジア侵攻はその最たるものだが、そもそもベトナム戦争の終わり方そのものにも、右のような疑問が示されていたことは今では忘れられがちだ。

二　ベトナム戦争と当時の日本

ここで、ベトナム戦争が日本人の耳目を捉えた当時の日本の状況に触れておきたい。

大多数の日本人がベトナム戦争に触れたのはマスメディアを通してだった。特に、テレビの急速な普及とともに、それは日本が当事者だった太平洋戦争以後、一般の人々の目に最も多く触れた戦争となった。

❖テレビの普及とベトナム戦争

清水知久元日本女子大教授はこう書いている。

「十五年戦争での敗北以後おこった外国での戦争のうち、ベトナム戦争ほど日本人に身近な戦争はなかった。朝鮮戦争はもっと近かったはずだが、しかしそのころの日本人大半のくらしは、安心して三食食べられる状態ではなかった。（略）情報も限られていた。人々が殺し、殺され、逃げまどう光景がテレビに映し出されるということもなかった」［清水：三］

日本でテレビ放送が始まったのは一九五三年。アメリカによる占領終了の翌年のことだ。それまでの放送媒体とはラジオであり、今日、私たちが当然のごとくニュースを映像で見ているのとは状況がまったく違ったのである。一九五四年に普及率〇・三％だったテレビは、東京オリンピックのあった一九六四年には同八三％と、急速に普及していった。

ベトナムでは、一九五四年にディエンビエンフーでのフランス軍敗北を受けてジュネーヴ協定が調印された。一九六三年にはトンキン湾事件、そして一九六四年八月の北爆開始と翌年二月からの本格化、そして同年、初の戦争部隊派遣となった米海兵隊のダナン上陸へとベトナム戦争は激化していくが、これは、日本のテレビ放送の揺籃期と時期を同じくしていたのである。

❖北爆で沸騰した反戦機運

一九六五年に椎名外相が国会答弁で「日米安保条約がある以上、日本はこの戦争に中立ではありえない」と述べているように、日本政府はこの戦争で終始アメリカに協力した。だが国民の間では、北爆を機にベトナム反戦の機運が一気に高まった。それは日本人が、アメリカ軍の爆撃に、太平洋戦争中に日本が経験した空襲を重ね合わせたからだ。

新聞の論調も、戦争に真っ向から反対しないまでも、北爆に否定的という点では一致していた。北爆の本格化を受けた一九六五年二月九日付の読売新聞社説は「ベトナム不拡大望む」の見出しで、「ベトコン勢力の源泉はベトナム民族主義」であり、「南ベトナム情勢を立て直すのに必要なことは、北への攻撃を拡大することではなく、民心の離反をくい止め、政府軍の志気を高めること」とし、戦火の拡大は中ソ紛争の休止と国際緊張の高まりを招くおそれがあるため「米軍による北進の強行を支持することはできない」としている。

また、同年八月二四日、朝日新聞はベトナム問題で初の世論調査を掲載したが、北爆反対が七五％、賛成はわずか四％に過ぎなかった。また、日本が戦争のまきぞえを食うと心配する人は六〇％にものぼった。

北爆への反発が非常に強かったのは、ベトナム戦争当時はまだ、太平洋戦争で米軍の爆撃を実際に経験した日本人が多かったためだ。

ほかに、ベトナム人に寄せられた共感の理由には、同じアジアだという地理的、文化的な近さもあげることができる。新聞紙上などで、「同じ稲作民族」であるとか、同じ黄色人種であることがしばしば言及され、「アジアのことはアジア人の手に」といった、今から見れば人種主義とも、第二次大戦以降封印されてきたアジア主義的心情の噴出とも取れるような主張が行なわれた。

こうした主張が登場した背景に、六〇年安保からの流れである反米ナショナリズムの影響があったことは見逃せない。岸内閣が改正安保条約を国会での強行採決で成立させたことで六〇年安保は挫折に終わったものの、反安保、反基地のスローガンはベトナム反戦にも引き継がれていた。反戦運動に参加した日本人がたちは北ベトナムの「抗米救国」のスローガンをわがことのように叫んだ。

❖熱気帯びる取材に「圧力」も

反戦機運が高まるにつれ、戦場からの生々しい報道に政府は次第に神経をとがらすようになった。

北爆開始後の一九六五年五月、日本テレビのドキュメンタリー「南ベトナム海兵大隊戦記・第一部」が放送された。農民に対する拷問などの残虐行為の映像が茶の間に流れ、大きな反響を呼んだ。放送後、橋本登美三郎内閣官房長官が日本テレビ社長に電話し、在日南ベトナム大使館からも外務省を通して「政府軍だけ悪者にされている」と強い抗議があった。日本テレビは政府の圧力は否定したが、

「茶の間向けテレビとしては残酷すぎた」という理由で、第二部、第三部の放映中止を決定する。結局、全編が放映されたのは後の一九八八年のことだった。

活字による報道も、この頃から一気に熱を帯びた。毎日新聞が一九六五年一月から連載した「泥と炎のインドシナ」というルポルタージュは大きな反響を呼んだ。また同年九月、毎日の大森実外信部長がハノイ入りに成功し、米軍による病院爆撃を報道した。このニュースは世界中に転電された。

これに対し、ライシャワー駐日米大使が会見で「事実無根」と激しく非難した。毎日新聞の主筆が早速ライシャワー大使に対して謝罪し、大森は翌年辞表を書いた。米駐日大使による〝介入〟は、報道が与えた衝撃の深さを物語っている。

また一九六七年には、朝日新聞の本多勝一記者が解放戦線の支配地区に入り、「戦場の村」を連載した。ほかにも『サイゴンのいちばん長い日』『サイゴンから来た妻と娘』などの著書のある産経新聞の近藤紘一記者や、後に芥川賞を受賞する読売新聞の日野啓三記者らが、ベトナム戦争の取材経験を踏まえた著作を発表し、多くの読者を獲得した。

芥川賞作家の開高健は、朝日新聞から従軍記者として秋元啓一カメラマンとともにサイゴンに特派され、一九六四年末から翌年初めにかけて『週刊朝日』にルポルタージュを連載。従軍取材中に解放軍の攻撃を受けて一時は安否不明が伝えられ、九死に一生を得たこの時の経験を基に『ベトナム戦記』や長編小説『輝ける闇』を発表した。

また写真の世界でも、ピュリッツァー賞を受賞した沢田教一はじめ、一ノ瀬泰造、石川文洋各氏らが、文字通り命がけの取材で撮影した写真を世界に向けて発表した。

❖戦火と隣り合わせの繁栄

多くの日本人が、戦火の中を逃げまどうベトナム人に自らの戦争体験を重ねて同情を寄せた戦争はしかし、日本が経済大国へと駆け上がるのを後押ししていた。

一九六五年の北爆本格化以後、アメリカは戦争協力国に莫大な特需を供与していった。日本には、航空機や艦艇の修理などによる直接特需として、一九六五年から一九七〇年にかけて年平均約五億ドルが供与された。ほかにも韓国、台湾、フィリピンなどの戦争協力国への輸出強化などの間接特需で日本経済は恩恵を被った。直接間接、対米輸出を含め、一九六五年から一九七五年までのベトナム特需は七〇億ドルほどにものぼったという［松岡完：二一九］。

日本は一九六五〜七〇年の輸出増加率年平均約二〇％という急激な伸びで高度経済成長を続け、一九六八年には資本主義諸国でＧＮＰ第二位の経済大国の座についた。また、これに先立つ一九六四年には、開発途上国援助などを行なうＯＥＣＤ（経済協力開発機構）加盟国となり、先進国グループへの仲間入りを果たす。この年はまた、東京オリンピックが開催され、当時世界最速の鉄道、新幹線が開通した年でもあった。

ベトナム戦争特需で日本経済は潤ったが、日本の経済成長がアメリカによるベトナム戦争の継続を支えたという側面もあった。

日本が高度成長を続けていたこの頃、東アジア、東南アジアでは、「冷戦」体制確立に伴い、アメリカが主導する形で、日本を中核とする地域資本主義経済圏が形成されていった。一九六六年の東京でのアジア開発銀行設立総会、翌一九六七年のＡＳＥＡＮ（東南アジア諸国連合）結成などの動きがそれだ。

アメリカの当時の戦略によれば、この地域の同盟国にベトナム戦争に安定的に協力させるためには、各国の政権基盤を経済成長によって強固にする必要があった。戦費負担の急増で経済支援継続が困難となっていたアメリカは、高度成長を続ける日本に、各国への支援の肩代わりを求めた。一九六五年の日韓基本条約はその典型例で、一九五一年から続けられてきた日韓国交正常化交渉がこの時期に妥結した背景には、アメリカの強い意向が働いていた［上原：二一八］。

日本経済が戦争特需によって潤ったという事実に加え、日本がベトナム戦争で「加害」の立場に立って果たしたと反戦運動の中で指摘された役割とは、沖縄や日本本土が米軍の出撃基地や、後方支援基地になったことにある。その根拠になったのが、一九六〇年に改訂された日米安保条約だった。特に沖縄は、北爆を実行するＢ52戦略爆撃機が直接出撃する基地となった。沖縄の反基地・本土復帰運動は、ベトナム戦争で、こうした役割を担わされたことへの痛みと反感から、いっそう高揚することになった。

だが皮肉にも、沖縄の本土復帰交渉それ自体が、ベトナム戦争と深く結びついていた。

一九六九年一一月「核抜き、本土並み」返還が、佐藤栄作首相とニクソン大統領との首脳会談で合意された。交渉に関わったロストウ大統領特別補佐官は後に、交渉の過程で日本側に「ベトナム戦争で日本がもっと協力的になること」を「日米間の貿易赤字緩和」、「日本が韓国、台湾、インドネシアなどに援助するため二億ドル投じること」と並んで返還の三条件として日本側に提示し、日本はこれを呑んだ、と証言している［ＮＨＫ：六二］。沖縄の本土復帰はベトナム戦争への協力と引き替えだったのである。

❖べ平連

イラク戦争開戦の二〇〇三年三月二〇日、無党派の反戦行動「ワールドピース・ナウ」のために、芝公園に五万人が集まった。「べ平連」（ベトナムに平和を！市民連合）が全共闘などの学生運動や新左翼政党などと連携して行なった一九六九年六月十五日の東京での共同行動（七万人）には及ばなかったものの、近年にない大規模な反戦集会となった。

イラク反戦運動には、無党派の市民が自発的に運動を立ち上げる、というベトナム反戦運動の経験の継承が見られた。その中には、ベトナム反戦運動のスローガン「殺すな」をそのまま再現する形を取るものもあった。また、一九七三年に解散した旧べ平連のホームページ（吉川勇一元事務局長が編集・管理）は、イラク開戦後、アクセス件数が急増したという。反戦の行動を起こす際、ベトナム反戦運動からヒントを得ようとした人が多かったことを物語っている。

ベトナム反戦運動では、既製の政党や労組に頼らない無党派の運動が各地に誕生した点に特徴があった。その代表例がべ平連だ。

べ平連は一九六五年四月、作家小田実、開高健、哲学者の鶴見俊輔らを発起人に結成され、代表には小田が就任した。運動の母体になったのは、六〇年安保に抗議する「声なき声の会」だ。べ平連は、従来の革新政党や労組などの組織論理に違和感を覚える個人を巻き込んでいき、全国各地に参加者を増やしていった。規約もなく綱領もなく、一人でも旗揚げできる自由な運動を標榜し、全国で三八〇を超えるベ平連が旗揚げした。

その活動は、月一回の定例デモ、『週刊アンポ』刊行のほか、新宿駅西口広場でのフォーク・ゲリラ集会（一九六九年、同広場で毎週末、三〇〇〇〜五〇〇〇人の若者が集まり反戦フォークソングを歌った）や、深夜テレビでの徹夜討論会、米紙『ニューヨークタイムズ』、『ワシントンポスト』への反戦意見広告など、当時としては画期的な手法で注目を浴び、今日の市民運動にも多大な影響を与えた。

また、一九六七年、米空母イントレピッドから脱走した四人の米兵を匿ってソ連経由でスウェーデンに出国させた出来事をきっかけに、ベ平連有志により「反戦脱走米兵援助日本技術委員会（ジャテック）」が結成され、一九六九年九月までに発表されただけでも約二〇人の脱走兵を国外に逃がして注目を浴びた。

ベ平連は一九七三年、パリ和平協定調印後に米軍がベトナムから撤退したことで、その目的を達したとして、翌年一月解散した。

だが、ベトナムの南北統一後に発生した大量のボート・ピープルやベトナムのカンボジア侵攻などを目の当たりにして幻滅した多くの日本人の中には、ベトナム反戦運動が結果的に北ベトナムを利することになったことから、批判の矛先を、運動の中心にいたベ平連に向ける者もあった。

ベ平連の中心となっていた文化人らが共有していたのは、太平洋戦争の経験から生まれた反戦への思いだった。その意味では、ベトナム情勢以前に、問題は自分たち日本人がベトナム戦争に対してどう振る舞うかというものだった。反戦広告をアメリカの新聞に出したり、米軍撤退をもってベ平連を解散してしまうなど、視線がベトナムそのものよりアメリカに向いているように見えるのも、運動の母体が六〇年安保にルーツを持っていたことなどと考え併せると、理由のないことではなかった。

戦争反対の一点に絞った運動は、広範な層の参加を可能にするための強みとなった反面、それ以上の問題には踏み込まないという原則のせいで、ベトナム内部の事情を議論しない、したがって理解も企図しないという自己完結的な弱さを持つことにもなった。

一九九〇年の座談会で、飯沼二郎元京都べ平連代表が、べ平連は「目の前で倒れている人がいたら手を差し伸べる運動だった」として、戦争終結後のボート・ピープル発生などのベトナムの混乱について「起きあがった人が泥棒したって（べ平連に）責任はない」と発言し、強い反発が起こった。反発は、当時の世論を牽引したべ平連にかかっていた期待や信頼の大きさを示すものと言える。

べ平連の運動内部でも、「ベトナムに平和を」の一点に目的を絞るのが適当なのか、アメリカが撤退したタイミングで解散してしまって良かったのか、など根本的な問題で意見の相違があったという。しかしまた、べ平連が、「共産党などの左派政党は支持しないが、戦争には反対だ」という広範な層の人々の受け皿になったことの意義は大きかった。

べ平連運動を初めとするベトナム反戦運動は、戦後生まれが成人となった一九六〇年代の日本で戦争の記憶の風化が急激に進む中、それを風化させまいとする試みでもあった。

ただ、小田実の「加害＝被害」論に見られるように、べ平連の中心人物たちは、戦争における加害と被害は表裏一体であると考え、戦争を知らない世代に戦争をアクチュアルな問題としてとらえてもらうため、ベトナム戦争における日本の加害を強調したにもかかわらず、その部分は必ずしも一般の記憶に残らなかった。

ベトナム反戦運動が日本人の記憶にとどまっているのは、「加害」よりむしろ、ベトナムと日本をアメリカによる爆撃の被害者として同一視した点にあるように思われる。それは、北爆を機に俄然世論が反戦機運に傾いたことに示されている。「唯一の被爆国」とか「平和国家」という、戦後の日本が被害者としての戦争の記憶の上に築いたアイデンティティーにつながるからこそ、あれほど世論がベトナムに共感を示したのではないだろうか。

❖回顧の中の六〇年代

このところ、長引く景気低迷や大企業の不祥事など、社会・経済システムの制度疲労が露呈する中で、高度経済成長時代を回顧し、そこから慰藉や教訓を得ようとする試みが多く見られる。NHKの人気番組「プロジェクトX」はその典型だ。

雑誌メディアでも同様の特集は多い。例えば、『文藝春秋』二〇〇三年九月号の「証言『日本の黄金時代1964―74』」。この特集記事の「所得倍増計画を掲げた池田内閣が東京オリンピックを花道に退陣した一九六四年から、田中内閣が総辞職する一九七四年まで」の「戦後の高度成長が絶頂に達した爛熟期」はちょうど、ベトナム戦争の激化から一九七五年のサイゴン陥落による終結にほぼ重なっている。

こうした番組や記事が近年メディアに頻々と現れるのは、高度成長時代に青春時代を過ごし、企業戦士として経済成長を支え、間もなく大挙して定年を迎えようとしている団塊の世代が、過去を振り返り、自分の来た道を問い直しているからだ。

当時を現在の時点から振り返ってみて、日本人のベトナムに対する態度とはどんなものだったのか。先にも述べたように、日本人は、自ら経験した戦争の悲惨にベトナム人の苦難を重ねて戦争反対を唱え、日本の経済成長が少なからずベトナムの戦場の悲惨の上に成り立っているという自覚もあった。だが、同時に成長がもたらす物質的豊かさに急速に慣れつつあり、それを捨てるつもりもなかったのだ。

一九六〇年には国会を十重二十重に巻いて激しい反対運動が展開された安保は、ベトナム戦争で日本が出撃・後方基地となる根拠になっていたが、アメリカの安全保障の傘の下に入ることで結果として軍事支出を抑制して経済発展に邁進できるという認識、いわゆる「安保効用論」によって、一九七〇年には難なく更新された。

いわば、「あらゆる戦争に反対する」という戦後日本のナショナル・アイデンティティーにかかわる理想主義と、アメリカ主導の安保体制下での経済成長という物質主義とが大きく交錯したのがベトナム戦争だった。結局、日本は経済成長の道を歩み、「昭和元禄」と呼ばれる繁栄を享受した。

一九八〇年代のバブル経済とその崩壊を経験し、高度消費社会の下で個人主義志向が行き着く所まで行った感のある現在の地点から当時を眺めれば、六〇年安保に始まり、ベトナム反戦運動、全共闘運動がピークを迎えた一九六〇年代とは、人々が政治を変えられると信じていた時代、変える対象となるべき、他者との一体感を持った社会の存在を信じていた時代、言い換えれば戦後日本の青春時代だったと見ることができる。

それはまた、「フランシーヌの場合」の女子学生のように、個人の発信したメッセージがインターネット不在にもかかわらず世界を駆けめぐり、歌に歌われた時代であり、ベトナム反戦の記憶は今も強烈な熱を放射している。現在の反戦運動が、ネットで瞬時に人を動員できる反面、参加者の顔が見えにくいのとは対照的だ。そこに、ベトナム反戦が当時を知る者の追憶をかき立て、知らない者の憧憬を誘う秘密がある。

三「ベトナム戦争のベトナム」を越えて――ベトナムへの視座

❖外国人の目、ベトナム人の目

二〇〇〇年三月、ハノイで、ベトナム戦争やカンボジア内戦など、インドシナ半島での戦争を取材中に命を落とした報道カメラマンの作品を集めた写真展が開催された。ベトナム戦争終結二五周年を間近に控え、AP通信の古参フォト・ジャーナリスト、ホルスト・ファース氏らがベトナム写真家協会などの協力を得て主催した。北ベトナム側の従軍報道カメラマンが撮影した写真も交えた写真展だった。

ただ、一般のベトナム市民の関心は高いとは言えず、来場者は主として関係者が多かった。ベトナムのマスコミの取り上げ方もしごくあっさりしたものだった。一方で、私がこの写真展の開催について書いた記事は、日本で夕刊に二段相当の写真付きで掲載された。大方のベトナム紙より扱いが大きかったのである。

日本人の関心のあり方と、ベトナム人のそれが同じである必要はないにせよ、私にはこの一件がどうにも気になった。

知人のベトナム人警察官に写真展の話をすると、「ベトナム人は今さら戦争の写真など見たくないのだ。自分の父も従軍カメラマンで、自宅には当時の写真がたくさんあるが、父は多くの仲間を亡くしたことを思い出すからと、取り出して見ることはない」と言った。

外国メディアを通じて世界に配信され、我々にとってはベトナム戦争を象徴すると考えられるようになった写真は、実際に戦争を体験したベトナム人にとっては、否応なく目にした日常の「見たくもない」光景だったのだ。

ベトナム戦争の写真といえば、こんなこともあった。ナパーム弾に焼かれ、苦痛に泣き叫びながら両手を広げて駆けて来る少女の有名な写真を見ていた時のことだ。「戦争の恐怖」というタイトルが付けられたAP通信のカメラマンの撮ったその写真は、その少女のポーズから、欧米ではキリストの受難にも喩えられ、ベトナム戦争の惨禍を証言する代表的な写真の一つに数えられている。

だが、同じ写真を見ていたベトナム人が、「彼女は後に国を脱出し、ユネスコの親善大使になったんだ」と一種の成功物語の主人公として羨望を込めて語るのを聞いて愕然とした。確かに、あの戦争で多くの人間が命を落としたことを考えれば、この少女は「好運」だったのだ。

こちらが当たり前と思っていた写真の文法がまったく当てはまらない世界がそこにあった。日本を含め、当時外側から見たベトナム戦争の姿は、一面的なものでしかなかったのではないかとおぼつかない思いにとらわれた。本稿冒頭に書いた「ベトナム戦争のベトナム」に対する既視感への不安が的中した思いだった。

ベトナム戦争のベトナムを思う時、外部の人間は、とかく戦争の悲惨とか、英雄的献身などといった、ややもすると図式的な見方にこだわってしまう。だが、バオ・ニンの小説「戦争の悲しみ」で活写されているように、より人間的な当時のベトナム人の姿が、少しずつではあるが、文学作品などで外部にも明らかにされつつある。

小説より、もっと直接的な手段も身近になった。ベトナムに行くことだ。一昔前なら、外交官や特定の企業関係者、新聞記者以外は、よほど冒険心のある人しか行かない国だったベトナムが、今やごく普通の海外旅行客を集めているのだ。そうした日本人が、何の予断も持たずベトナム人と接することで、大所高所からの主義主張に色付けされない等身大のベトナムの姿が見えてくるはずだ。そして、英雄でも何でもない普通のベトナム人の喜怒哀楽に触れ、彼らが何に悩み、何を願っているかに耳を傾けてほしい。

日本のベトナム反戦を代表する知識人の中には、九〇年代半ばになっても「民族自決を果たしたことが何より肝心で、自称社会主義国と共通の問題など大したことではない」と述べている人もいる。戦争終結後三〇年を経た今、普通のベトナム人がこれを聞いたら何と思うだろうか。三〇年前ならうなずいてくれたかもしれない。しかし、ベトナムも今ではもっと多様な社会になった。商品経済が発達し、貧富の差も広がり、人々は毎日の生活に喜びと不満を見出したのだ。

❖年表の出来事でなく

ホーチミン市で、抗米戦争中は米誌『タイム』などの記者として活躍しながら、その実は北ベトナム軍の情報将校だったファム・スアン・アン氏に話を聞いた際、「あなたは日本人なんだから、第二次大戦の日本軍の工作活動を取材したら」と言われ、どきりとしたことがある。ベトナムとアメリカの戦争を人ごとのように取材している、と言われた気がしたのだ。

年輩のベトナム人にとって「日本」と「戦争」といえば、仏印進駐の日本軍だ。ベトナムでは、日本軍による米の徴発で食糧不足になり二〇〇万人が餓死したとされており、そのことはホー・チ・ミンによる独立宣言に盛り込まれて、ベトナム人なら誰でも学校で学ぶ。それは、単に年表の中の出来事ではなく、今も生身の人間の記憶を伴っている。

中越国境貿易の取材で北部のランソン省を訪れた際、地元の老婦人たちが「兵隊さん」などと、知っている日本語を口にして近づいてきた時には、過去に日本軍が一帯にいたことを実感した。彼女らは「昔、日本の軍隊は我が国を蹂躙したが、今あなたがここに来たのは善意によるものだろうから歓迎する」と、堂々たる挨拶を寄こした。

また、私事になるが、ベトナム人の義父（筆者の夫はベトナム人）が、私の友人に問われるままに、「仏印進駐時代の日本軍が、米の徴発の猶予を願い出たベトナム人を軍刀で袈裟懸けに切ったのを見た」と言うのを耳にしたこともあった。自分の息子が日本人と結婚するのを、「ベトナムでは、中国料理を食べ、西洋の家に住み、日本人を妻にするのが理想の暮らしと考えられているんだよ」と歓迎してくれた義父が、そんな記憶を胸に秘めていたのだ。

私たち日本人が、ベトナム戦争以前の日本とベトナムの関係について知っておくべきであることは言うまでもない。ベトナム反戦を契機に、あるいは昨今の旅行ブームで、突然降ってわいたようにベトナムという国が日本人の関心の圏内に入ったように考えるのでは「健忘症」のそしりをまぬがれない。

日本とベトナムとの関係は、時代をさらにさかのぼれば、日露戦争での日本の勝利に感激したファン・ボイ・チャウ[*3]が中心となって日本に留学生を送り込んだ「東遊運動」や、徳川時代に殷賑を極めた朱印船貿易、そして名もない漂流民の往来もあった。

日本人のベトナムに対するイメージの浮沈が激しかったと冒頭述べたが、それは戦争の二〇世紀に限った話で、それ以前から脈々と続いている日本とベトナムの交流に視線を合わせ、二〇世紀の野蛮な戦争を二度と繰り返さないという反省の上に立って未来を見据える時、二つの国の間に実りある関係が生まれることを信じる。

＊3　**ファン・ボイ・チャウ**　ファン・ボイ・チャウ（一八六七〜一九四〇）はゲアン省出身の儒家で、一九〇四年に独立をめざして越南維新会を結成した。一九〇五年日本に渡り、ベトナム独立のための人材養成を目的として、ベトナム国内の青年たちに日本留学を呼びかける東遊（ドンズー）運動を起こした。

参考文献

池田五律　二〇〇三年「イラク反戦フィーバーで終わらせないために」『現代思想』二〇〇三年六月号（特集　反戦平和の思想）青土社
上原一慶、桐山昇、高橋孝助、林哲　一九九〇年『東アジア近現代史』有斐閣
NHK取材班　一九九五年『NHKスペシャル　戦後五〇年　その時日本は　第４巻』NHK出版
小熊英二　二〇〇二年『〈民主〉と〈愛国〉戦後日本のナショナリズムと公共性』新曜社
小倉貞男　一九九二年『ヴェトナム戦争全史』岩波書店
開高健　一九九〇年『ベトナム戦記』朝日文芸文庫
――一九八二年『輝ける闇』新潮文庫
亀山旭　一九七二年『ベトナム戦争』岩波新書
木村汎、グエン・ズイ・ズン、古田元夫編　二〇〇〇年『日本・ベトナム関係を学ぶ人のために』世界思想社
駒井洋監修・編著　二〇〇二年『国際化のなかの移民政策の課題』明石書店
清水知久　一九八五年『ベトナム戦争の時代』有斐閣新書
田中宏　一九九五年「第二部（アジア・太平洋戦争と日本）へのコメント」萩原宣之、後藤乾一編『東南アジア史のなかの近代日本』みすず書房
谷川榮彦編著　一九八四年『ベトナム戦争の起源』勁草書房
鶴見俊輔　二〇〇一年『戦後日本の大衆文化史』岩波現代文庫
鶴見俊輔、上野千鶴子、小熊英二　二〇〇四年『戦争が遺したもの』新曜社
徳岡孝夫　一九七六年「ベトナム戦争と日本人」『一億人の昭和史⑧日本株式会社の功罪』
友田錫　一九八六年『裏切られたベトナム革命』中公文庫
古田元夫　一九九一年『歴史としてのベトナム戦争』大月書店

本多勝一　一九九五年『本多勝一集　第十巻　戦場の村』、『同　第十一巻　北爆の下』朝日新聞社
松岡完　二〇〇一年『ベトナム戦争』中公新書
吉川勇一編集・解説　二〇〇二年『鶴見良行著作集2　べ平連』
吉澤南　一九九九年『ベトナム戦争――民衆にとっての戦場――』吉川弘文館

第二章　アメリカにとってのベトナム戦争
——今も続く「泥沼の教訓」論争

水野孝昭

ベトナム戦争がアメリカに与えた衝撃は、どれほど強調しても、し尽くせないだろう。それは、アメリカにとって史上最長の対外戦争だった。ケネディが軍事顧問団を南ベトナムに派遣した一九六一年から数えれば、足かけ一二年間。ジョンソン大統領が地上軍を投入した一九六五年から数えても、七三年のサイゴン撤退まで八年に及んだ。

それはまた、「負けた戦争」だった。五万八〇〇〇人の米兵の犠牲者を出したあげくに、南ベトナムから撤退。支援したサイゴン政権はその二年後にあえなく崩壊した。ベトナム側の犠牲者は三〇〇万人とも言われる。ニクソン大統領が「名誉ある撤退」と取り繕ってみせても、アメリカが初めて味わった軍事的、政治的、外交的敗北だった。さらに、二〇〇〇億ドルとも言われる戦費をつぎ込んだことでドル危機を招き、金・ドルの交換停止からドル切り下げを余儀なくされた。

「ベトナムの衝撃」は、第二次大戦後の世界で突出していたアメリカの覇権的地位を、揺るがせた。

1998年、ソンミ村虐殺事件の30周年記念式典に参加するため現地を訪れた元米兵のローレンス・コルバーン氏（右）とヒュー・トンプソン氏。コルバーン氏らは殺戮を止めようと友軍に銃を向け、村人数人を救った。（渡部恵子）

延べ三〇〇万人にも及ぶ兵力と核兵器以外のすべての最新兵器を投入しながら、東南アジアの小国の共産化を防げなかったというだけではない。何よりショックだったのは、アメリカの介入が現地の民衆の支持を得られない「間違った戦争」となり、道義的な意味でも「敗戦」になったことだ。

「アメリカが戦うのは、自由と民主主義のための戦争である」というウィルソン大統領以来の「良い戦争＝必ず勝つ」というコンセンサスが、この時から崩れた。ソンミ村の虐殺事件[*1]や枯葉剤作戦[*2]などが明るみに出て、アメリカの「大義」、モラルが地に墜ちたのである。ジョセフ・ナイの言葉を借りれば、「ソフトパワー」としても、アメリカは失墜したのだ。

第一次大戦では欧州の専制国家をくじき、第二次大戦では日独のファシズムを破り、朝鮮戦争では国際共産主義をくい止めた。アメリカは常に全体主義の侵略から「民主主義」を守るために戦ってきたはずだった。ベトナムでも同様に「自由と民主主義」を守るために介入していったのに、何が間違っていたのか。民族独立を目指す闘争を国際共産主義運動と同一視して阻止しようとした目的そのものが誤っていたのか。それとも、冷戦下の局地戦争と位置づけて、軍事介入の程度を限定したやり方、手段の選択が間違っていたのか。そもそも、アメリカが圧倒的な軍事力を海外で行使すること自体が、それまで信じられていたような正当なことだったのか。こうした論争が、アメリカ世論を分断して続いた。

その後も、アメリカが対外的に軍事力を行使するたびに、「ベトナムの教訓」をめぐる論争は再燃している。アメリカの「ベトナムの傷」は三〇年経っても癒えたとは言えない。

この章では、ベトナム介入から撤退に至るアメリカでの論争の展開と、ベトナム撤退後からイラク戦争に至る間の「ベトナムの教訓」の解釈の移り変わりを振り返ってみたい。

＊1　**ソンミ村の虐殺事件**　一九六八年三月一六日、中南部のクアンガイ省ソンミ村（現在の同省ソンティン県ティンケ村）を米軍の小隊が急襲し、無抵抗の村民四〇〇人以上を虐殺した事件。小隊長カリー中尉は終身刑を宣告されたが、一九七四年に釈放された。

＊2　**枯葉剤作戦**　航空機から枯葉剤を散布して樹木を枯らし、食糧を絶ってジャングルに潜む革命勢力のゲリラを掃討する作戦。一九六〇～六九年に実施され、猛毒のダイオキシンを含む枯葉剤約七二〇〇万リットルがメコンデルタやホーチミン・ルート上に撒かれた。

一　「ベトナムの英雄」と反戦活動家

ベトナムの首都ハノイ郊外のノイバイ空港に、アメリカの特別機が着陸したのは一九九二年一一月末のことだった。再選を目指したブッシュ（父）大統領が、民主党の若手ビル・クリントン候補に破れた米大統領選挙の直後だった。

水田に囲まれた滑走路に到着した特別機は、尾翼にアメリカの国章である鷲のマークをつけており、ひときわ目を引いた。タラップから降り立ったのは、ジョン・F・ケリー上院議員（民主党）だった。ベトナム戦争中に捕虜・消息不明になった米兵（POW・MIA）が「今もハノイの秘密の地下牢に捕らわれている」という情報がアメリカ内で流れ、米議会に設置された特別委員会の委員長としてブッシュ（父）大統領の親書を携えて、その真偽を確かめに来たのだった。

当時は一九九一年のソ連の崩壊で東西冷戦が終結し、長く戦乱が続いていたカンボジアでも、パリ和平協定に基づく和平プロセスが軌道に乗りつつあった。日本政府もアメリカの大統領選挙直後に、ベトナム軍によるカンボジア侵攻以来凍結していたベトナム向け円借款を再開していた。アメリカも「世界の成長センター」となった東南アジアの将来性に注目していたことから、アメリカによるベトナムに対する経済制裁の解除、さらには両国間の国交正常化までもが、現実の外交課題として話題になりつつあった。

だが、アメリカの保守派のベトナムへの感情的な反発は強かった。米政府がベトナムとの関係改善に前向きの動きを見せるたびに、「米兵捕虜がまだベトナムの秘密の牢獄にとらわれている」という情報がメディアに流されて、関係改善は棚上げになるという繰り返しだった。

一九九三年に発足したクリントン政権は、初の戦後生まれのベビーブーマー世代の大統領として、アジア外交でも新たなイニシアティヴが注目された。

だが、ベトナムに関する限り、クリントン大統領は慎重だった。九二年の大統領選挙でも、クリントン氏がベトナム戦争に参戦せずに英国のオックスフォード大学に留学、徴兵猶予を与えられた上、反戦デモに参加していたことが、「徴兵逃れの反戦リベラル」として格好の攻撃材料となっていた。それだけに、右派にとってのシンボルである「ＰＯＷ・ＭＩＡ」の扱いは、政権にとって腫れ物に触るようなデリケートな問題だったからだ。

世論の反発をおそれて動けないクリントン政権に代わって、アメリカ側でこの問題に正面から取り組んだのが米議会のベトナム戦争経験者たちだった。中でもジョン・Ｆ・ケリー上院議員は民主党リベラル派の代表として、保守派を代表する共和党のジョン・マケイン上院議員とともに、上院の特別委員会を主導していた。二人は時には一緒にベトナムを訪問して、ベトナム当局とホワイトハウスとの橋渡し役も果たしていた。

ケリー氏は六八年から七〇年まで海軍士官としてベトナム戦争に参加。解放勢力の拠点だったメコンデルタ地域で、高速哨戒艇の指揮官としてパトロールなどに従事した。ジャングルの中を網の目のように走る河川を、特殊部隊を乗せてゲリラ支配地域の村落まで輸送する任務もあった。敵との激しい交戦で負傷したり、攻撃を受けて自分の船から川に落ちた同僚を救出したりした功績で、数々の勲章を受けている「ベトナム戦争の英雄」だ。

だが、除隊後は、ベトナム戦争を激しく非難。一九七一年には議会の公聴会でベトナム戦争を糾弾する証言に立ち、議会前で勲章を投げ捨てるパフォーマンスを演じるなど反戦運動の指導者となった。その後、政治に身を投じて、マサチューセッツ州副知事を経て上院議員に当選。レーガン政権当時のイラン・コントラ事件[*3]を追及するなど外交委員会での活躍で知られていた。

一方のマケイン氏は、やはりベトナム戦争に海軍パイロットとして参加。搭乗機が撃墜されて北ベトナムの捕虜となり、五年半もの間「ハノイ・ヒルトン」と皮肉交じりに呼ばれたハノイのホアロー刑務所での牢獄生活を送った。やはり「ベトナムの英雄」である。アリゾナ州選出の共和党議員で、政治信条はケリー氏と対照的だが、強い信念と率直な発言で党派を超えた信望を集めている。

ハノイ特派員だった私は、ホアロー刑務所や軍事博物館などを視察した後のケリー、マケイン両氏の記者会見に出席した。長身のケリー氏は壇上でマイクに向かって身をかがめるようにしながら、「われわれの見た限りでは、米兵捕虜がベトナム当局に捕らわれている証拠は一切ない」と断言してみせた。隣の席に座っていたマケイン氏も肯いた。

記者団からの質問は、ＰＯＷ・ＭＩＡ問題から、和平プロセスが始まりつつあったカンボジア情勢に及んだ。ベトナム人記者が、「アメリカがベトナムに経済制裁を続けているのは不当だ」と批判した後、アメリカによる制裁の根拠となったベトナムのカンボジア攻撃をどう考えるか、と見解をただした。ケリー氏は微笑しながら、「クメール・ルージュ（ポル・ポト派）をベトナムが打倒したことは、人道的見地から見れば称賛すべきことだ」と答えた。アメリカの政治家からの思わぬ賛辞に、会場はどよめいた。私の隣にいたベトナム外務省関係者は「こういう政治家が将来、アメリカの大使になってくれればいいのに」とうれしそうだった。

一九九五年にクリントン大統領がベトナムとの国交正常化を発表した時も、ケリー、マケイン両氏はホワイトハウスの執務室でクリントン大統領の横に立って、その決断を支持する姿勢を示した。この二人の存在は、アメリカ民に左右を問わずベトナムとの和解が達成されたことを示すために必要な演出だったのだ。

だが、実際には、「ベトナムの傷」はアメリカ社会のずっと深いところでうずいていた。

私が取材したハノイ訪問から一〇年以上経って、ケリー氏は二〇〇四年の大統領選挙の民主党候補になった。すると、保守派の元帰還兵グループが、ベトナム戦争中にケリー氏が敵前で同僚を救ったという軍歴を「詐称だ」と中傷するキャンペーンを展開した。「祖国を裏切った反戦運動活動家あがりが、今になって『ベトナムの英雄』を気取るのは許せない」というのが、こうした保守派の批判だった。ケリー氏も激しく反論。マケイン氏も巻き込んで、国をあげての一大論争に発展した。

ベトナム戦争の評価をめぐって、いまだに感情的な対立が続いており、アメリカが「ベトナムの影」

＊3　**イラン・コントラ事件**　一九七九年のイラン革命後に発生したテヘランの米大使館占拠事件の際、人質解放の取り引きのために米政府職員がイランに武器を売却し、その利益の一部を議会の承認を得ずにニカラグアの反政府ゲリラ「コントラ」に流していた事件。一九八六年一〇月に発覚し、レーガン大統領は当初関与を否定していたが最終的に嘘を認めた。

から逃れられないことを改めて見せつけられた選挙だった。ベトナム戦争の幕引きを演じたキッシンジャーも「南北戦争以来、ベトナムほどアメリカの良心を焼き焦がした戦争はない」と述べ、ベトナム戦争をめぐるアメリカ内の分裂ぶりを「ほとんど内戦」と形容している〔Kissinger 2003〕。

サイゴン撤退から三〇年以上も経っても、なぜベトナム戦争はこれだけの波紋を呼び続けているのか、その理由を、歴史を振り返りながら考えてみよう。

二「偉大な社会」とベトナム

まず第一に、ベトナム戦争はアメリカにとって、「リベラル派の戦争」だったことを思い起こしておこう。ここで言うリベラル派とは、「自由」「民主主義」「人権」といった価値観を実現するために国内外を問わず政府の介入を積極的に支持する考え方だ。国内では、民族的少数派の保護など社会的な公平を重視し、連邦政府に教育、福祉などで進歩的な政策を求める。国外でも、共産主義の圧制に対抗する政権には「自由と民主主義」を守るため軍事面を含めて積極的に援助・介入する政策をとる。公民権運動はじめ国内での改革推進の担い手たちが、ベトナム戦争の初期の段階では米軍の介入を強く支持したのだ。

ベトナムで宗主国フランスに取って代わって反共勢力へのテコ入れを始めたのは、共和党のアイゼンハワー政権だった。だが、軍事介入へのレールを敷いたのは、「ニューフロンティア」の理想を高々と掲げた民主党のケネディ大統領であり、「北爆」開始と海兵隊派遣で本格的な戦争に突入したのは、その後継者のジョンソン大統領である。

❖「泥沼」のはじまり

ベトナムを含むインドシナ半島は当時、朝鮮戦争に続くアジアの共産主義の侵略・拡張の対象と捉えられていた。

ほとんどのアメリカ人が地図で場所を示せないような東南アジアの小国・ラオスの高原地帯が、欧州のベルリンとならぶ東西対立の主戦場とみなされていた時代だった。「南ベトナムが共産化すれば、近隣の東南アジア各国に共産化の波は広がり、日本に至るまで次々と将棋倒しのようにアジア全体の共産化が起きる」というのが、ダレス国務長官の唱えた「ドミノ理論」だった。この信条は共和党だけでなく、東西冷戦のもとで、アメリカのエスタブリッシュメントの間で共有されていた。「自由と民主主義の護民官」を自認するアメリカにとって、国際共産主義の拡張・支配を阻止するために介入すること、必要ならば軍事力を投入することは当然の帰結だった。ケネディ政権が始めた発展途上国へのアメリカ青年のボランティアの「平和部隊」[*4]派遣と米軍のベトナム介入は、使命感に燃えたアメリカのリベラル国際主義者の意識の上では、いわば表裏の関係にあったと言える。

『ニューヨークタイムズ』紙のサイゴン特派員だったデービッド・ハルバースタムは、自らのベトナム報告を『泥沼の誕生（The Making of Quagmire）』と名付けた［Halberstam 1965］。アメリカがいったん介入した以上、南ベトナムに「自由と民主主義」を実現しないままでは撤退できない。だが、現地の政権は「反共」という価値こそアメリカと共有しているものの、民衆の支持は得られず、アメリカの介入がその唯一の支えとなる。その結果として、アメリカは軍隊を引くに引けず、軍事介入をエスカレートさせて逆にベトナム民衆の抵抗を招いて、自らの威信を傷つけていく。こうしたジレンマを喩えた言葉だった。「泥沼（quagmire）」という言葉は、その後のベトナム情勢を表現する際に、必ず引かれるシンボルになった。

そのハルバースタムは著書『ベスト・アンド・ブライテスト』の中で、ベトナムへの介入を進めたケネディ政権の人々について「国内でアメリカンドリームを実現するより、世界各地にその夢が実を結び、国際社会におけるアメリカの役割に新たな強いダイナミックな精神を吹き込むために、アメリカ各地から最高、最優秀の人々が集められた」と表現している［Halberstam 1972］。「神童」とうたわれたフォード社の元社長ロバート・マクナマラ国防長官、ハーバード大学から迎え入れたマクジョージ・バンディ大統領補佐官、制服組きっての知性派マクスウェル・テーラー統合参謀本部議長らである。

彼らは「反共」という点ではアイゼンハワー共和党政権と共通だったが、アジア・アフリカ世界への共産勢力の拡張を防ぐために、アメリカによる「責務」として積極介入を辞さないという姿勢だった。親米反共政権を軍事・物資援助で支えるだけでは不十分で、土地改革など国内での社会改革を進める必要性があることも認識していた。アメリカの援助で途上国の社会改革を進めて経済成長を軌道に乗せることで共産化を防止するというシナリオを理論化したのが、マサチューセッツ工科大学（ＭＩＴ）出身のウォルト・ロストー大統領補佐官らの「近代化論」である。アメリカの大学でこの時期に「地域研究」がてこ入れされた背景には、こうした政治の要請があった。

その適用モデルの一つとして考えられたのが、当時の南ベトナムだった。ゴ・ディン・ジェム政権への軍事顧問団[*5]の派遣と同時に、農民とゲリラの分断をはかる「戦略村」（一三五頁参照）建設などの援助事業も進められた。だが、実際に介入を始めてみると、アメリカの思い描いた通りには進まないことが明らかになる。いったんアメリカの後ろ盾を得たジェム政権は、仏教徒をはじめとする反政府勢力を弾圧。現地の農村の実態を無視して強引に進められた「戦略村」建設は、農民たちを離反させて現地の反感を買うばかりだった。アメリカも強権政治に走るジェム政権を見放して軍事クーデターを黙認することになる。当時の「理想主義」に燃えた献身的なアメリカの若手士官が、ベトナムの現実に触れて戸惑いと幻滅を味わう過程は、ニール・シーハンの著書『輝ける嘘』（*A Bright Shining Lie*）

＊4　**平和部隊**（Peace Corps）　一九六一年にケネディ大統領によって設立された青年による海外援助部隊。発展途上国に対して教育、農業、医療などの分野で支援活動を行なうボランティア部隊。アメリカ政府による介入政策の一翼を担うものとして批判されることもある。

＊5　**軍事顧問団**　在ベトナム軍事顧問団（MAV：Military Advisors in Vietnam）。アメリカの軍人がいったん米軍を離れて南ベトナム軍に編入され、軍事技術の指導を行なった。ケネディ政権下でベトナム介入政策が進み、在ベトナム軍事援助司令部（MACV：Military Assistance Command in Vietnam）に改組された。ＭＡＣＶは南ベトナム軍には編入されず、米大統領の指令で行動した。

に活写されている。

ハルバースタムも以下のように総括している。

「ベトナム介入の現実と、それがベトナム農民に与えている影響の実態が明らかになるにつれてケネディは一段と不安になった。大統領が苦渋の中に学びつつあった教訓は、後継者のジョンソン大統領もやがて大きな犠牲を払って学ぶ教訓でもあった。すなわち、軍部の関係する政策について、大統領が指導力を発揮できるのは、その政策が実施されるまでで、いったん事態が進行し始めると、その政策は独自の生命力をもって大統領といえどもその勢いを抑えることはできない、という教訓である」［Halberstam 1972］

❖本格介入と反戦運動

ベトナム戦争を本格戦争に拡大し、アメリカの威信をかけた戦いにしたのは、ケネディ暗殺を受けて一九六三年一月に就任したジョンソン大統領だ。六四年八月に北ベトナム沿岸のトンキン湾で情報集活動をしていた米駆逐艦マドックス号が北ベトナムの哨戒艇に攻撃されたとされるトンキン湾事件をきっかけに、ジョンソン大統領は報復爆撃を決断。六五年二月からは北ベトナムに対する「北爆」を開始した。出撃基地を守るためとして、海兵隊など本格的な戦闘部隊も投入して、戦闘をエスカレートさせて「泥沼」へ深入りしていく。米議会も大統領に戦争遂行権限を白紙委任するトンキン湾決議を採択した（ちなみに、ベトナム人民軍のヴォー・グエン・ザップ元司令官は、米駆逐艦マドックス号への魚雷攻撃はアメリカの主張した二回ではなく、一回だけだったと主張している。一方、マクナマラ氏はベトナム体験を語ったドキュメンタリー映画「フォッグ・オブ・ウォー」で、二回目の攻撃の有無について、今も謎だと述べている)。

皮肉なことに、国内政策では、ジョンソン大統領は六四年五月に貧困と人種的不公平の廃絶を目指す「偉大な社会」の建設を打ち出し、七月にアフリカ系アメリカ人への差別撤廃を決めた公民権法を成立させたばかりだった。「偉大な社会」のビジョンは、進歩的で強力な中央政府が都市の貧困対策や公教育の再建に取り組み、経済のパイを拡大することで少数民族や産業労働者、南部の農業資本家などアメリカ社会の様々な階層を統合しようという発想だった。いわばルーズベルト大統領以来の民主党の支持基盤であるニューディール連合の総仕上げを図ったとも言える。

ジョンソン大統領は「偉大な社会」の構想を示した一九六四年五月のミシガン大学での演説で、「数年前、われわれは『醜いアメリカ人』[*6]のことを心配していた。いまや、われわれは醜いアメリカを防ぐために行動しなければならない」と呼びかけ、喝采を浴びた。マクナマラ氏の回顧録によると、ジョンソン大統領が北爆を恒常化させるきっかけとなる六五年二月の「ローリングサンダー作戦」の決断に当たってアメリカ国民に十分な説明をしなかった理由は、「偉大な社会」建設のための予算を議会を通過させるのに、余計な問題を抱え込みたくなかったからだという［McNamara 1995］。

老練な政治家として議会の駆け引きに長じていたジョンソン大統領にとって、海の向こうの東南ア

＊6　**醜いアメリカ人**　一九五八年にベストセラーとなったレデラーとバーディックの小説。共産主義に対抗して東南アジアに介入するアメリカを批判的に描き、その題名は現地の実情に無知で利己的なアメリカ人の代名詞となった。主人公の米大使は東南アジアでＣＩＡの工作を指導したエドワード・ランズデールをモデルにしている。

ジアの戦火の深刻さは、まだ実感できなかったのだろう。だが、すぐに苦い思いをすることになる。介入決定の批判を浴びた大統領は「ベトナムは征服欲に駆り立てられた強力な侵略の舞台だ。共産主義の膨張主義が現在の世界において最も活発に活動しているところである」と繰り返し反論しなければならない立場に追い込まれることになった。

「北爆」が開始された直後の段階では、批判の声をあげたのは少数派だった。権力政治のリアリズムから「この戦争は内戦である」と喝破した国際政治学者ハンス・モーゲンソーら一部の知識人や学生組織にとどまっていた。一九六五年七月のギャロップ社の世論調査では、五七％がジョンソン政権のベトナム政策を支持しており、反対は二七％に過ぎなかった［McNamara *ibid.*］。反戦運動がアメリカ国内で大規模に盛り上がるのは、米兵の死傷者数が加速的に増えてからだ。

南ベトナムへの米軍の投入兵力は一九六五年に一八万人をこえて、六六年には四八万人、最大時には五四万人に達した。同時に米軍の死者数も六五年の一三六九人から六六年には五〇〇八人、六七年には九三七八人と年を追うごとに急増していった。

こうした事態を受けて、政界の中心ワシントンでも批判が出始めた。嚆矢となったのは一九六六年二月に上院で開かれた公聴会で、アメリカの冷戦時代の「封じ込め」政策の立案者ジョージ・ケナンらがベトナムの現状を「過剰介入」として米軍の撤退を主張した。また、「ハト派」の代表格、上院外交委員長ウィリアム・J・フルブライトも著書『力のおごり』で、アメリカの戦争目的そのものが「他国への過度のかかわり合いだ」として、「混乱を極めているところに安定を作り出し、敗北主義のあるところに戦意を作り出し、民主主義の伝統のないところに民主主義を作り出し、汚職が日常茶飯事となっているところに正直な政府を作り出すことが、はたしてできるのかどうか」と正面からベトナム政策の転換を求めた［Fulbright 1966］。フルブライト議員のような「リベラル本流」とケナンのような現実主義者の双方から共通して「過剰介入」という批判が出たことは、ベトナム戦争の評価をめぐってアメリカ世論が従来の政治的色分けを超えて分裂していく構図を象徴していた。

当時、フルブライト委員長のスタッフをしていたクリントン前大統領は、その雰囲気について、こう記している。

「しだいに、公民権運動の戦闘性と反戦運動の戦闘性のあいだの線が不明瞭となってきた。反戦運動は、中流階級と裕福な白人の大学生、そしてそれを支援する年上の知識人や芸術家や宗教指導者の抗議運動として始まったが、その初期のリーダーたちの多くは、公民権運動にも関わっていた。一九六六年の春には、反戦運動は企画者の意図を超えて拡大し、アメリカじゅうで大規模なデモや集会が行われた。フルブライトの聴聞会に対する国民の反応も、その盛り上がりに一役買っていた」［Clinnton 2004］

それまで「アメリカの大義」を疑わなかったメディアの報道ぶりも、変わり始めた。『ニューヨークタイムズ』のニール・シーハンは、一九六二年から六四年、六五年から六六年と二回にわたりベトナム特派員を務めた。彼は「ハト派ではない。しかし、もうタカ派でもない」と題したベトナム報告を、六六年一〇月九日号の『ニューヨークタイムズ・マガジン』に発表。一回目の任期を終えた時には「多くの問題はあっても戦争は正しいと信じていたタカ派」だった自分が、二回目の任期を終えた時点では打って変わって、「もうタカ派ではない」と戦争への懐疑を表明した。彼は「ベトナムで非共産勢力が、共産ゲリラを制圧して進歩的で人間的な社会を建設できると信じていたのはナイーブだった」と自己批判してみせた［Neil Sheehan 1966］。

こうしたメディアの姿勢転換が、反戦世論を加速させていく。一九六七年春のニューヨーク、秋のワシントンと数十万人規模の反戦集会が開かれるようになった。ミシガン州立大学で始まった「ティーチ・イン」と呼ばれる徹夜の討論会が、燎原の火のように各地の大学キャンパスに広がった。

また、ジョンソン大統領が一九六七年秋にベトナム戦費調達のための増税を決めたことから、「ベトナム」は一般家庭の財布にも影響する問題として意識され始めた。大義とコストの両面から、ベトナム戦争の長期化と拡大に反対する声が広がり始めた。

アメリカの一九六〇年代後半は都市での人種暴動が続き、「ブラックパワー」をスローガンにした黒人解放運動、ベティ・フリーダンの女性のための全国運動（ＮＯＷ）などの女性解放運動、インディアン征服の歴史の見直しを迫る先住民解放運動などが一斉に噴出した。これらの「反体制」運動は、次第にベトナム反戦運動と合流していく。

各種の運動は、共鳴しあい、連動して、政治・社会・文化を合わせた、それまでの「アメリカ」全体への異議申し立ての動きになっていった。それは、フォーク・ロックなどの反戦プロテストソング、「イージーライダー」などのニューシネマから、Ｔシャツ、ジーンズに長髪というファッション革命、さらにはマリファナ、ＬＳＤといったドラッグにいたるまで広がり、その後の世界中の若者世代の思考・生活スタイルを大きく変えていった。

❖分裂するアメリカ世論

アメリカ内で戦争の先行きに疑問を抱く声が高まりつつあったまさにその時に、北ベトナム・解放戦線側は大規模な軍事攻撃をしかけた。六八年一月末の「テト（旧正月）」を期して行なわれたテト攻勢、サイゴンはじめ南ベトナムの主要都市への一斉奇襲攻撃である。これまでのジャングルや農村での散発的な掃討戦に代わって、都市での市街戦が各国メディアの目の前で展開された。首都サイゴンのアメリカ大使館も解放戦線に一時占拠され、中部の古都フエでは三週間にわたって激しい攻防戦が続いた。

軍事的に見れば米軍と政府軍の反撃で解放勢力の主力は大打撃を被ったことが、現在では明らかになっている。だが、解放勢力の強固な戦闘意欲を見せつけられたアメリカ世論は「勝利の見通しが立たない戦争」と受け止め、大きなショックを受けた。ＣＢＳイブニング・ニュースの人気キャスター、ウォルター・クロンカイトら主流メディアも、現地から戦局の先行きに懐疑的なコメントを送り始めた。ジョンソン大統領自身もクロンカイトの現地レポートを見て、「これは転換点だ」と絶句したというエピソードも伝えられている。これを境に、アメリカ内では「ベトナム反戦」の声が急速に高まっていく。

ただ、ベトナム戦争に反対する立場にも、①「アメリカ帝国」の対外介入そのものに反対するラディカル派の立場と、②アメリカの「国益」から見て「行き過ぎた介入」だという現実主義者の立場、③軍事介入は間違っていないが、手段が不適切あるいは不十分だという保守派の立場と、それぞれに大きな違いがあった。こうした立場の違いは、のちの論争の原型となっていく。

一九六八年は米大統領選挙の年だった。「テト攻勢」は早期勝利の見通しを掲げていたジョンソン大統領にとって、致命的な打撃となった。一方、ウェストモーランド将軍は、反攻に出て一気に戦局の主導権を握ろうと追加派兵を求めた。だが、大統領は拒否し、三月の大統領声明で「北爆」の部分停止とハノイへの交渉呼びかけ、さらには自らの再選不出馬宣言を行なった。

ここに、アメリカはベトナムでの「敗北」を事実上、認めたことになる。一九六八年秋の大統領選で民主党のハンフリー候補を僅差で破ったニクソン大統領は、キッシンジャー大統領補佐官とともにベトナムからの「名誉ある撤退」を目指していく。アメリカ内で反戦世論が盛り上がった末に、国論の分裂が決定的になったのはこの時期だった。それまでの戦争では「英雄」扱いだった帰還兵が、ベトナムの場合は「ベビー・キラー（赤ん坊殺し）」の汚名を着せられて周囲から白眼視されるようになる。そうした困惑とやり場のない憤りは、映画にもなった『七月四日に生まれて』の主人公、車椅子の帰還兵の姿に象徴されている。［油井　一九九五］。

❖強まる不信

一九七〇年のシーモア・ハーシュによる中部ソンミ村での米軍による村民虐殺事件の報道や、シーハンらが中心となった七一年の『ペンタゴン・ペーパーズ』*7の暴露などによって、アメリカ世論はベトナム戦争を遂行する政府への不信を決定的に強めた。六九年からアメリカは徴兵抽選制が敷かれた。大学キャンパスの学生たちにとっては「ベトナム行き」は深刻な問題であり、徴兵拒否運動も始まった。評論家のジェームズ・ファローズは、当時のハーバード大学の学生の間で、絶食や仮病を装うなどさまざまな方法の徴兵逃れが試みられていたことを回想している［Fallows 1988］。若きクリントン前大統領も、幼友達がベトナムで戦死したことを知り、涙を流しながら苦悩した一人だ。

「一九六九年の春、ただひとつの国家への奉仕は兵役だった。そして、その規模は〝戦死者数〟という冷酷な用語で測られた。わたしは友人の死を悼んで泣いた。そしてふたたび、オックスフォード大学へ留学を決意したのは、戦争に反対する意思より、生きながらえたいという願望をかなえるためではないのかと自問した」［Clinton 2004］

ベトナム戦争中に一六〇〇万人のアメリカ人男性が合法的な手段で徴兵を逃れた。八七〇万人が志願入隊し、二二〇万人が徴兵された。一方で、二〇万九〇〇〇人が徴兵を忌避したり、拒否したりした。そのうち、八七〇〇人が有罪判決を受けたという［Clinton *ibid.*］。その一方で、ブッシュ現大統領のように、その気になれば、親の政治力などを行使して州兵などベトナム行きを回避できたエリートたちもいた。アメリカのベトナム世代なら、多かれ少なかれ、こうした心の傷がうずく体験をそれぞれ抱えていることが、「ベトナム」が単なる外交論争を超えた感情的な論争にならざるを得ない要因だろう。

反戦運動は激しさを増し、民主党では旧来の主流派だったリベラル派に代わって、ラディカル派が

＊7　**『ペンタゴン・ペーパーズ』の暴露**　ペンタゴン・ペーパーズは、マクノートン国防次官の指令で作成されたベトナム戦争に関する極秘報告書。インドシナ地域に対するアメリカの介入政策の詳細が記されている。執筆者のダニエル・エルズバーグらが『ニューヨークタイムズ』紙のニール・シーハン記者などに漏洩し、一九七一年に同紙と『ワシントンポスト』紙によって報道された。

発言力を増していく。戦争反対を唱える知識人の間でも、それぞれの立場の分裂が鮮明になった。旧来のリベラル派が、アメリカの動機は善意から出発していたが場所と手段の選択を誤ったと批判したのに対し、言語学者ノーム・チョムスキーやマルクス主義者のガブリエル・コルコらラディカル派は、アメリカは帝国主義的な利害から第三世界の支配を目指しており、必然的にベトナム介入という事態を招いた、と断じた〔Tucker 1971〕。保守派にとっては、後者の批判はアメリカという国家のあり方そのものを否定することになる。日本の右派の言葉を使えば、アメリカ版「自虐史観」ということになるのだろうか。

ニクソン政権はカンボジア侵攻、クリスマス爆撃などで戦闘をエスカレートさせた末に、一九七三年一月にパリ協定を締結して米軍の南ベトナムからの撤退を正式に決めた。ニクソン政権はその後も南ベトナム政府にテコ入れを続けたが、七五年四月にサイゴンは陥落。ベトナムは共産政権によって統一されることになった。

三　「ベトナム症候群」とその反発

ベトナム戦争の敗北によってアメリカ国民が負った心理的打撃、いわゆる「ベトナム症候群」によって、一九七〇年代後半のアメリカは対外的な軍事力の行使に慎重になった。カーター政権は「人道外交」を掲げて、米外交の伝統である道徳主義的アプローチへの回帰を目指した。しかし、ソ連のアフガニスタン侵攻やイランの米大使館人質事件への対応が「弱腰過ぎる」という批判を招き、保守派のレーガン氏に敗北することになる。

一九八〇年代のレーガン政権の下での「保守革命」は、ベトナム戦争に対する反省の「行き過ぎ」に対する保守派からの反発として起きてきた。ブッシュ現政権で大きな発言力を持った「ネオ・コンサーバティヴ」と呼ばれる知識人グループも、ポール・ウォルフォウィッツ国防副長官、ジーン・カークパトリック元国連大使ら、かつての民主党支持層がベトナム戦争以後の民主党の「左傾化」、特にソ連に対する「融和的対応」に幻滅して、共和党に「転向」した新・保守派グループである。

レーガン政権は「強いアメリカ」の再建を掲げて、ベトナム以来の「ベトナム症候群」との訣別を目指した。だが、「戦争屋」とまで呼ばれた強硬なレトリックとはうらはらに、実際に米軍を投入した介入事例を振り返ってみると、パナマ、グレナダなど伝統的にアメリカが「裏庭」とみなしてきた西半球に限られていた。それ以外の地域では、レバノンからの地上部隊の撤退など、実は意外と抑制されていたことに気づく。

保守派にとってベトナムは、アメリカ内の反戦運動やメディアによる妨害によってアメリカが本来の力を存分に発揮できず、いわば「背後からの一刺し」で戦意をくじかれたために負けた戦争だった。その解釈が正しいかどうかは別として、保守派の中でも彼らなりの「ベトナムの教訓」は残った。彼らの学んだ教訓を、レーガン政権で国防長官を務めたキャスパー・ワインバーガーが一九八四年一月に「ワインバーガー・ドクトリン」として要約している。

アメリカが軍事力を行使する際に、ワインバーガーは①アメリカまたは同盟国にとって死活的に重要な国益が侵害された場合で、②介入に世論と議会の確固とした支持があり、③達成すべき政治的・軍事的目的が明確であり、④その目的と投入された軍事力についてたえず再評価が行なわれること、別の言い方をすれば、「出口戦略」つまり撤退の時期や条件がはっきりしていること、を事前に検討すべき点としてあげた。

このワインバーガー・ドクトリンは、ベトナム戦争によって最も傷ついた米軍の制服組の思いを率直に反映していた。この教えを最も忠実に守ったエリート軍人がコリン・パウエルである。

ニューヨークのサウスブロンクスで、ジャマイカ移民の息子として生まれたパウエルも大学卒業後、職業軍人の道を選んだ。一九六二年にベトナムに派遣され、一年間、第一線の南ベトナム軍部隊の軍事顧問を務めた。赴任前に除隊する機会もあったが、「黒人の若者として、軍隊以外は何も知らない若者だった」というパウエルは、山岳少数民族の住むラオス国境で北ベトナムから解放勢力への補給路ホーチミン・ルートの監視役につく。ジャングルでの戦闘を経験して、「枯葉剤作戦」のさきがけとなるゲリラ攻撃防護のための除草剤の散布にも従事した。「枯葉剤作戦」についてパウエルはこう述べる。

「われわれはなぜ家を焼き、作物を枯らしたのか？　ホー・チ・ミンはかつて、人民は海のようなもので、ゲリラがそこで泳いでいる、と言った。われわれの問題は友好的な、あるいは少なくとも中立的な魚をいかにしてベトコンが泳ぐ海のそばから消滅させるかということだった。そこで、この問題を解決するために、海を魚が住めない状態にしたのである」「こうして、いま文字にして読むと、いかに背筋の凍る思いがするとしても、当時の私としては上官の知恵を信じ、それに従うことを教えられていたのである。自分たちがやったことについて、私は良心の呵責を感じはしない。これは両刃の剣の対ゲリラ戦略なのだ。ベトコンは北ベトナムに支援されていたのであり、その北ベトナムを支援していたモスクワと北京は、自由と民主主義のグローバルな戦いにおけるわれわれの天敵だった」［Powell 1995］。骨の髄まで忠実な軍人であるパウエルらしい感想だ。

彼はベトナムの教訓をこう述べる。

「戦争は政治の最後の手段となるべきなのだ。そして、戦争に行くときは、国民が理解し、支援する目的がなければならない。ベトナムでは、われわれは生半可な気持ちで中途半端な戦争に加わり、国民の半数は反対か無関心なままだった」

「われわれが戦う相手は自らの大義を信じ、どれほど高い犠牲であっても、それを払う意思をもっていた。だが、われわれの国はそうではなかった」［Powell *ibid.*］

彼はレーガン政権では大統領補佐官を務め、父ブッシュ政権では制服組トップの統合参謀本部議長として湾岸戦争を指揮した。さらに息子ブッシュ政権では、一期目の国務長官に就任。ネオ・コン派と対立して政権内で孤立しながらも、穏健な国際主義者としての立場を守った。

四　湾岸戦争以後の「ベトナムの教訓」

冷戦終結後に起きたイラクのクウェート侵攻に対応した父ブッシュ大統領は、一九九〇年八月の侵攻直後にアメリカの対応策を検討した際の、政権の主要メンバーの反応の違いに触れている。スコウクロフト大統領補佐官との共著の回顧録によると、その時、ベーカー国務長官は「もう一つのベトナムに足を取られて、世論の支持を失い、政権が崩壊する」ことをおそれて、外交や経済制裁を優先すべきだと主張した。チェイニー国防長官（現在の副大統領）は、遅かれ早かれ米軍を投入することになると見越していた。パウエル統合参謀本部議長は「戦いになるなら、中途半端なやり方だけはやめてほしい。大統領がどんな選択肢を求めるにせよ、決定がいったん下されたなら、十分な兵力と行動の自由を保証してほしい」と求めていた。もちろん、ブッシュ大統領はその要請を認め、「政治指導者が軍事作戦の内容にまで口をはさむようなベトナム戦争の時に起きたような問題は、繰り返したくなかった」と強調している［Bush and Scowcroft 1998］

国連などでのサダム・フセイン政権との外交交渉が行き詰まり、いよいよ米軍投入の決断を迫られる時期となった同年一二月の時点でも、「ベトナムの経験から、軍にはこの見通しを歓迎しないムードが残っていた。政治家によって戦場へ行けと命令されながら、国内の政治ムードが一変してしまったとの思いからだ」と述べて、ワインバーガー氏の原則に触れている。

一九九一年になって湾岸戦争が実際に始まってからも、ソ連のゴルバチョフ大統領に空爆の一時停止を要請された際にそれに応じるかどうか（ジョンソン、ニクソン両大統領とも北爆の一時停止で、かえって内外の政治的な圧力を受けただけだった、として要請を拒否）、空爆をどの時点で打ち切って地上部隊を投入するかなどの重要な決断の局面ごとに、ジョンソン政権のベトナム戦争のやり方を「反面教師」として思い起こしていたことがわかる。

❖思いとどまった追撃

おおかたの予想を覆して、地上戦の開始直後からイラク軍は抵抗らしい抵抗もせずに敗走を重ね、短期のうちに多国籍軍の圧倒的な勝利が確定した。とうとうイラク軍をクウェートから一掃した一九九一年二月末、高揚したブッシュ大統領は「われわれはついにベトナム症候群を克服できる」と手放しの喜びに浸る。第二次世界大戦にパイロットとして従軍したブッシュ大統領も、ベトナム反戦運動には苦い思いを抱いていた。ベトナム戦争中に下院議員としてエール大学などの卒業式で記念演説した際に、卒業生が演壇に背を向けて抗議する騒ぎがあったという。その時期を思い起こしながら、「国家が分裂してしまった時期。あの苦悶とあの醜悪さ。それが今では国がひとつになっている。きれいな結末を得たのだ」と感慨に浸る。そして、「ベトナム戦争のせいで、この三〇年間、出征した兵士たちはたたかれてきた。帰還兵は感謝されるどころか、あざけりの対象になる一方、徴兵拒否者や抗議する連中がもてはやされて英雄扱いまでされていた。これでようやくそうした事態はおさまり、アメリカの威信が回復されたのだ」と宣言している。

だが、ブッシュ大統領は国境を越えてイラク国内への追撃は命じなかった。多国籍軍の大部隊はイラク・クウェート国境で止まった。一九九一年の湾岸戦争の停戦の時点で、多国籍軍がそのままバグダッドに進撃していれば、フセイン政権の打倒も可能だったことは間違いない。それをしなかったのは、やはり「ベトナムの教訓」からだった。イラク国内への進撃を思いとどまった理由の一つとして、スコウクロフト大統領補佐官は、メディアが、敗走するイラク軍への攻撃を『死のハイウェー』などと報道して戦争の悪い印象が高まることを懸念した点を挙げている。もちろん国連決議の要請は、イラク軍のクウェート侵攻を排除することだったから、国際法的にも政治的にもイラク進撃のシナリオは政権になかったのだろう。ただ、スコウクロフト補佐官の言葉が示すように、戦争の拡大・長期化によってメディア・世論の支持を失うことを過敏なほど気にしていたことがうかがえる。世論の支持が揺らいだ時、軍隊の士気・作戦行動に深刻な影響が出るというワインバーガーの原則・パウエル統合参謀本部議長の懸念を十分に理解をしていたと言える。このスコウクロフト補佐官は、その一二年後に、息子ブッシュ政権がイラクを攻撃する際、最も明確に反対の声を挙げた一人である。

湾岸戦争の勝利で「アメリカの威信」を回復したはずのブッシュ大統領は、経済情勢の悪化から、一九九二年の選挙で敗北してしまう。代わったクリントン大統領には前述したように、ベトナム戦争中に英国に留学して反戦運動に関わった経験から軍の最高司令官としての資格を欠くと軍部や保守派に反発があった。さらに、国連の平和維持活動として参加したソマリア介入で米兵に犠牲者を出し、その遺体が首都モガディシュで市中を引き回されたことで厳しい批判を浴びた。以後のクリントン政権下の外交政策は、軍事介入しても米兵の犠牲者を出さないことが前提となった。

イラク、アフガニスタン、コソボなど紛争に軍事介入したり、テロに報復する際にも、巡航ミサイル攻撃や空爆を中心にした慎重な作戦を採用することになる。このクリントン政権の姿勢も、冷戦後の世界でアメリカ世論が受け入れ可能なコストを計算して対外介入の限度を見定めようとしていた点で、「ベトナムの教訓」のひとつの適応例と言えるだろう。

保守派からは、こうしたクリントン政権の対応について、「腰が引けた攻撃」(pinprick attack)という不満が出た。キッシンジャーも「逆説的だが、国内世論の反発を気にして、アメリカの軍事力の行使にアンビバレントな姿勢を示したことが、かえって各地で危機を頻発させて解決をより困難にした」と批判している。

「アメリカがその圧倒的な軍事力の行使をためらったことで、反米勢力に足元を見られて、かえってアメリカへの攻撃を誘発することになった」という思いは保守派に伏流水のように受け継がれており、ネオコン派を中心としたその後のアフガン、イラク攻撃論につながっていく。

五　同時多発テロ以後の「ベトナムの教訓」

二〇〇一年の九月一一日に起きた同時多発テロは、アメリカが突然に奇襲を受けたという点で、一部で日本軍による真珠湾攻撃にたとえられた。だが、真珠湾攻撃は「奇襲」とはいえ、ハワイという遠隔地の、軍の基地への攻撃であった。これに対して、同時多発テロは、アメリカの繁栄の象徴とも言えるニューヨークの世界貿易センタービルを崩壊させて三〇〇〇人もの民間人に犠牲者を出した。

第二次大戦後、初めて本土が攻撃されるという危険を認識したことでアメリカ民の「戦争観」は劇的に変わったと言われる。それまでの軍事介入をめぐる論争が、「国益」をめぐる論争であったのに対して、同時多発テロ以後は、それが正しいかどうかは別として、「自衛」を名目にした正当化になったからだ。その極端な形がブッシュ大統領の提唱する「先制攻撃ドクトリン」にほかならない。だが、九・一一以後のアフガニスタン攻撃やイラク戦争をめぐる論争でも、ベトナム戦争をめぐる論争が影を落としていることには変わりがない。

九・一一を受けて、アメリカは主犯のオサマ・ビン・ラディンをかくまったアフガニスタンのタリバン政権の攻撃に踏み切った。空爆を中心にしながらも、反タリバン勢力「北部同盟」の支援で特殊部隊を投入した。開戦から三週間経って、カブール攻略が立ち往生するかのように見えた時、「泥沼(quagmire)」という言葉が『ニューヨークタイムズ』紙の一面に踊った。ベテランのR・W・アップル記者による「軍の泥沼が思い起こされる／ベトナムとしてのアフガニスタン」という二〇〇一年一〇月三一日付けの記事だ［NYT. Oct. 31, 2001］。

この記事で、アップル記者は、ラムズフェルド国防長官が明らかにしたアフガンでの軍事連絡要員の活動を、ベトナムへ軍事顧問団を派遣した状況と似ていると指摘。マケイン上院議員による、空爆と特殊部隊だけでは戦線の膠着を破れないので、地上部隊の本格投入が必要になるだろうという意見を紹介している。

アップル記者は、同時多発テロで多数のアメリカ民の命が失われたことで、アフガンへの地上部隊投入は、「ベトナム戦争の時とは異なるモラル上の要請がある」ことは認める。実際、『ニューヨークタイムズ』とCBSの合同世論調査では、テロ後のアメリカ国民の過半数は、「米兵に数千人の犠牲者が出ても受け入れる覚悟がある」と答えていた。だが、タリバン政権がアフガン民衆の支持を失っている点や、ゲリラが身を隠すジャングルがない地形など、ベトナムとは異なる有利な点を列挙しながらも、南ベトナムと同様の問題があると指摘する。それは、タリバン政権の打倒に成功したとしても、その後の政権づくりを誰に担当させるのかという「国家建設」（Nation Building）にかかわる問題だ。アップル記者は「ベトナムでは一九六三年のゴ・ディン・ジェム暗殺以後、アメリカはこの問題への回答を見つけられなかった。部族・軍閥が長く混乱した権力闘争を続けてきたアフガンでも、その回答を見つけるのはやさしくないだろう」と悲観的な見通しを示した。

アフガニスタンではその後、米軍が主導した北部同盟の攻勢でタリバン政権は崩壊し、暫定政権が樹立された。だが、軍閥の権力争いが続いて中央政府の威令は行き届かず、米軍のアルカイダ掃討作戦は、目標だったオサマ・ビン・ラディンらの拘束を果たせないままだ。二〇〇四年の大統領選挙でカルザイ大統領が選出され、正統政権が一応確立したが、国際社会の支援なしでは独り立ちできない状態が続いている。アメリカは治安維持をはじめとする負担を、NATO（北大西洋条約機構）などを巻き込むことで軽減しようとしている。だが、アップル記者が警鐘を鳴らした安定した「国家建設」への道のりは長く、依然として先行きは楽観できない状態だ。

六　イラク戦争への「ベトナムの影」

ブッシュ政権が仕掛けた二〇〇三年のイラク戦争は、アフガン攻撃に比べても、その正当性をめぐって内外で激しい論争の的になった。パイロット服に身を包んだブッシュ息子大統領が五月に着艦した空母の甲板上で高らかに戦闘終結宣言を出した後も、現地での様々な勢力の武装抵抗は執拗に続き、開戦の大義名分だった大量破壊兵器は結局、見つからずじまいに終わった。

このイラク戦争を遂行するにあたって、ブッシュ政権はどのような「ベトナムの教訓」を生かしたのだろうか。イラク戦争へ至るブッシュ政権の内幕を描いたボブ・ウッドワードの著書 *Plan of Attack* に即して見てみよう［Woodward 2004］。

❖爆撃目標を決定せず

イラク戦争の開戦直前の二〇〇三年三月五日。ホワイトハウスで開かれた国家安全保障会議の会合で、ブッシュ大統領は中東軍のフランクス司令官から、詳細な作戦計画の報告を受けた。必要な兵力数などと並んで、犠牲者に民間人を巻き込むおそれのある二四ヵ所の爆撃目標の説明も受けた。

ブッシュ大統領は「私は爆撃目標を決定しない。勝利を確保し、米軍を守るために爆撃が必要な目標について、君に報告してほしい」とフランクス司令官に述べた。

ベトナム戦争中、マクナマラ国防長官は北爆を実行するたびに、統合参謀本部が提出してきた爆撃目標の一つ一つについて、爆撃を認めるべきかどうかを自ら詳細に検討して、認めるべきと思った目標には青マーク、認めるべきではないと思った目標には赤マークをつけたうえ、ジョンソン大統領に提出して決裁をあおいだ。大統領宛のメモで、マクナマラは「これらの区別は、アメリカの攻撃目標は軍事施設に限るべきであり、その中でもとくに民間人への被害が少なく、アメリカ側の被害も少なくて済む目標を選ぶべきだという私の考えに基づいている」と述べている〔東：一七〇〕。爆撃目標をどこに設定するかという、作戦計画の中枢となる事項について、あくまで軍人任せにすることなく、政治家が最終決定を下すべきだという信念からの行動だった。

ところが、ウッドワードによると、ブッシュ大統領は、このようにベトナム戦争でジョンソン大統領が自ら爆撃目標を検討し、選択していたことを「反面教師」と考えていたという。

それでも、フランクス司令官は爆撃目標についての詳細な報告を続けた。制服組にとっては、大統領にこうした詳細な説明をしておくことが、ベトナム戦争の教訓の一つだった。大統領側近のアンドリュー・カード補佐官は「国防総省は、なるべく問題を抱え込みたくないのです。『報告済みで了承を得た』と記録に残すことで、問題を政治家に押しつけようとしている」とブッシュ大統領に語り、大統領は「そうだ。わかっている」と答えたという〔Woodward *ibid.*〕。

このエピソードでうかがわれるのは、米政権内での官僚機構での責任の押し付けあいの構図だ。だが、ベトナム戦争中の指導者たちが共有していた、たとえ空爆を遂行するにしても、民間人の犠牲者は一人でも減らそうという緊張感や、軍部を独走させないよう文民による統制を最大限に維持しようという責任感は、少しも感じられない。

それどころか、ベトナム戦争からブッシュ政権が学んだもう一つの教訓は、「エネミー・ボディーカウント」をしない、つまり「相手側の犠牲者数を数えないこと」だったという。

ベトナム戦争では、「キル・レシオ」（米軍の犠牲者数と北ベトナム・解放戦線側の推定犠牲者数との比率）を算出して、その比率を相手にとって耐えられないレベルにすることが目標になった。フォード社の経営者だったマクナマラ国防長官の「合理主義」だったが、戦場の現実では解放勢力の戦意をくじくことはできなかった。理論の筋書き通りにいかなかったことで、マクナマラは厳しい批判を浴びることになる。

ウッドワードによると、ベトナム戦争に若き海兵隊士官として参加した経験を持つ統合参謀本部のペーシュ副議長は、「この建物（ペンタゴン）の中では、一度も推計犠牲者数の報告はなかった。たぶん私のようなベトナム世代の人間は、いったん犠牲者数を数え始めたら、何が起きるかわかっていたから」と明かしている。

こうして見る限り、ブッシュ息子政権にとっての「ベトナムの教訓」は皮相的なレベルにとどまっているように見える。ブッシュ大統領は細かい軍事作戦の内容に口出しするつもりはないと述べている。だが、イラク攻撃は兵力不足や開戦準備の遅れを懸念するシンセキ陸軍参謀総長ら制服組の懸念を押し切って始まった。

❖再び「泥沼」か？

イラク戦争でも「ベトナムの泥沼」の再現になるのではないか、という懸念は早くからメディアで取りざたされた。だが、軍事作戦が予想以上に短期間で終わったため、いったんは影を潜めた。しかし、軍事作戦の迅速な勝利とは対照的に、占領段階に入ってからの混乱と不手際の数々が明らかになるにつれて、ベトナムでの苦い記憶が取りざたされ始めた。

二〇〇四年一月三・四日付けの『ヘラルド・トリビューン』紙に、「ブッシュはベトナムの政治的教訓を無視している」というコラムが掲載された［*International Herald Tribune.* Jan. 3. 4. 2004］。筆者のコラムニスト、ウィリアム・パフは「イラクでは軍事的にはベトナムの比喩はあてはまらない」と断言する。ベトナムでは組織され、規律ある全国的抵抗勢力が、核武装した隣国から十分な武器の供給や作戦指導を受けていたが、イラクの抵抗はそうではないというのだ。

むしろ、ベトナムの比喩は政治面で当てはまるという。ケネディ、ジョンソン、ニクソンの各政権は、ベトナムでパートナーとして信頼できる勢力を見出したり、育てたりすることができないまま、戦争の「ベトナム化」を目指して、失敗した。ブッシュ政権もイラクで一〇万人規模の米兵力を維持したまま、イラク政府を作って占領の「イラク化」を図ろうとしているが、イラク国民にアピールするはずがない、と指摘する。

だが、パフが見通しを誤ったのは、政治的な「泥沼化」だけでなく、軍事的にも米軍がイラク国内の治安を回復できる見通しが立たなくなったことだった。ブッシュ政権は二〇〇四年六月末のイラク暫定政権への主権委譲でイラク人主体の治安部隊を創設して「イラク化」を図ろうとした。軍事面では米軍は反米勢力の拠点の完全な制圧よりも、米兵の犠牲者の増加をくい止めるため、拠点防衛にいったん切り替えた。二〇〇四年秋の大統領選挙を控えて、選挙キャンペーン中に米兵犠牲者を増やすのは得策でないという判断もあったと見られる。

「イラク化」といっても、急ごしらえのイラク警察では米軍の代役が務まる訳はなく、治安回復の見通しがないため、電気・水道などのインフラ再建も遅れ、失業率の改善の見通しも立たない。その民衆の不満の高まりが、いっそうの抵抗勢力の拡大を呼ぶという悪循環に陥っている。「米兵は戦闘では勝ち続けているが、アメリカは戦争に敗北しつつある」（ポール・クルーグマン）というベトナムの悪夢がよみがえりつつあるのだ。

イラク攻撃へ米議会が賛同した過程を、ベトナム介入のきっかけとなった「トンキン湾決議」と重ね合わせてみたのは、当時の外交委員会の首席スタッフだったウィリアム・ベイダーだ〔*International Herald Tribune.* Aug. 28.29, 2004〕。ベイダーは議会からフリーハンドの軍事行動を認める決議を得るために、ジョンソン政権が情報をねじ曲げて「北ベトナムからの攻撃」を報告したトンキン湾事件を引いて、イラク決議も政権が提供した歪曲された情報を鵜呑みにしていた以上、議会は決議を見直すべきだと提唱している。

❖モラルの退廃を招く

イラク戦争の中で、アメリカ民に「ベトナムの悪夢」を思い起こさせたのは、二〇〇四年春に明るみになった米軍兵士によるアルグレイブ刑務所でのイラク人捕虜への虐待行為だろう。薄笑いを浮かべながら、全裸のイラク人捕虜の局部を指さしてみせる女性兵士の写真は、アメリカ民に衝撃を与えた。旧日本軍などと違って、捕虜に対して「寛容で人道的な扱い」を誇りにしてきたはずの米軍にとっても前代未聞のスキャンダルだった。これらの写真は、サイゴン陥落時に脱出する満員のヘリコプターに乗り込もうとするベトナム人をこぶしで殴りつけるアメリカ人の写真と並んで、「アメリカの恥部」の動かぬ証拠として歴史に残るだろう。

目的を見失ったまま、いつ終わるかわからない戦場でのモラルの退廃が招いた不祥事という点では、ベトナム戦争中のソンミ村での無差別虐殺に通じるものがあるかもしれない。

九・一一同時多発テロ以後、対テロ戦争の名のもとで「テロ容疑者」が、アフガニスタンやパキスタンなどから罪名はおろか氏名も明らかにされないまま、キューバのグアンタナモ基地に移送されて、恣意的に拘禁されていた。国際法からみれば、米軍による拉致行為以外の何ものでもない。「こうした行為を不問にしてきたことが、アルグレイブの事態を招いた」というリベラル派からの批判の声も、事件発覚後には上がった。

それは、ブッシュ政権が対テロ戦争を遂行する過程で、愛国法（Patriot Act）を制定するなど、巨大な連邦政府による市民的権利の制限が進み、アメリカ社会そのものがいつの間にか変質させられてしまうことへの危機感の表明でもあった。作家のノーマン・メイラーは「愛国主義は全体主義になりがちな論理的傾向を持つ。それは過剰な感傷が、共感を腐らせるのと同じだ。アメリカにおけるファシズムは政党の形ではやってこない。黒シャツやカーキ色のシャツでもない。しかし、自由が制限されるだろう。本土安全保障は、そのメカニズムを始動させた」と警鐘を鳴らしている［Mailer 2003］。

こうしたモラルの退廃とアメリカ社会の変質への危機感は、本来ならリベラル派だけのものではないはずだ。個人への国家の干渉を避けて、減税による小さな国家を求めるのは、もともと共和党の原点だった。その共和党が最も忌み嫌ったはずの、①地球の裏側での米軍の軍事介入の恒常化、②肥大化した連邦政府の個人生活への干渉、③雪だるま式の財政赤字の膨張、という三点が、すべてブッシュ政権のもとで実現してしまったことは皮肉としかいいようがない。

二〇〇四年の一月の大統領選挙で民主党のケリー候補を接戦で破ったブッシュ大統領は、ただちにバグダッド西方のスンニ派抵抗勢力の拠点都市ファルージャへの再攻撃を命じた。ファルージャでは四月に海兵隊が攻勢をかけたが、武装勢力の反撃にあって、いったん攻撃を中断していた。

「ファルージャは、北ベトナム軍を追い出した時のように、もう一つのフエになる。この戦いはベトナム戦争以来の激戦になる」。AP通信によると、ファルージャ攻撃を前に、海兵隊の司令官は兵士たちに、ベトナム戦争中の古都フエの激戦を引いてこう訓令したという。その言葉通り、海兵隊の精鋭三個大隊（約三〇〇〇人）は陸軍の機甲化大隊とともに、市街地を一軒一軒しらみつぶしに掃討を続けて、血みどろの激戦が続いた。米軍は一〇〇人以上の犠牲者を出してひとまず制圧したものの、米兵への散発的な攻撃は続いている。

❖ベトナムとの違い

もちろん、一九六〇年代のベトナムと二一世紀のイラクでは、比較をするにもあまりに状況が違いすぎる。単純に考えても、ベトナムが米軍の圧倒的な軍事力に耐えられたのは、アメリカ自身が「局地戦争」として北ベトナムへの攻撃を爆撃に限定していたからだ。また、ベトナムは中国とソ連というアメリカに対抗しうる地続きの後ろ盾を持っていたことも、決定的に違う。さらに、当時のベトナムが掲げた「民族自決」や「祖国統一」というスローガンは、統一後は「裏切られた革命」（チュオン・ニュー・タン）という批判を浴びたにせよ、植民地解放という正当性を持った運動の一環として世界中の共感を呼んだ。今のイスラム原理主義の排他的なイデオロギーとは比べものにならない普遍性があったことは言うまでもない。

歴史家のジョン・ルイス・ギャディスは、①イラクでの米兵の犠牲者はベトナム戦争当時の一ヵ月の犠牲者程度、②ゲリラ勢力への外国の支援が限られている、③ホー・チ・ミンのような抵抗運動を団結させる指導者が不在、④米軍が間違いから教訓を学び、アメリカでの反発ムードもまだまだ小さいなどをあげて、「二〇〇四年と一九六四年に共通項はほとんどない」と結論付けている［Gaddis 2005］。

ワシントンのシンクタンク戦略予算評価センターも二〇〇四年七月に、イラクの米兵の死傷者数は「比較的少なく、ベトナム並みの数になるには現在のペースでは七三年かかる」と計算してみせた。確かにベトナムでは一九六六年だけで五〇〇八人の米兵が死亡した。この米兵死傷者の急増が引き金となってアメリカの世論が変わり、ついにはジョンソン大統領を退陣に追い込むことになったことは既に見たとおりだ。

これに対し、イラクの戦闘に参加した元海兵隊員オーウェン・ウェストは、戦闘の激しさを米兵の死傷者数から分析して、「イラクの二〇〇四年の状況は、一九六六年のベトナムと似ている」と反論している［*Slate Magazine*. Dec. 29, 2004］。二〇〇四年の一年間にイラクで戦闘中に死亡した米兵は七五四人だが、ベトナム戦争当時と比べて戦場での医療や兵士の装備が飛躍的に向上しており、負傷兵の致死率はベトナム戦争当時の二五％からイラク戦争では一〇％に低下しているという。つまり、同じように負傷しても現在の兵士は命を取り止めるケースが増えていることになる。また、一九六六年のベトナムには三八万五〇〇〇人の米兵が投入されていたが、二〇〇四年のイラクは一四万二〇〇〇人にとどまっている。もし、こうした条件をそろえて、一九六六年当時と同じ条件で同じ兵力が投入されていたとしたら、二〇〇四年のイラクでの米兵の犠牲者は三〇六五人に達する計算になるという。

ウェストは、ベトナム戦争の犠牲者には爆撃機やヘリのパイロットも多かったが、イラクでは犠牲は歩兵に集中している点も指摘している。兵器のハイテク化や軍事技術革命が進んでも、個々の兵士にとってイラクの戦場の危険度はベトナムとなんら変わらないということだ。

こうした指摘が帰還兵の間から上がりはじめたこと自体が、ブッシュ政権にとっては懸念すべき兆候だろう。さらに、不吉なことは、現在のイラクでも、かつての南ベトナムと同様に、アメリカが後押ししている現政権がイラク民衆の広範な支持を獲得しているとは言えないことだ。二〇〇五年一月末に行なわれた国民議会の選挙は、ひとまず「成功」と位置づけられたものの、イスラム教スンニ派勢力はボイコットした。仮に移行政府が順調に発足したとしても、新政権が約一五万人にのぼる米軍の軍事力に依存せざるを得ないというジレンマが解消したわけではない。ブッシュ大統領は「イラク人治安部隊の創設」を繰り返し強調しているが、新生イラク国家の建設は実質ゼロからのスタートだ。

ここでも、自らの苦い体験に基づいたマクナマラの考察は示唆に富む。

「軍隊は国家建設のプロセスを進めるには、限られた役割しか果たせない。軍隊だけでは、『破綻国家」を再建することはできない」「外国の軍隊によって、政治秩序や安定を代替することはできない。それは、その国民自身によって作り出されなければならない」（McNamara 1995）
　たとえイラクでの選挙が一応の「成功」をおさめたとしても、米軍が軍事力でイラク民衆の素朴なナショナリズムと対峙し続け、「テロリスト」を孤立化させるどころか、民間人の「巻き込まれ」犠牲者を増やしていくとしたら、その時はイラクでも「ベトナムの泥沼」の亡霊が再び出現することになるだろう。
　「ベトナムの教訓」をめぐる論議は、アメリカが対外的な軍事介入を続ける限り、今後も続くだろう。それは、超大国であるアメリカがそのずば抜けたパワーを行使して国際社会で目指すべきもの、アメリカのアイデンティティーそのものを問いかけるからだ。
　ベトナム戦争の教訓を論じるとは、それぞれが抱いている、あるべき「アメリカ」像、その理念を語ることでもあるのだ。

参考文献

久保文明、赤木完爾　二〇〇四年『アメリカと東アジア』慶応義塾大学出版会
桜井由躬雄、桃木至朗　一九九九年『ベトナムの事典』同朋舎
西崎文子　二〇〇四年『アメリカ外交とは何か』岩波書店
東大作　二〇〇〇年『我々はなぜ戦争をしたのか』岩波書店
古田元夫　一九九一年『歴史としてのベトナム戦争』大月書店
油井大三郎　一九九五年『日米戦争観の相克』岩波書店

Bush, George and Scowcroft, Brent. 1998. *A World Transformed*. Knopf.
Clinton, William. 2004. *My Life*. Knopf.（日本語訳『マイ・ライフ』楡井浩一訳、朝日新聞社）
Fallows, James M. 1989. *More Like Us*. Houghton Mifflin (T).（日本語訳『日本封じ込め』大前正臣訳、ＴＢＳブリタニカ）
Fulbright, J. William. 1966. *The Arrogance of Power*. Random House.
Gaddis, John Lewis. 2005. "Grand Strategy in the Second Term" *Foreign Affairs*. January/February 2005 Vol. 84, Number 1（日本語訳「第二期ブッシュ政権の大戦略を検証する」『論座』二〇〇五年二月号）
Halberstam, David. 1965. *The Making of A Quagmire*. Mcgraw-Hill College.
———. 1972. *The Best and the Brightest*. Ballantine Books.（日本語訳『ベスト・アンド・ブライテスト』浅野輔訳、サイマル出版会）
Kissinger, Henry. 2003. *Ending the Vietnam War*. Simon & Schuster.
Mailer, Norman. 2003. *Why Are We at War?* Random House Trade Paperbacks.
Mann, James. 2004. *Rise of the Vulcans: The History of Bush's War Cabinet*. Viking Books.（日本語訳『ウルカヌス

の群像』渡辺昭夫訳、共同通信社）.

McNamara, Robert S. 1995. *In Retrospect*. Crown.（日本語訳『マクナマラ回顧録』仲晃訳、共同通信社）

McNamara, Robert S., Blight, James G., Brigham, Robert K., Biersteker, Thomas J., Schandler, Herbert Y. 1999. *Argument Without End: In Search of Answers to the Vietnam Tragedy*. Public Affairs

Powell, Colin L. 1995. *My American Journey*. Random House Value Publishing.（日本語訳『マイ・アメリカン・ジャーニー』鈴木主税訳、角川書店）

Sheehan, Neil. 1966. "Not a Dove, but No Longer a Hawk" *New York Times Magazine*, Oct. 9, 1966.

———.1988. *A Bright Shining Lie*. Random House Value Publishing.（日本語訳『輝ける嘘』菊谷匡祐訳、集英社）

The Library of America. 1998. *Reporting Vietnam: American Journalism 1959-1975*.

Tucker, Robert W. 1971. *The Radical Left and American Foreign Policy*. The Johns Hopkins University Press.

Woodward, Bob. 2004. *Plan of Attack*. Simon & Schuster.（日本語訳『攻撃計画』伏見威蕃訳、日本経済新聞社）

International Herald Tribune, January 3,4, 2004; August 28,29, 2004.

"Iraq 2004 Looks Like Vietnam 1966" *Slate Magazine*. December 29, 2004.

第三章　周辺諸国にとってのベトナム戦争

鈴木　真

ベトナム戦争の巨大な火焔は東南アジアの周辺国を呑み込まずにはおかなかった。「反共防波堤」としてタイは自らベトナムに派兵する一方、国内の基地を爆撃拠点として提供、その見返りに多大な援助をアメリカから引き出し、その後の急速な経済発展の礎を築いた。小国ラオスは代理戦争の主舞台となり、米軍機の爆弾が文字通り、雨あられと降り注いだ。中立を守ったカンボジアにも戦火は波及、ポル・ポト派という妖怪を生み、その後の大虐殺に道を開く。ラオスとカンボジアが負った傷はあまりに深く、いまだに血は止まらない。

一　タイ、恩讐を超えて

❖北爆の出撃拠点

タイはカンボジアやラオスとは異なり、ベトナムと国境を接していない。このため、ベトナムの戦火が国内に波及し、国土が戦場となることはなかった。しかし、アメリカの後方支援基地として、そして同じ東南アジアからの参戦国としてベトナム戦争に深く関与し、政治・経済の両面できわめて大きな影響を受けた。

中国の共産化がベトナムに波及し、さらにラオス、カンボジアに拡大、放っておけばタイ、そして東南アジア全体が「赤化」する——アメリカのベトナム介入の論拠となった「ドミノ理論」である。アメリカにとってタイは、ドミノ倒しを防ぐかけがえのない反共防波堤であり、そのために惜しみない援助を与えた。

その出発点となったのが一九六二年三月、ラスク米国務長官とタイのタナット・コーマン外相の会談後、発表された共同声明（いわゆる「ラスク・タナット・コミュニケ」）である。この中でアメリカはタイの独立と領土保全はアメリカと世界にとって死活的重要性を持つと指摘、タイ防衛のため最大限の支援を表明した。

ラオス情勢の緊張激化に伴い、同年五月にはマクナマラ米国防長官がタイを訪問してタイ側との間で米軍の「一時的駐留」で合意、これを受けて同月中に一八〇〇人の米海兵隊部隊が到着、ラオスに近い東北部のウドンタニーに送られた。タイ国内にはそれ以前から、SEATO（東南アジア条約機構）[*1]の軍事演習参加の名目で約一〇〇〇人の米軍部隊が駐留しており、その後の度重なる増派で米軍の規模は間もなく一万人に達した。

ベトナムの戦火拡大に伴い、一九六四年以降、多数の米軍機がタイに配備され、航空支援基地としての機能を強化していく。南ベトナム国内の基地の受け入れ能力に限界があったためで、地理的に近く、政治的にも安定していたタイはアメリカにとって理想的な出撃拠点となった。

それを端的に示すのが、「空の要塞」と呼ばれベトナム戦争の象徴ともなった戦略爆撃機B52の、バンコク南東のウタパオ空軍基地への配備である。一九六六年四月一〇日、グアム島の米軍基地を発進したB52の三機はベトナム中部のフエ近郊を爆撃した後、ウタパオ基地に着陸、その数時間後に再びベトナムに出撃した。その後、急激に拡大するB52によるタイ基地利用の始まりである。グアムの代わりにウタパオ基地を利用することで、B52の飛行距離は七〇〇〇キロから二〇〇〇キロに短縮され、出撃一回あたりで約八〇〇〇ドルの経費節約効果をもたらしたという。

米国務省の資料によると、ベトナム戦争中、ウタパオを含むタイの七基地が米軍機の発進拠点とし

＊1　SEATO（東南アジア条約機構）　一九五四年マニラで調印された東南アジア共同防衛条約（マニラ条約）に基づいて結成された安全保障機構。条約調印国であるアメリカ、イギリス、フランス、オーストラリア、ニュージーランド、タイ、フィリピン、パキスタンの八ヵ国で構成された。東南アジア地域における共産主義拡大の防止を目的としていたが、米中接近により一九七〇年代には有名無実化し、一九七七年に解散した。

て使われた。ウタパオ、ウドンタニー、ナコーンパノム、ナコーンラーチャシーマー（コーラート）、ウボンラーチャターニー、タクリ、ナムポーンである。タイに配備された米軍機は一九六八年末には全期間を通じて最高の六〇〇機に達した。一九六五〜六八年の三年間について見れば、北ベトナム爆撃の実に八〇％はタイを発進した米軍機によるものだったとされる。

タイが担ったのは航空機の出撃拠点としての役割だけではない。兵站拠点としても重視され、アメリカの援助で港湾や戦略道路の整備が急速に進んだ。中でも特筆すべきはウタパオ空軍基地に近いサタヒープ港の整備であろう。タイ湾に臨む小港（一日の受け入れ能力は一隻だけだったという）が、一〇隻の大型船の停泊が可能で燃料タンク群や冷凍倉庫、弾薬庫も持つ巨大な軍港に変身した。

前線国家のタイには、ラオスとカンボジアに接する東北部と東部を中心に、敵側の情報を収集する大規模な通信施設も各地に建設された。この中で、通称「ラマスン」と呼ばれた通信傍受施設は東南アジアでは最高で、世界でも西独アウクスブルクの米軍施設に次ぐ能力を持ち、「プノンペンでピンが落ちても探知できる」と言われたほどだ。

もう一つ忘れてならないのは、ベトナムに送られた米軍兵士の休暇地としてのタイの役割である。「RアンドR」（英語の「休息」と「回復」の頭文字）と呼ばれる米軍の休養プログラムに基づくもので、一九六五年に始まり、後述するようにタイの観光業、特に性産業の急激な拡大をもたらした。

こうして、タイにおける米軍のプレゼンスは急速に拡大し、駐留兵士の数は最高で四万八〇〇〇人に達した。しかし、これには一ヵ月から三ヵ月の期間、事前協議なしに滞在を許された「一時任務者」は含まれていない。ほかに「RアンドR」での滞在者もいたことを考えれば、米軍の存在はこの数字よりはるかに大きく感じられたに違いない。

隣国のラオスとカンボジアにまで戦火が迫りつつあったタイは反共同盟のＳＥＡＴＯの中でも最もタカ派と見られていたが、巨大な米軍のプレゼンスはタイの軍事政権に大きな安心を与えた。プラパート副首相兼内相（陸軍司令官を兼務）は米軍による北爆開始後、「これで安心して眠れる。前は、共産主義者が攻めてきたらアメリカの友人は何をしてくれるのだろうと心配で、真夜中に目が覚めたものだ」と述懐したという。［R. Sean Randolph 1986：63］

興味深いのは、これだけ大きな米軍の存在にもかかわらず、ごく一部の技術的なものを除いて米タイ両国間に公式の合意文書がなかったことである。これは米政府にとっては議会に戦争政策への追及や監視の手がかりを与えないという利点があり、タイ政府にとっても主権の侵害ととられかねない米軍駐留の実態を隠しておけるという点で好都合だった。あいまいな対応で事実を隠すというこの手法は米軍機によるタイ基地利用についても使われた。米政府がタイからの北ベトナム爆撃を公式に認めたのは北爆が始まった二年後の六七年一月であり、タイ政府が認めたのはそれからさらに二ヵ月後の同年三月である。

❖ベトナムに派兵も

ベトナム戦争へのタイの関与を語る上で、アメリカへの基地提供を車の両輪の一つとすれば、もう一つはタイ軍部隊のベトナムへの派遣である。これはアメリカの強い要請によるもので、軍事的な意味よりも政治的かつ象徴的な意味合いが濃厚だった。国内外での戦争批判の高まりに直面したアメリカは、ベトナム介入が同盟国の支持を得た国際的な取り組みであることを示す必要に迫られた。そこでアメリカの格好の標的になったのがSEATOに加盟する東南アジア域内国のタイとフィリピンだった。

タイは一九六四年から、タイ兵による南ベトナム軍の貨物機運航支援やベトナム人パイロットの訓練といった形で小規模な軍事支援を開始、続いて南ベトナム領海への艦艇派遣にも乗り出した。戦争の激化に伴い、六六年末から軍事支援強化をめぐる米タイ間の協議が始まり、六七年一月には「南ベトナム政府の要請にこたえる」という名目でタイ軍実戦部隊の派遣が決まった。「クイーンズ・コブラ」部隊二二〇〇人が実際に投入されたのは同年七月のことである。

しかし、SEATO加盟国に応分の負担を求めるアメリカの要求はさらに強まる。タイはアメリカからのタイ向け軍事援助の大幅拡大を条件にこれを受け入れ、当時のタイ陸軍兵力の一四%に相当する一個師団、一万一〇〇〇人規模への増派に同意、一九六九年初めに「タイ王国陸軍義勇軍」（通称「ブラック・パンサー」）が進駐した。こうして七二年に最後のタイ部隊が撤退するまでタイの実戦参加は続き、アメリカと韓国に次ぐ役割を担うことになる。

しかし、拡大する一方だったタイの関与は一九六九年を境に潮の流れが変わる。アメリカでニクソン大統領が就任、防衛の第一義的責任を南ベトナム自身に負わせるという「ベトナム化」政策（いわゆる「ニクソン・ドクトリン」）の下、ベトナムからの米軍撤退に動き始めたからだ。自国の安全保障をアメリカに全面的に頼り、その見返りとしてアメリカのベトナム介入に協力してきたタイにとってこれは大変な衝撃だった。

タイ外交の特質は本来、現実主義であり、機を見るに敏な対応である。アメリカのベトナム政策の転換を目にしたタイはここでその本領を発揮する。タイからの米軍の撤退要求、中国との関係改善へと大きく方向転換したのである。タイ駐留米軍は一九六八年から最高水準の四万八〇〇〇人規模で推移していたが、六九年九月に米タイ両国は第一陣として約六〇〇〇人の引き揚げを発表、これは翌年の六月に完了した。

もっとも、タイからの米軍撤退は一直線には進まなかった。一九七一年のタイのクーデターで軍部独裁が強まり、政策転換を主導したタナット・コーマン氏が外相の座を追われたためだ。南ベトナムからの米軍撤退に伴い、アメリカにとってタイ国内の基地の相対的重要性が高まったという事情もある。

しかし一九七三年一月にパリ和平協定が調印され、同年一〇月に起きた学生革命の結果、タイに民主政権が誕生したことで、米軍撤退の流れは決定的になる。こうして、二七〇人の軍事顧問を除く全米軍部隊の撤退が七六年七月までに完了した。ベトナムとタイの両国が外交関係の樹立で合意したのはその一ヵ月後のことである。その三ヵ月後、タイでは再びクーデターが起き、軍政へと逆戻りするが、米軍部隊がタイに戻ることはなかった。

❖多大な経済効果

一〇年以上に及ぶベトナム戦争への関与はタイに何をもたらしたか。第一に挙げるべきはアメリカの援助と戦争特需による計り知れない経済効果である。

東西冷戦構造の下で、アメリカは一九五〇年代からタイに手厚い軍事・経済援助を与えていた。六〇年代に入るとベトナム介入への協力の見返りにアメリカのタイ向け援助はさらに急拡大する。バンコクと米軍基地のある東北部のナコーンラーチャシーマー（コーラート）を結ぶ戦略道路（「フレンドシップ・ハイウエー」と呼ばれた）がアメリカの援助で建設されるなど、アメリカの戦争遂行努力を支えるため巨額の資金が注がれた。

当時の調査によると、タイ国内でのアメリカによる軍事支出は一九六五年の三〇〇〇万ドルから六七、六八の両年には年間二億ドル以上にはね上がった。これにはタイ向けの軍事・経済援助は含まれていない。いわば「戦争特需」に相当する部分である。

最盛期には一機関あたりの雇用者の数で米軍が第二位の座を占めた。最大の雇用主はもちろんタイ政府である。一九七五年のタイ政府の調査は、米軍のプレゼンスによる雇用創出効果を一〇万人（「直接」五万人、「間接」五万人）と推定している。当時、駐留米軍はピーク時の半分に近い二万六〇〇〇人にまで減少していたが、それでもこれだけの雇用をタイにもたらしていたということだ。

米軍のプレゼンスの経済的恩恵に特に浴したのは、米軍の基地や施設が集中していた東北部である。例えば、米軍基地のあったウボンラーチャターニーとウドンタニーでは米軍による支出が市の経済活動の総額に匹敵したという。東北部全体でも、アメリカの軍事支出が域内総生産の三分の一を占めたという推定がある。

この結果、一九六五年から七〇年にかけてタイは年平均八％の高度経済成長を達成した。ASEAN（東南アジア諸国連合）に加盟する主要国の中でタイは今やシンガポールとマレーシアに次ぐ経済強国に成長したが、その礎はこの六〇年代に築かれたと言っていい。

一九五〇年代までバンコクに駐在する外国人は、経済が発展し物資も豊富なビルマの首都ラングーンに買い出しに行っていた。それが今では、バンコクは世界中からビジネスマンや観光客を吸い寄せる巨大都市となり、ビルマは世界の最貧国の一つに甘んじている。この立場の逆転は、タイの急速な経済発展（とビルマの停滞または退歩）を象徴している。

しかし、ベトナム戦争への全面的関与がタイの発展にもたらした負の側面にも目を向ける必要がある。中でも、「爆発的」とさえ評される性産業の広がりは特筆に価する。ベトナムから「RアンドR」で訪れた帰休兵とタイ駐留部隊兵士が膨大な需要を喚起したためである。

一九五〇年代までの「眠気を誘うような」（あるタイ人の回想）静かなバンコクに米兵目当てのゴーゴー・バーやマッサージ店が続々と誕生した。パッポンやペッブリーといったバンコクを代表する歓楽街はこの時代の産物である。小さな漁村だった中部のパタヤも、近くにウタパオ空軍基地とサタヒープ海軍基地という巨大な米軍施設ができたため、ネオンと嬌声にあふれる一大リゾートに変身した。タイに現在どれだけの売春婦（夫）がいるのか正確な統計はないが、政府系諸機関の推定で一〇万～三〇万人、業界関係者の中には五〇万人という数字を挙げる向きもある。性産業は国内総生産の三％を占めるとの推計もあり、今や世界中に定着した「タイ＝買春天国」という不名誉な評判の形成にベトナム戦争は大きく貢献したと言える。

もう一つの負の側面は、アメリカから流れ込んだ大量の資金が腐敗を助長し、いびつな経済発展をもたらしたことだろう。アメリカの援助や米軍発注の工事・調達はタイの政治家や政府・軍高官にとって大きな利権となり、腐敗が広がった。タイの軍事政権がアメリカの戦争遂行に全面協力した理由の一つは「うまい汁」を吸おうとする勢力の圧力だったという見方があるほどだ。賄賂や裏金が幅をきかすタイ社会のこの腐敗構造は今も深刻な問題であり続けている。

❖「反戦」が民主化を促す

ベトナム戦争はタイの政治にも少なからぬ影響を及ぼした。「共産主義の脅威」は、直接的には軍事独裁政権による強権支配の長期化と強化に格好の口実を与えた。しかし、戦争の長期化と激化に伴って、「ベトナム」は軍政の足元を脅かすことになる。アメリカに協力することで自らの手を汚していることにタイ人が気付き、アメリカに追従する軍政への批判が強まったのである。

一九七〇年代初め、アメリカに留学したタマサート大学のタネー・アポンスワン助教授は「アメリカに行って初めて、タイがベトナム戦争に深く関与していることを知った」と語る。軍事政権下のタイではそうしたことは伏せられていたからだ。

当時、アメリカの大学では反戦運動が高揚していた。そうした中でタネー助教授は、ベトナム戦争に関する新聞や雑誌の記事などを翻訳して本国に送るタイ人留学生グループの活動に参加する。翻訳したものはタイ国内の雑誌に掲載され、戦争の真実について国民を啓発、タイ社会に大きな影響を与えた。

軍事政権の独裁や腐敗に反対する学生や知識人らの民主化運動はこうした反戦気運の高まりにも支えられ、一九七〇年代に入って一段と高揚する。そして七三年一〇月、民主化運動に対する流血の大

バンコク市内の「10.14」学生革命記念館。中央の塔に犠牲者の名前が刻まれている。

弾圧を契機とした政変（いわゆる「一〇・一四学生革命」）で軍政首脳のタノム首相とプラパート副首相が国外に逃亡、民主政権の誕生という形で結実した。間接的ではあるが、ベトナム戦争はタイの民主化を促す役割を担ったのである。

タイ現代史の転換点となった「一〇・一四」の歴史を継承するため、政変の舞台となったバンコク市内のラーチャダムヌーン通りに二〇〇一年一〇月、民間の寄付で三階建ての記念館が誕生した。正面には慰霊の塔が立ち、犠牲になった七七人のうち身元の判明した七二人の名前が刻まれている。当時の写真や資料、関係者の証言などを系統的に集め、二〇〇五年の三二周年に合わせて博物館に衣替えさせる計画だ。

ワタナチャイ館長は「ティラユート・ブーンミーやセクサン・プラサトクンといった少数の学生運動指導者の発言しか一般には伝えられてない。ラーチャダムヌーン通りを埋めた五〇万人の庶民の声をも

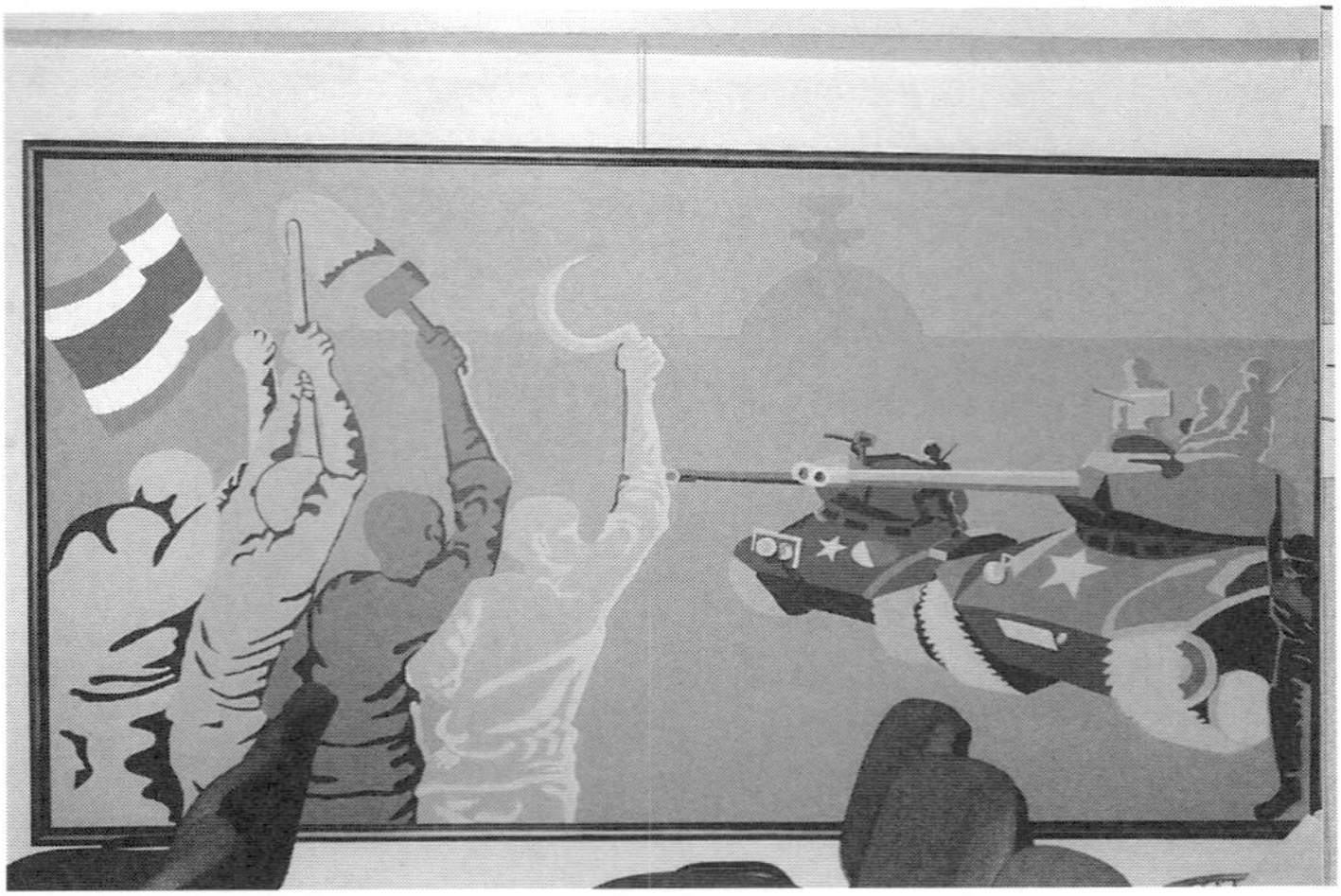

「10.14」学生革命記念館に展示されたポスター。

っと届けたい」と語る。「一〇・一四」の風化を防ぎ、民主主義を確かなものにすることは、タイにとって今も続く課題である。

タイのベトナム戦争関与の歴史を振り返る際に、裏面史として触れておく必要があるのはＣＰＴ（タイ共産党）の盛衰である。アメリカやタイ政府から中国やベトナムの「手先」とみなされ、その脅威は一九五〇年代から六〇年代にかけてのアメリカによるタイ支援拡大の理由の一つになったからだ。

ＣＰＴは一九四二年に結成されたが、長い間、弱小な勢力でしかなかった。しかし、六二年にラオス内の施設から「タイ人民の声」放送を開始、六五年には武装闘争に乗り出し、東北部のプーパン山脈で最初の銃弾が放たれた。こうした活動活発化の裏には中国の支援があったとの見方が有力である。

ＣＰＴの主な活動地域は東北部、北部、南部だったが、特に活発だったのは東北部で、一九六八年には活動家二〇〇〇人、シンパ一万人の規模にまで勢力は拡大したとされる。その後も徐々に勢力を拡大、七五年ごろには全国で一万人近い活動家を擁するまでになった。

ベトナム戦争の終結を受けて、一九七五年にタイが中国と国交を樹立するという逆境に直面したが、七六年に思いがけない順風が吹く。一〇月のタイの軍事クーデターで三年にわたった民主化時代が終わり、弾圧を逃れて学生や知識人などが大挙して地下にもぐり、CPTに合流したからだ。

しかし、CPTが勢力を大きく拡大することはなかった。中国南部の雲南省から発せられていた「タイ人民の声」は一九七九年に放送を停止し、八〇年代に入ると投降者が続出、組織は崩壊した。七九年のベトナム軍のカンボジア侵攻とその後の中越戦争で、CPTが親中派と親越派に分裂したことが大きいと言われている。

しかし、CPTの急速な解体の裏には、最大の後ろ盾だった中国の変心とタイとの密約があったと筆者は考える。一九七九年当時、中国ときわめて近い関係にあったカンボジアのポル・ポト派は、侵攻ベトナム軍によってタイ国境に追い詰められていた。中国にとって同派は、ベトナムに出血を強いる上で、不可欠の存在だった。

タイは自国経由での中国のポル・ポト派向け援助を認め、同派に国境地帯の聖域も提供する。その見返りに中国はCPTへの支援を打ち切る。これが中国とタイの間で交わされた密約の内容だった可能性が大きい。つまり中国は、CPTを捨て、ポト派を生かすという選択をしたということである。

❖友好関係を回復

先に、ベトナム戦争でアメリカに協力することでタイは急速な経済発展の基礎を築いたと書いた。しかし、この点だけを強調するのはタイにとって公平を欠くだろう。その前史として、タイ在住のベトナム人を通してベトナムの独立闘争にタイが手を貸した時代があったからである。

タイ越関係史の専門家によると、アユタヤ朝（一四〜一八世紀）時代から何波かに分かれて多くのベトナム人がタイに移住した。バンコクにはカトリックのベトナム系住民が住む一角があり、東部のカンボジア国境近くにもカンボジアから来たというベトナム人の集まる場所もある。

出身地域も到着時期も異なるタイ在住ベトナム人の中で、最大のグループは東北部のメコン川流域に住む人々である。一九世紀末から二〇世紀半ばにかけて、フランスの苛酷な植民地支配や貧困、飢餓を逃れてベトナム中部や移住先のラオスなどから多くのベトナム人がタイ東北部に移り住んだ（タイとベトナムを隔てるラオスは中部がくびれており、その幅は一〇〇キロほどしかない）。

この東北部のベトナム人社会はベトナムの抗仏独立闘争の重要な拠点となった。それを象徴するのが「独立の父」ホー・チ・ミンがこの地に一時、反仏工作のため滞在したという事実である。

一九二八年にホー・チ・ミンはタイに入り、ナコーンパノムやウドンタニーなどの町を拠点に、翌年まで在住ベトナム人の組織化を進めた。抗仏闘争の中核となるインドシナ共産党が一九三〇年に設立される直前の時期である（ベトナム共産党が後年、出版した資料によると、ホー・チ・ミンはバンコクも訪れたという）。

タイを拠点とした抗仏闘争を語る上で見落とせないのは、抗日組織「自由タイ」の指導者で第二次大戦後、タイの首相に就任したプリディ・パノムヨンの存在である。プリディはその開明的な考えからベトナムの抗仏闘争にも理解を示した。ホー・チ・ミンらが樹立した政権と一定の関係を持ち、ベトナム研究の権威であるチュラーロンコン大学のタンヤティップ・シパナ博士によると、タイに逃れたベトナム難民にも支援の手を差し伸べたという（ホー・チ・ミン自身、少なくとも一度はプリディに会ったことがあると言われる）。反対派のクーデターでプリディ政権は短命に終わったが、プリディは両国の歴史に貴重な足跡を残したと言える。

タイ人の間では、伝統的にベトナムに一目置く空気が強い。周辺国の中ではタイとほぼ同じ規模がある上、ベトナム人の勤勉さにも定評がある。そうした評価は時としてベトナム脅威論につながる。冷戦とその帰結としてのベトナム戦争はまさにそうした時代だった。

しかし、その不幸な時代を乗り越え、両国は再び良好な関係に戻った。一九七六年の外交関係の樹立後、カンボジア紛争が発生、ベトナムとタイの真の和解には長い時間がかかったが、今では過去の対立が信じられないような親密ぶりである。

それを雄弁に物語るのは、タイを舞台にアメリカとタイが一九八二年から開始した合同軍事演習「コブラゴールド」にベトナムが二〇〇二年からオブザーバー参加したことだ。この演習が始まったのはベトナム軍によるカンボジア侵攻後であり、当初はベトナムの脅威に直面したタイをアメリカが支援するという性格が濃かった。かつての「仮想敵国」であるベトナムがオブザーバーとはいえ、演習に参加したことは時代の変化を象徴している。

両国間の人の交流も活発になった。二〇〇〇年に両国間でビザ免除協定が結ばれたことが大きい。

驚くのはベトナム人の間でタイ観光のブームが起きていることだ。バンコク市内でベトナム人の観光客グループを見かけることも珍しくなくなった。国と国だけでなく、それぞれの人と人の距離も急速に狭まりつつある。

かつてホー・チ・ミンが活動拠点としたタイ東北部のナコーンパノムにはファン・ヴァン・カイ首相が二〇〇〇年に訪れた。ベトナムの首相がこの地を訪問したのは初めてである。地元のベトナム系住民に迎えられた首相は両国関係の改善を強調し、ホー・チ・ミンの家がかつてあったとされるナーチョク村で記念の植樹をした。

両国関係の蜜月ぶりを象徴するように、二〇〇四年二月には初の両国合同閣議も開かれた。タイ側の開催地に選ばれたのはこのナコーンパノムで、この地を再訪したファン・ヴァン・カイ首相とタイのタクシン首相は「タイ・ベトナム友好村」の正式オープンを宣言した。

「友好村」は相互理解の促進と観光開発の一石二鳥を狙ったタイ政府の事業である。中心となる施設はベトナム系住民の移住の歴史や暮らしぶり、ホー・チ・ミンの活動などを紹介する博物館だ。同館には地元の国立マハーサーラカーム大学の施設としてインドシナ研究センターが置かれ、ベトナム、カンボジア、ラオスの言葉を教える語学講座も開設される。

地元のナコーンパノムにはかつて米軍基地が置かれ、北ベトナム爆撃のため連日、米軍機が発進した。しかし、友好村プロジェクトの提唱者でベトナム研究家のアット・ナンタチャク博士によると、「両国関係に有益でない」との理由で博物館の展示はそうした過去にはいっさい触れていない。

ナコーンパノムの南にあるムクダハーンでは、メコン川対岸のラオス領サワンナケートとを結ぶ橋の建設も二〇〇三年末から始まった。ベトナム中部、ダナン港からビルマのモーラミャイン港までの一五〇〇キロを完全舗装道路で結ぶ「東西回廊」計画の目玉となる工事だ。

「東西回廊」はサワンナケートから国道九号に入り、ベトナム・ラオス国境のラオバオを通ってドンハでベトナムの国道一号と合流、南下してダナンに至る。ベトナムとラオス国内の道路部分は日本やアジア開発銀行などの援助で改修工事が進んでおり、「東西回廊」が完成すればベトナム中部とタイ東北部の時間的距離は大きく短縮される。

かつて戦乱や迫害、貧困などを逃れてタイに向かったベトナム人が脱出路としてたどった道が、ベトナムとタイをつなぐ大動脈として生まれ変わる――。国道九号の変身は時代の変化を正確に映している。

二　ラオス、代理戦争の傷

❖代理戦争の舞台

インドシナの小国ラオスの現代史はベトナムの激動から常に直接的な影響を受けてきた。二〇六七キロに及ぶ国境を共有する隣国同士であることに加え、ベトナムの地形がこれには大きく関係している。

ベトナムは南北に細長い国だが、特に中部で大きくくびれている。一番細いドンホイのあたりでは、その幅はわずか四〇キロほどしかない。その横にやはり南北に長く伸びているのがラオスである。つまり、ベトナムにとってラオスは、それがなければぽきりと折れてしまう添え木のような存在なのだ。だからベトナムにとって、抗仏・抗米闘争の両期間を通じてラオスに影響力を確保することは死活的に重要だった。

それを象徴するのが、ベトナム戦争中、北ベトナムから南部への兵員・物資の補給ルートとして使われた「ホーチミン・ルート」である。ラオス領内を通るこの大動脈を守るため、そしてラオス内戦で友軍のラオス愛国戦線（パテート・ラーオ）の部隊を支援するため、ベトナムは大量の部隊をラオスに送った。

アメリカはベトナム介入の初期からラオスの戦略的重要性に気づいていた。一九六一年一月、退任間際のアイゼンハワー大統領は後任のケネディ次期大統領に対し、「ラオスは東南アジア全域にとってカギになる」との助言を与えている［Summers Jr. 1985：226］。その後のアメリカによるラオスへの大規模介入の規模はこの言葉を裏付けるものとなった。

ラオスの歴史を振り返ると、山国であるため統一的な権力が誕生しにくく、その分裂を周辺国や列強につかれるという「宿命」が浮かび上がる。最初の統一国家であるラーンサーン王国は一八世紀にルアンパバーン、ビエンチャン、チャンパーサックの三王朝に分裂、一九世紀にフランスの植民地となった。その後の抗仏独立闘争も、地域や王族、イデオロギーが絡んだ複雑な様相を呈した。一九五

古都ルアンパバーンのメコン川沿いに建つ国立博物館。1975年の王制廃止までは王宮だった。

四年のジュネーブ協定でフランスが退場すると、代わりに登場したのがアメリカである。

アメリカがテコ入れする右派勢力と、ベトナム解放勢力の支援を受けたラオス愛国戦線との間では、一九六〇年代初めまでに二度、連合政府が樹立された。しかし、アメリカの露骨な介入などのため、結局、呉越同舟は崩壊し、六〇年代半ばに本格的な内戦に突入した。ラオスでの戦闘は事実上、ベトナム戦争の一部となり、影の主役はアメリカとベトナムだった。

それを象徴するのが一九七一年の南ベトナム政府軍によるラオス侵攻作戦（正式には「ラムソン７１９」作戦）である。ホーチミン・ルートを遮断するため、米軍機の全面的な支援の下に約一万五〇〇〇人の南ベトナム軍部隊がベトナム中部からラオス領内に侵攻した。しかし、作戦は完全な失敗に終わり、ラオス国内の戦局は愛国戦線側の優位が鮮明になる。

パリ和平協定が調印された一ヵ月後の一九七三年

二月にはラオスでも和平協定が結ばれた。これを受けて七四年には連合政府が誕生したが、七五年に北ベトナム・解放勢力がベトナム全土を制圧したため、ラオスでも愛国戦線の主導権が確立、王制の廃止や社会主義体制への移行などを柱とする新生ラオスが誕生した。

ラオスで繰り広げられた代理戦争がいかに苛烈なものだったか。それを端的に物語るのが、アメリカがこの小国に投下した爆弾の総量である。米軍機による爆撃は一九六四年から七三年の約一〇年間に及んだが、この間に投下された爆弾は約二一〇万トンに達し、第二次大戦でアメリカが欧州、太平洋の両戦線で投下した全爆弾量を上回った［Tucker 1998：222］。ラオスは面積が日本の本州ぐらいで、人口も五〇〇万人程度の小国だ。アメリカの爆撃がいかにすさまじかったかは、この数字からも明らかである。

これを裏付ける別の数字がある。ベトナム戦争で行方不明になった米兵の国別内訳である。ＶＶＡ（全米ベトナム退役軍人協会）が二〇〇四年一一月に国防総省の発表として明かしたところによると、一八四六人のＭＩＡ（行方不明戦士）総数のうちベトナムで行方不明になったままの米兵が一四〇七人、ラオスが三七七人、カンボジアが五五人、中国領海が七人となっている。ラオスの国の規模を考えれば、ラオスでの行方不明者の数は不釣り合いに多い。

ラオスに派兵したベトナムも多大な出血を強いられた。国営ベトナム通信によると、二〇〇三年から〇四年にかけての乾季に八一三人分の「ベトナムの志願兵と専門家」（隣国への派兵を正当化するため、ベトナム政府は常に「志願兵」という表現を使う。これはカンボジア派兵の場合も同じである）の遺骨がベトナムに送還された。戦争後に送り返された遺骨の累計は不明だが、遺骨の収集と送還に関する両国間の協議は二〇〇四年一〇月までで九次にわたっており、ベトナム側の犠牲の大きさがうかがえる。

❖うずく戦争の傷

筆者は一九九〇年代の半ばに、米軍の猛爆の対象となったラオス北東部のジャール平原を訪れたことがある。爆撃が終わって二〇年以上が経っていたのに、飛行機の窓の下には爆撃でできたクレーターが点々と広がり、往時の爆撃の苛烈さを物語っていた。南部のサワンナケートからベトナムのドンハに抜ける国道九号を九〇年代の初めに走ったこともある。前述した七一年のラオス侵攻作戦の舞台となったところだ。ここで見たのは、爆弾から火薬を抜いた後のおびただしい数の金属ケースである。一部は高床の家屋の柱や塀などに使われ、残りはトラックの荷台に山積みされてスクラップとしてタイに輸出され、貴重な外貨を稼いでいた。いかに大量の爆弾をアメリカが投下したかをここでも思い知らされた。

世界の地雷廃絶グループの集合体である「地雷禁止国際キャンペーン」（ICBL）の二〇〇三年の年次報告によると、二〇〇二年の一年間にラオスで処理された不発弾と地雷は九万九〇〇〇個に及ぶ。不発弾などによる被害は後を絶たず、報告があっただけでも同年に二八人が死亡、七一人が負傷した。このうち半数近くが子供だという。

アメリカのラオス介入の特異な点はラオスに地上部隊を投入しなかったということである。これは米議会から派兵を禁じられていたためだ。その代わりにアメリカが頼りとしたのが前述の猛烈な空爆と、勇猛さで知られる少数民族のモン人（メオ人ともいう）を組織化し、ラオス政府軍とともに解放勢力と戦わせることだった。

モン人は隣接する中国の南部から一九世紀にラオスに移住したとされる。山間部に住み、焼畑農業を主に営むが、狩りを得意とすることでも知られる。フランス植民地時代にはそのほとんどがベトナムやラオスの解放勢力に敵対してフランス当局に協力した経緯があり、ベトナム戦争でも反共勢力の核としてＣＩＡ（米中央情報局）が傭兵化に力を入れた。戦略上の要衝であるジャール平原の周辺の山間部にモン人が多く住んでいたということもあってベトナム戦争では重要な役割を担い、多くの犠牲者を出した。

モン人の傭兵化政策の後遺症は今も深刻だ。アメリカに協力したモン人の多くは戦争終結後、アメリカやフランス、オーストラリアなどに難民として逃れた。その数はアメリカだけでも二〇万人以上と言われる。ほかの一部は隣国のタイに逃げ延びた。しかし、一部のモン人部隊は戦後もラオスにとどまり、今も細々と抵抗活動を続けている。

ラオスでは二〇〇三年になって北部を中心にバスの襲撃事件やタイ国境の検問所が襲われる事件が相次いだ。いずれも犯行グループの正体は不明だが、モン人部隊の残党が関与しているとの見方が多い。在外の支援グループはこの残党集団を「自由の闘士」と呼び、ラオス政府打倒の闘争に従事していると説明している。

しかし、実態はこれとはだいぶ異なるようだ。ラオス国内に潜入して残党集団と接触した外国人ジャーナリストなどによると、老人や子供が多く、粗末な武器しかない。政府軍の追撃を逃れてジャングル内を転々と逃げ回り、食糧にも事欠く有様だという。その数も家族を含めても二〇〇〇人程度という見方が有力だ。

ラオス政府はこの集団を反政府勢力とは認めておらず、一貫して「盗賊」と呼んでいる。武器を捨て、政府に投降すれば恩赦を与えるとの姿勢だ。しかし、政府に対するモン人グループの不信感は強く、このグループと接触したある外国人ジャーナリストは「アメリカが助けに来てくれると今でも彼らは信じている」と語っている。

モン人の受難はラオス国内に限らない。タイ国内に残るモン人難民の扱いに歴代のタイ政府は頭を痛め、難民の一部がラオス国内の反政府勢力を支援していると見るラオス政府との間で外交上の懸案にもなってきた。特にタイ中部のサラブリー県にある難民キャンプの約一万五〇〇〇人の扱いは国内外の強い関心を集め、北部国境地区への移送計画が地元住民の反発で断念に追い込まれるなど、タイ政府の対応は迷走した。結局、米政府が二〇〇三年末に「特別な責任」（ダリル・ジョンソン駐タイ米大使）を理由にアメリカへの移住受け入れを表明し、一応の決着がついたが、この措置は同キャンプ内の難民に限るというのがアメリカの立場である。

アメリカに移住したモン人難民についても、習慣や文化の大きな違いから地元社会と摩擦を起こすことが多く、けっして安住の地とは言えないようだ。

その一方でラオスとアメリカの外交関係は二〇〇四年になって、やっと正常化の最後の一歩を記した。アメリカはベトナムの場合と異なり、ベトナム戦争終結後もラオスとの外交関係を維持したが、その半面、差別的な高率関税を課してきた。ベトナム戦争の残滓とも言うべきその高関税を撤廃する法案が同年一一月に米議会を通過したのだ。それまでの平均四五％という税率から他国（平均二・四％）

並みとなり、対米輸出を促進すると期待されている。アメリカはベトナムとの間では二〇〇〇年に通商協定に調印して通商関係を正常化、カンボジアに対しても一九九六年に差別的措置を撤廃しており、インドシナ三国の中ではラオスが通商関係正常化の最後の国となった。

❖対越重視は変わらず

抗米戦争勝利の原動力となったベトナムとラオスの強固な関係は今も健在である。それを象徴するのが、戦争終結後の一九七七年に両国が結んだ友好協力条約だ。期間は二五年で、その後も一年前の通告がない限り一〇年間、自動延長されるという内容だ。条約締結二五周年の二〇〇二年七月、ベトナムのファン・ジエン共産党政治局員とラオスのチュームマリー・サイニャソーン国家副主席は互いに相手国を訪問、盛大な祝賀集会を開いた。ベトナムにとってラオスは「特別な関係」をいまだに有する唯一の国である。

経済面でも両国の関係は深まっているようだ。ベトナムはかねて経済援助や人材養成などの面でラオスを支援しているが、二〇〇三年七月にはラオス南部のセーコーンに二一万キロワットの水力発電所を建設する覚書に両国は調印した。このニュースを伝えたロイター通信の記事によると、ベトナムによる対外投資としては最大の規模である。このほかにもラオス南部では複数の水力発電所をベトナムとの協力で建設する計画がある。電力の大部分はベトナムに輸出することを想定しており、ベトナムとしては開発の遅れる中部の経済活性化を図る狙いがあるようだ。

ポンサワット・ブーパ副外相は『ラオス国家の発展』と題したラオス現代史の解説書の中で、ベトナムとの友好協力条約と国境画定条約の二つに触れ、「この二つの条約の調印は特別な関係の伝統と共同の武装闘争、両国人民間の友好を基礎としたもので、これらは決して損なわれることがない」と書いている。

ラオスの首都ビエンチャンの郊外には「革命の父」とされる故カイソーン・ポムヴィハーン大統領（人民革命党議長、一九九二年に死去）の記念館がある。一九四〇年代から一貫してラオスの革命闘争を指導したこの人はベトナム人を父とし、ハノイ大学法学部に学んで、ホー・チ・ミンの薫陶を直接受けた。

ラオスは人種的、文化的にはタイに近く、経済面でもタイとの関係が深い。北には巨人、中国がひかえ、経済的影響力を強めている。そうした中で、ベトナムとの「戦闘的連帯」を一身に体現する故大統領を記念する施設が死後に建てられたことは、ベトナムとの「特別な関係」を堅持し、タイや中国への過度の依存を避けるというラオス指導部の決意表明のように見える。

三　カンボジア、大虐殺の影

❖災厄招いた米の介入

イギリス人のジャーナリスト、ウィリアム・ショークロスはカンボジア現代史に関する自らの書に「サイドショー」という題を付けた（邦訳『キッシンジャーの犯罪』）。サイドショーというのは、主な演目に付随する出し物、付け足し、といった意味である。

著者は序言の中でこう書いている。「主戦場はベトナムで、ここに注意が集中していた。カンボジアはいつも陽の当たらぬ舞台裏だった」〔ショークロス　一九八〇年：三〕。その闇の中で行なわれたアメリカの介入がこの小国にどれだけ大きな災厄をもたらしたかを鋭く告発したのがこの書である。

しかし、一九七五年のベトナム戦争終結とともに、脇役は主役の座に躍り出る。権力を握ったポル・ポト派による圧政と自国民の大虐殺、ベトナム軍の侵攻によるポル・ポト政権の崩壊とその後の「第三次インドシナ戦争」とも呼ばれる十数年に及ぶ内戦。この間、カンボジアは世界中の注目を浴び続けることになる。

ベトナムの「戦後」は一応、一九七五年に始まったことになっている。しかし、カンボジア出兵に伴う軍事的・経済的負担と国際的な孤立の深まりは戦後復興に取り組むベトナムを足元から揺るがした。

ベトナムとアメリカの国交樹立は戦争終結から二〇年を要した。その真の理由は「敗戦」に対するアメリカのわだかまりだったと筆者は考えるが、表向きアメリカが関係正常化の条件としたのはカンボジア問題の解決と、ベトナム戦争での（ＭＩＡ）行方不明戦士の「可能な限りの消息解明」の二つだった。ベトナムへの意趣返しと受け取れるこの政策に国際社会の大勢も同調し、ベトナムは長い間、国際金融機関やほとんどの西側諸国からの援助を断たれ、経済は行き詰まった。それを考慮すれば、ベトナムにとって真の戦後の始まりは、カンボジア駐留軍の撤退が完了し、対越制裁が緩和に向かい始めた一九八九年と見るべきだというのが筆者の考えである。

カンボジアの混乱と戦火がベトナムの危機を招くという構図だが、現代史を振り返ると、一九七五年のベトナム戦争（第二次インドシナ戦争）終結まで両国の立場はその逆だった。

一九六〇年代に国家元首としてカンボジアに君臨したシアヌーク殿下（当時）がもっとも腐心したのは、隣国ベトナムの戦火の波及をいかに防ぐかだった。そこで殿下が選んだのは、表向き中立を唱えながらベトナム解放勢力の国内での活動を黙認するという道である。殿下にこれを選択させたのは、民族解放の大義への共感に加え、強力なベトナム解放勢力を敵に回すのは得策でないという現実的な判断だった。

当時、カンボジア国内ではポル・ポトらのカンボジア人民革命党（共産党）が地方で小規模な反政府武装闘争を開始していた。しかし、ベトナム解放勢力はシアヌーク殿下との協調による抗米戦争の遂行を優先し、友党による反政府闘争に手を貸さなかった。この時のポル・ポトらの「恨み」が後にベトナムとポル・ポト派の関係悪化を招く一因になる。ポル・ポト政権が一九七八年に出したベトナム糾弾の書『ベトナム黒書』の中でも、この時期、ベトナムがいかにカンボジアの革命運動を妨害したかを詳述している。

こうしてラオスと同じくカンボジアは、ベトナムの解放勢力にとって聖域と補給路の確保という点で抗米戦争の遂行に不可欠の役割を担うことになった。南部の海港シアヌークビルからはカンボジア政府の了解の下、ベトナム解放勢力向けの補給物資が陸揚げされ、南部戦場での抗米戦争を支える重要な補給ルートとなった。

しかし、ベトナム戦争の激化は結局、カンボジアをも呑み込むことになる。一九六九年にアメリカはカンボジア領内のベトナム解放勢力拠点への秘密爆撃を開始、カンボジア政府内ではシアヌーク殿下とロン・ノル首相ら右派勢力との対立も激化した。七〇年三月のクーデターでシアヌーク殿下はついに政権の座を追われ、その後、約三〇年に及ぶ内戦と圧政の悲劇の幕が上がった。

ロン・ノル政権とこれを全面支援するアメリカに対抗してシアヌーク殿下は民族統一戦線を結成、それまで敵対していたポル・ポトらのグループ（クメール・ルージュ）もこれに加わる。クーデター直後の一九七〇年四月には米軍がベトナム解放勢力の拠点掃討のためカンボジアに侵攻、戦火は全土に拡大した（アメリカでは同年五月にオハイオ州のケント州立大学で学生の反戦デモ隊に州兵が発砲、四人が死亡する惨事が起きたが、これは直接的にはこの米軍のカンボジア侵攻に触発された抗議行動だった）。

五年間の内戦の犠牲者について、戦争終結後にポル・ポト政権は八〇万人という数字をあげている［Tucker 1998：473］。これは当時の人口の約一割に相当する。「サイドショー」どころか、アメリカやベトナムも加わった苛烈な死闘がカンボジアを舞台に繰り広げられたのである。

カンボジア現代史においてベトナム戦争との絡みで特筆すべきなのは、一九七五年にポル・ポト政権誕生という形で内戦が終わるまでのこの五年間に、弱小勢力だったポル・ポトらのグループが権力を握るまでに拡大・成長し、その後の長期にわたるこの国の悲劇を決定付けたという事実であろう。

シアヌーク殿下が呼びかけた民族統一戦線には王党派だけでなく、殿下に素朴な思慕の感情を抱く農民など一般国民の多くが参加した。この内戦に一兵士として身を投じ、後にポル・ポト政権軍を脱走してベトナムに亡命したフン・セン現首相もそうした一人だったと告白している。

内戦の初期、実戦面での反ロン・ノル勢力の主役はベトナムの解放勢力だった。その一方でベトナムは、カンボジア人抵抗組織の育成に力を注ぎ、ベトナム国内にいた「クメール・ベトミン」と呼ばれるカンボジア人グループ（インドシナ共産党が指導する抗仏抵抗運動に参加した人々）をカンボジアに送り返し、解放闘争を支援させた。

しかし、ベトナム解放勢力による実戦支援は、一九七三年のパリ和平協定調印で終わりを告げる。ポル・ポトらは米越間の停戦合意をベトナムによる裏切りと受け止め、両者の関係は悪化、ベトナム解放勢力はカンボジアから駐留部隊を引き揚げた。これを機に、ポル・ポト派によるクメール・ベトミンの粛清も激化、実戦部隊の主導権をポル・ポト派が握ることになる。

シアヌーク殿下は表向き反ロン・ノル勢力の最高指導者ということになっていたが、内戦を通じて常にお飾りの存在でしかなかった。カンボジアを遠く離れて北京で亡命生活を続け、ポル・ポト派に許されて国内の解放区を訪問したのは一九七三年の一回だけという事実がその何よりの証である。こうしてカンボジアの内戦（第一次と言うべきだろう）が終わった時には、ポル・ポト派による解放勢力の支配は確立していた。

❖恐怖支配で大量死

一九七五年にロン・ノル政権が崩壊、権力を手にしたポル・ポト派は「カンボジアの新しい歴史の始まり」と称し、現実を無視して彼らが理想とする共産主義社会を一気に実現しようとした。首都プノンペンや地方の町からは住民がすべて強制的に退去させられ、農村に労働力として駆り立てられた。通貨は廃止され、あらゆる自由がなくなり、国全体が巨大な強制収容所と化した。

ポル・ポト政権の異常さを何よりも象徴するのは、恐怖支配によって直接的、間接的に大量の自国民を死に追いやったという事実である。ロン・ノル前政権の軍人や政府職員、知識人は正体がわかれば殺された。政権内部でも粛清の嵐が吹き荒れ、スパイや裏切りなどの容疑で政権幹部から末端まで多数が犠牲になった。

過労や病気、飢えなどによる死者も加えた犠牲者の総数はどれぐらいなのか。一般には一七〇万人という数字がよく使われるが、三〇〇万人という説もあり、正確にはわからない。しかし、約八〇〇万人という当時のカンボジアの人口を考えれば、ポル・ポト派はカンボジアを民族絶滅の危機に陥れたと言っても過言ではないだろう。

ポル・ポト政権は結局、ベトナム軍の侵攻で一九七九年一月に倒れ、四年足らずの短命に終わる。侵攻の理由は七七年からポル・ポト政権によるベトナム南部への越境攻撃が激化し、中越対立の深まりも手伝って、両国関係の悪化が決定的になったためだ。自らが擁立した親越政権を支えるため、べトナム軍の駐留はその後、一〇年に及び、ベトナム軍は死者二万五〇〇〇人という大きな犠牲を強いられた。

一九八九年のベトナム軍の全面撤退でカンボジアは和平に大きく動き出す。九一年に紛争四派がパリで和平協定に調印、その二年後の国連暫定統治下での初の総選挙を経てシアヌークを国王とする「カンボジア王国」が誕生、和平プロセスは一応、完了した。しかし、ポル・ポト派はその後も小規模なゲリラ活動を続け、組織が消滅したのは九九年のことだ。ポル・ポト自身は派の勢力が先細りになる中、主導権をタ・モク参謀総長のグループに奪われ、身柄を拘束されたまま九八年に死亡した。

カンボジアは一九九三年の総選挙後、それまでの親越政権下の社会主義体制から複数政党制に基づく民主主義体制へと転換した。ベトナムに自らを盟主とするインドシナ連邦創設の野心があったのかどうかは不明だが、カンボジアの体制変革でベトナム、カンボジア、ラオスのインドシナ社会主義陣営の一角が崩れ、ベトナムにとって「特別な関係」を持つのはラオス一国となった。

しかし、カンボジアではその後も親越派の人民党が主導権を握る政権が続いている。一九九三年の最初の総選挙では第二党に甘んじたものの、第一党となった王党派と連立を結成、一九九八年と二〇〇三年の総選挙では人民党が勝利し、フン・

2003年の総選挙で投票をするフン・セン首相。

ポル・ポト派の消滅で、かつてはその拠点だった西部のパイリンも政府の支配下に入った。2003年の選挙キャンペーン。

セン首相の政権基盤は磐石のように見える。「特別な関係」は過去のものになったが、ベトナムから見れば軍事介入の「配当」は今も続いていることになる。

❖根深い対越警戒心

しかし、カンボジアは今後もベトナムにとってきわめて慎重な対応を迫られる存在であり続けるだろう。カンボジア人の間に深く根を下ろすベトナムへの警戒心のためである。シアヌーク前国王（二〇〇四年一〇月に退位し、息子のシハモニ殿下が王位に就いた）はポル・ポト政権の崩壊に至ったベトナムとの対立の遠因として「クメール人全員がもっている、ベトナム人に対する根深い憎悪」を挙げ、「それはイデオロギーのいかんにかかわらなかった」と語っている。［シアヌーク　一九八八：二二七］

カンボジアでは折に触れて、この反越感情が暴

カンボジアには多くの不発弾が残っている。2002年、コンポンスプー州サムロントン地区。

発する。この国をベトナム戦争の火中に投じることになった一九七〇年の反シアヌーク・クーデターの直後には、プノンペンでロン・ノル軍部隊によるベトナム人住民数千人の大虐殺が起きた。これらの住民が「ベトナム（解放勢力）の手先だ」という流言飛語が発端だった。

内戦中、ポル・ポト派が支配する解放区でもベトナム人の大量虐殺は起きていた。「七三年、彼らは何万人というベトナム人居住者をスパイ容疑で処刑した。そればかりか、ベトナムに好意的なカンボジア人共産主義者までもが虐殺された」。［シアヌーク一九八八：二二八］

権力を手にしたポル・ポト派は東部国境でベトナムへの越境攻撃を繰り返した。ベトナム南部のメコンデルタはかつてカンボジア領だったが、ベトナム人の南進で奪われた経緯がある。ベトナムへの攻撃はその失地回復のためであり、国境近くのベトナムの村ではポル・ポト政権軍部隊による住民の虐殺が繰り返された。結果的にこれがベトナム軍によるカンボジア侵攻を招くことになる。

因縁の歴史は今も続いている。和平達成後三度目となった二〇〇三年の総選挙では、王党派のフンシンペック党（民族統一戦線）と野党のサム・レンシー党がベトナム人の不法入国者やベトナムとの国境問題などを取り上げ、有権者の反ベトナム感情をことさらにあおった。選挙戦を有利にする狙いからだが、国際人権団体などは「不当な民族差別」と厳しく批判した。

東西冷戦というイデオロギー対立を軸にベトナム戦争は戦われた。しかし、カンボジアに限っていえば、もう一つの軸はカンボジア人の反ベトナム感情だったと言えるかもしれない。戦争や対立のさまざまな局面でこの地下水脈が噴き出し、波紋を広げた。冷戦が終結した後もカンボジアで戦火が続いた大きな要因もここにある。

約三〇年に及んだカンボジアの戦火はやっと終わり、インドシナ全体に平和が訪れた。ベトナムとカンボジアが普通の隣国として付き合う環境が整ったと言える。しかし、両国が安定し成熟した関係を構築するにはまだまだ長い時間がかかりそうである。

カンボジア国内に目を向けても、内戦と圧政の後遺症はあまりにも大きい。今も国民を殺傷し続けている夥しい数の不発弾・地雷、世界の最貧国の一つにまで落ち込んだ経済（二〇〇二年時点で一人当たり国民総所得が二八〇ドル）、蔓延する汚職——と問題は山積している。復興への取り組みとともに、もう一つカンボジアに求められているのは、ポル・ポト派による大量虐殺という過去の清算だが、その作業の歩みも遅い。

❖遅れる過去の断罪

虐殺の責任追及の動きが本格化したのは一九九〇年代末にポル・ポト派が消滅し、同派の指導者が相次いで投降するか拘束されてからだ。国連は当初、案件の重大性から自らの主導で国際法廷を設置することを提案したが、カンボジア政府はこれに抵抗し、結局、外国人判事も参加する「特別法廷」をカンボジア国内に設けることで決着した。

その後も判事の構成について過半数を外国人にするよう国連が求めたため交渉は難航したが、最終的に「判事の過半数はカンボジア人とするが、判決には過半数プラス一の賛成が必要」とすることで合意が成立した。外国人判事側に事実上の拒否権を与える内容で、カンボジアの司法の信頼性に対する根強い不信感がこの背景にある。

カンボジア政府と国連が二〇〇三年六月に署名した最終合意文書によると、①特別法廷は二審制とし、判事の構成は一審がカンボジア人三人、外国人二人、上訴審はカンボジア人四人、外国人三人とする。②最高刑は終身刑。③審理は原則としてすべて公開する——などとしている。しかし、二〇〇三年七月の総選挙後、連立交渉の難航から約一年にわたって政治の空転が続いたため、カンボジア国会による最終合意の批准は大幅に遅れた。裁判の経費負担や判事の選任などの課題も残っており、法廷の開設は早くて二〇〇五年になる見通しだ。

最高指導者として大量虐殺に最も大きな責任を負うべきポル・ポトはもはやいない。差し当たり特別法廷で裁かれることが確実なのは、裁判を念頭に身柄を拘束中のタ・モク元参謀総長とプノンペン市内のトゥルスレン政治犯強制収容所のカン・ケク・ユー（通称ドゥーチ）元所長の二人だけである。

前者は冷酷な殺し屋として恐れられた片足の軍事指導者、後者は二万人近い政治犯の死に直接責任を負う立場にあった。トゥルスレン収容所は恐怖支配の何よりの証であり、ポル・ポト政権崩壊後は処刑された政治犯の多数の写真とともに虐殺記念館として公開されている。

ポル・ポト派のナンバー２と言われたヌオン・チア元人民代表議会議長と同派の「顔」だったキュー・サムファン元幹部会議長の二人も訴追を免れそうにない。二人とも一九九八年に投降した後は拘束もされずに自由の身にあるが、かつてのポル・ポト派根拠地の西部パイリンで事実上の隠遁生活を送っている。もう一人、訴追されるかどうか関心を集めているのがポル・ポトの片腕とも言われたイエン・サリ元副首相である。九六年にいち早く投降、ポル・ポト派分裂・解体に道を開いた功績からシアヌーク国王（当時）の恩赦を受けた。その扱いは特別法廷設置問題の争点の一つにもなったが、国連との最終合意では特別法廷に判断を委ねるとし、訴追に含みを持たせている。

特別法廷ではポル・ポト派という妖怪を生んだ国際環境にも光が当たることが期待されている。ポル・ポト派の恐怖支配と組織としての延命には直接・間接に、中国やアメリカ、ＡＳＥＡＮ（東南アジア諸国連合）各国などが関わった。とりわけ中国の関与は圧倒的である。

ポル・ポトらは中国の大躍進政策や文化大革命から強い影響を受け、権力掌握後はそれを極端な形で実行に移した。自ら鎖国の道を選んだポル・ポト政権に対し、中国はほとんど唯一の後ろ盾として多大な軍事・経済援助を与え、ソ連（当時）の手先と見たベトナムの消耗を図る手駒として利用した。ポル・ポト派への中国の肩入れぶりは、ポル・ポト政権を打倒したベトナムへの「懲罰」と称してベトナムの北部国境に武力侵攻した（中越戦争）事実からも明らかである。特別法廷設置問題で中国は、

「カンボジアの内政問題」として消極的な態度に終始したが、これは自らの関与が蒸し返されるのを嫌ったためという見方が強い。

プノンペンの南西約一五キロのチュン・エクという地区にポル・ポト派の凶行を象徴する処刑場がある。トゥルスレン収容所での拘置・尋問の後、政治犯はここに送られ、処刑された。筆者がここを再訪したのは二〇〇二年の末だったが、管理人の話では全部で一二九ある死体を埋めた穴（一つの大きさは直径七〜八メートルぐらいか）のうち八六を掘り返し、八九八五体を回収したという。そのほぼ一〇年前に訪れた際は、一面剥き出しの土に覆われ、足元には小さな骨片も転がっていた。今回は、構内全体が緑に覆われ、一見、公園のような印象だったが、地面のあちこちでは犠牲者のものと見られるぼろ雑巾のような衣服が露出し、凶行の現場であることを改めて実感させられた。

気になったのは見学者のほとんどが外国人で、ガイド以外の一般のカンボジア人の姿がほとんどなかったことである。管理人によると、一日に平均八〇〜九〇人の外国人がここを訪れる。カンボジア人は見学料（二ドル）を取らないので、正確にはわからないが、五〇人ぐらいだろうということだった。記念館となっているトゥルスレン収容所も目立つのは外国人ばかりだ。筆者は一九九一年の湾岸戦争の際にイスラエルを訪れたが、エルサレム郊外のホロコースト記念館「ヤド・バシェム」で見た風景――学童の集団見学も含めて多くのイスラエル人がいた――とは対照的である。

カンボジアでは和平達成後の人口の急増もあって、大量虐殺の記憶は確実に薄れつつある。過ちを繰り返さないためには、責任者の断罪とともに、教育などを通じて自らの歴史を直視し、悲劇の風化を防ぐ努力を続けることがこの国に切実に求められているように思える。

参考文献

石井米雄、桜井由躬雄編　一九九九年『東南アジア史Ⅰ』山川出版社
ウィリアム・ショークロス　一九八〇年『キッシンジャーの犯罪』（鎌田光登訳）パシフィカ
桜井由躬雄、石澤良昭　一九七七年『東南アジア現代史Ⅲ』山川出版社
ジャン・ラクチュール　一九六八年『ベトナムの星　ホー・チ・ミン伝』（吉田康彦・伴野文夫訳）サイマル出版会
ノロドム・シアヌーク　一九八八年『シアヌーク・最後の賭け』（友田錫訳）河出書房新社
ノロドム・シアヌーク、ジャン・ラクチュール　一九七二年『北京から見たインドシナ』（友田錫訳）サイマル出版会
ピエール・ルッセ　一九七四年『ヴェトナム共産党史』（角山元保訳）柘植書房
古田元夫　一九九五年『ベトナムの世界史』東京大学出版会
ベトナム労働党史編纂委員会、ベトナム外文書院　一九七五年、『ホー・チ・ミン』（原大三郎、太田勝洪訳）東邦出版社
ミルトン・オズボーン　一九九六年『シハヌーク』（石澤良昭監訳、小倉貞男訳）岩波書店
民主カンボジア外務省編　一九七九年『ベトナムを告発する――「黒書」全訳』（日本カンボジア友好協会監訳）社会思想社

A group of Cambodian jurists. 1990. *Documents, People's Revolutionary Tribunal held in Phnom Penh for the trial of the genocide crime of the Pol Pot-Ieng Sary clique*. Phnom Penh: Foreign Languages Publishing House
Becker, Elizabeth.1986. *When the war was over*. New York: Simon and Schuster.
Boupha, Phongsavath. 2002. *The Evolution of the Lao State*. Delhi: Konark Publishers.
Chanda, Nayan. 1986. *Brother Enemy*. New York: Collier Books.（日本語訳『ブラザー・エネミー』友田錫・滝上広水訳、めこん）

Chandler, David P.. 1991. *The Tragedy of Cambodian History*. New Haven: Yale University Press.
——— 1992. *A History of Cambodia*. Colorado: Westview Press.
——— 1992. *Brother Number One*. Colorado: Westview Press.（日本語訳『ポル・ポト伝』山田寛訳、めこん）
Randolph, R. Sean. 1986. *The United States and Thailand: Alliance Dynamics. 1950-1985*. California: Institute of East Asian Studies. University of California.
Stuart-Fox, Martin. 1986. *Laos, Politics, Economics and Society*. London: Frances Pinter (Publishers) Limited
Summers Jr., Harry G. 1985. *Vietnam War Almanac*. New York: Facts On File Publications
Tucker, Spencer C.. 1998. *The Encyclopedia of the Vietnam War*. California: Oxford University Press

第四章　ベトナム革命戦争と中国

中野亜里

中国は抗仏・抗米戦争期を通じてベトナム革命勢力に援助を提供したが、そこにはアメリカとの直接対決という事態を回避し、さらに北ベトナムをソ連と切り離し、中国の路線に同調させようとする意図が働いていた。

一方、戦争期のハノイ指導部にとっては、民族解放と南北統一を早期に達成することが至上の目的であり、中国から援助は受けても同国の過剰な干渉は受け入れられなかった。

社会主義国が同じ陣営の国を支援するという形をとっていても、両者の思惑には根本的な相違があった。米軍のインドシナ撤退後はそれが一挙に表面化し、中国・ベトナム・カンボジアというアジアの社会主義国どうしの戦争にまで発展した。

本章では、中国の関わりという視点から抗仏・抗米戦争を振り返り、その後のベトナム軍のカンボジア侵攻、中越戦争にどのように結びついたのかを見てみよう。

一　ジュネーヴ協定と中国

❖抗仏戦争と中国モデル

中華人民共和国成立直後の一九四九年一二月、ホー・チ・ミンはモスクワのスターリンを訪問し、やはりモスクワを訪れていた毛沢東とも会見した。そして、ベトナムに対する中ソ両国の支持を確保するため、中国をモデルに社会主義革命闘争を進めることを決意した。中国モデルとは、強い共産党に指導された広範な民族統一戦線を担い手とし、武装闘争を重視する革命闘争だった。

一九五一年二月に開催されたインドシナ共産党第二回大会は、党を「ベトナム労働党」と改称して公然化し、ベトナム民主共和国がソ連・中国を中心とする社会主義陣営の一員であることを主張した。労働党は「マルクス・レーニン主義」と共に「毛沢東思想」を党の指導理念とした。つまり、政治イデオロギーの面で中ソとの連帯を示し、抗仏闘争で中国の支援を受ける条件を整えたのである。

抗仏戦争の時期には、国家の安全保障を最優先課題とする点で、ベトナム革命勢力と中国指導部の立場は一致していた。両国はアメリカ政府、特にダレス国務長官の中国封じ込め政策やドミノ理論に対し、各々の国益を守るために統一行動をとる必要があった。中国は抗仏戦争でベトミン軍に対する唯一の支援者となった。一九五〇年の秋から冬にかけて、ベトナム北部国境地帯の戦いで、中国は二つの面から支援を行なった。まず、一九五〇年半ばからベトナム人民軍第三〇八師団の二個連隊と一部の軍要員を広西省で訓練し、これらの部隊に新しい武装を提供した。そして、中国の顧問団が作戦計画の策定を手伝った。

現在、国外に在住している元ベトナム人民軍関係者は、当時を振り返って、中国の援助がなかったらディエンビエンフー作戦は開始できなかっただろうと語っている。ただ、中国の顧問団は、戦闘の指揮権を握ることはなかったが、戦況を北京に逐一報告し、毛沢東、周恩来、劉少奇らはそれを元にベトナム側に干渉し、中国指導部の意見を受け入れるよう圧力をかけたという［Bui Tin 2003］。

中国が建国の当初からベトナムに関与したのは、第一に同国に対する歴史的な関心のため、第二に建国初期の革命的な情熱と理想主義のため、第三にトルーマン政権の中国包囲政策に対抗するため、第四にスターリンが中国のベトナム関与を容認、支持したため、と分析されている［朱　二〇〇一：一八］。当時の中国の対外政策には、ベトナムに対するそれも含め、いわゆる中華思想やあからさまな内政干渉はなく、プロレタリア国際主義が基調になっていた。

❖ジュネーヴ会議における中国の思惑

後のハノイ指導部は、中国のベトナムに対する最初の裏切りは、一九五四年のジュネーヴ会議における行動だったと述懐している。当時、中国は朝鮮戦争のために遅れた国内の政治、経済の立て直しに取り組んでおり、社会主義化政策を進めるためにも、対外的な紛争は避けねばならなかった。したがって北京指導部は、アメリカをはじめとする帝国主義諸国との緊張緩和政策を選んだのだった。

ジュネーヴ会議における中国の目的は、インドシナの戦争を早期に終結させ、アメリカがインドシ

1955年にホー・チ・ミンが北京を訪れて毛沢東に会った時の写真が2001年にハノイで作成された絵葉書に使用された。発行元はハノイ主席府ホー・チ・ミン遺跡区（小高泰）

ナに大規模な軍事介入を行なう可能性を未然に封じることだった。北京指導部は、フランス軍とベトミン軍の戦闘が膠着し、それまでフランス軍を背後で支援していた米軍が直接介入してくることを恐れた。そうなると、朝鮮戦争の時のように中国も参戦せざるを得なくなり、その結果国内の経済建設はいっそう遅れ、軍事的にも不利な状況に追い込まれる。そう考えた中国は、ジュネーヴでフランス側と交渉を行ない、朝鮮半島と同様の解決方式、つまり北緯一七度線を境界にベトナムを分断する方向で合意した。そして、ベトナムに敵側と妥協するよう圧力をかけた。

アメリカとの対立を避けるため、中国は南北に分断されたベトナムの現状維持を望み、革命勢力が武力で統一を急ぐことにも反対した。一九五四年七月二二日、ジュネーヴ協定締結から僅か二四時間後に、周恩来は南ベトナムのゴ・ディン・ジエムに対し、北京に南ベトナムの公館を設置する案をもちかけた。ハノイ指導部はこの案を、南ベトナム政府を事実上承認し、分断状態の固定化を図るものとみた。毛沢東は、「南北分断の問題は短期では解決できない。一〇年でだめなら一〇〇年かかるだろう」（一九五六年一一月）、「一七度線の国境は長く維持されるほど良い」（一九五七年七月）と語ったという。鄧小平は「武装勢力を用いれば、南北統一を果たして勝利するか、あるいは北部まで失うかのどちらかだ」と北ベトナムに警告した［Nha xuat ban Su That 1979：39-41］。

ハノイ指導部は、ジュネーヴ会議にラオスとカンボジアの革命勢力が代表を送れなかったのも、中国の裏切りのせいだと考えていた。そのために、ベトナム、ラオス、カンボジアの国益は侵害され、革命勢力の勝利は限定的なものとなり、三国はその後も闘い続けなければならなかった、とハノイは後に北京を非難した。中国側の史料によれば、ベトナム側はラオス人、カンボジア人を少数民族とみなして「インドシナ連邦」を作ろうとしていたとされている。それに対し、中国側はジュネーヴ会議以後、三国をそれぞれ別々の国家として厳格に区別するよう主張した［朱　二〇〇一：二〇〜二二］。中国としては、米軍介入の危険を招かないよう、周辺諸国の政権は中立である方が好都合だった。北京指導部は、インドシナにベトナム革命勢力が統一的に指導する強力な国家が成立し、米軍との対決の危険が増大することを防ごうとしたのである。

❖中ソ論争と北ベトナム

中国は北ベトナムに顧問団を派遣し、彼らの指導下で土地改革が実施された。しかし、改革は中国とベトナムの実情の差を考慮せずに行なわれ、その結果、多くの犠牲者を出すことになった。労働党は、一九五六年の中央委員会総会で政策の修正を決定した。チュオン・チン書記長は土地改革の誤りの責任をとって辞任し、かわってレ・ズアンが一九五七年に書記長代理に就任、一九六〇年には第一書記となった。

チュオン・チンが中国と関係が深かったのに対し、レ・ズアンは南部の革命指導者で、中国から遠い立場にいた。南部の党幹部は、北部への撤収を強いられたことに不満を持ち、ジュネーヴ会議でベトナム分断の圧力をかけた中国にも批判的だった。南部の根拠地にいた幹部たちは、北部の根拠地で建設を支援した中国人顧問団との信頼関係もなかった。レ・ズアンの第一書記就任以後、ハノイ指導部は中国側の態度を常に懐疑的に見るようになった。

一九五〇年代末から六〇年代初めの時期には、ハノイ指導部の世界情勢に対する認識は、ソ連のそれと基本的に同じだった。つまり、帝国主義陣営は全般的危機を迎えており、世界戦争をしなくても帝国主義は次第に弱体化してゆく、世界戦争は核戦争に発展する恐れがあるから絶対に避けなければならない、という見方である。世界戦争を回避するため、社会主義陣営が帝国主義陣営との平和共存路線をとることは正しい、とハノイは考えていた。しかしまた一方で、社会主義陣営の頂点に立つソ連が、世界の民族解放勢力を支援するのは当然であり、戦争を避けるためという理由で民族解放闘争への支援をためらうべきではない、とも主張していた。そして、フルシチョフ書記長が対米平和共存を重視するあまり、ベトナムの民族解放闘争支援に消極的であることを批判した。

一九六三年に入ると、北ベトナムはソ連に対する批判姿勢で中国と一致するようになった。ハノイが北京に同調したわけではなく、アメリカとの平和共存のためにベトナム援助をためらうフルシチョフの姿勢を改めさせるためだった。一九六三年一二月の中央委員会総会では、ソ連の「現代修正主義」が批判され、レ・ズアン第一書記は演説の中で、毛沢東理論を現代のレーニン理論に匹敵すると高く評価した［三尾　一九八二］。

当時のアメリカは、ベトナム労働党が中国寄りの姿勢を鮮明にしたと受け止めたが、必ずしもそうではなかった。「現代修正主義」批判は、中国と同じことを言いながらも、反修正主義闘争のやり方については中国に批判的だった［古田　一九九〇］。一九六三年に数回開かれた中越間の会談で、北京側はハノイに対し、ソ連を頂点とする社会主義陣営を否定した毛沢東の論理に同調するよう求めた。そして、北ベトナムに援助を提供する交換条件として、ハノイがソ連の援助を拒否するようもちかけた。そのねらいは、援助の独占権を握って北ベトナムを中国に依存させ、反ソ路線に従わせることだった。

ハノイ指導部は、社会主義諸国による「アメリカの南ベトナム侵略と北ベトナム攻撃を批判する共同声明」の草案を作成し、一九六五年二月にそれを提示した。しかし、北京指導部はその草案を退けた。ソ連は、社会主義陣営がベトナムの抗米戦争を支援する統一行動をとることを主張し、それについて協議するためにソ連、中国、北ベトナムの三党が会議を開くことを提案した。しかし、北京側は同年三月にそれを拒絶した。翌四月には、ソ連が提案した北ベトナムの安全保障のための統一行動案にも拒否の意向を表明した。その結果、中国領内に飛行場を設置し、ソ連と北ベトナムを結ぶ中国経由の航空路を開設するという計画も実現しなかった。

ホー・チ・ミンは一九六五年五月から中国に赴き、五月一六日と六月前半に二度にわたって毛沢東と会談した。この時、両者の間では、ソ連との関係、個人崇拝の問題、米軍による北爆への対処などをめぐって激しい論争が交わされたという。しかし、両者の認識は一致することなく、会談は決裂した。一九六六年二月の中越首脳会談では、ベトナム革命勢力を支援する国際統一戦線の設立が議題となったが、毛沢東はこれを拒否した。そして、代わりにソ連を排除した中国主導の「世界人民戦線」の設立を主張した。

中国はそれでも、人民解放軍による北ベトナム支援に踏み切った。北京指導部としては、ソ連との対抗上からも、自らの革命理論の正統性を証明するためにも、ベトナム革命勢力への援助を拡大せざるを得なかった。アメリカが一九六五年にベトナムへの直接介入に踏み切ってからは、ハノイ指導部としても中国の軍事・経済・技術面の援助は有益だった。しかし、一九六五年五〜六月のホー・チ・ミンと毛沢東の会談が決裂し、ベトナム労働党の内部でレ・ズアンの地位が確立したことで、ハノイ指導部内の親ソ派に対するホー・チ・ミンの抑制力は弱まった。

二　抗米戦争に対する中国の政策

❖対米対決を恐れた中国

ハノイの労働党中央は一九五九年の中央委員会総会で、南ベトナムで政治闘争と同時に武力闘争も推進することを決定した（三九頁参照）。ハノイは北京にも支持を求めたが、中国側は、北ベトナムの社会主義革命と建設が「最も根本的、かつ主要で緊急な課題」であり、南ベトナムでは当面「革命的な変革を行なう情勢ではない」とみなし、長期的な隠密工作を進めながら時期を待つべきだと主張した。一九六〇年五月の中越間の会談で、北京側は南部で政治闘争に武装闘争を結びつけることに反対し、南部の解放勢力には政治面の支援のみを行なうべきだと主張した。

ハノイ指導部にとって、南部の解放と国家統一は最優先任務だったが、中国は北ベトナム人民軍が南下して南ベトナム軍と戦い、勝利をおさめて南北統一を図るという方針を支持しなかった。北ベトナムから見れば、これは中国による内政干渉だったが、当時は表立って反発することはなかった。一九六〇年のベトナム労働党第三回大会でも、ホアン・ヴァン・ホアンに代表される親中国派が、二つの戦略的任務を同時に遂行すること、つまり北部で社会主義建設を行なうと同時に、南部で民族解放闘争を進めるという路線に異を唱えた。

一九六〇～六二年の時期の中国側の思惑は、米軍による戦争拡大を防ぐために、北ベトナムに限定的な軍事支援を行なうというものであった。中国としては、国内が経済困難に陥り、インドとの国境紛争が激化している状況で、アメリカと衝突することがあってはならなかった。北京指導部は、南ベトナムでは小隊もしくは中隊による小規模なゲリラ戦を長期にわたって展開し、敵を北ベトナムに引き込んで攻撃するように助言した。ハノイ側は、北京が北ベトナム人民軍の近代化と強化を助けることを拒み、小火器の類や兵站への支援しか提供しないことに不満を持っていた。

北京指導部は、朝鮮戦争の経験に基づいて米軍の行動を分析していた。同指導部の理解では、米軍のインドシナ介入の最終的な狙いは中国だった。つまり、朝鮮半島、台湾、インドシナの三方向から中国本土へ侵攻する戦略の一環ということである。戦争が中国本土に拡大し、米軍と人民解放軍が直接衝突することだけは回避しなければならなかった。朝鮮戦争に参戦して、中国は政治、外交、経済各方面で大きな打撃を受けたため、インドシナで再び米軍と対峙することを恐れていた。したがって、ベトナムでの戦争が早期に決着するのではなく、小規模なゲリラ戦が長期化すること、そのためにも南北の分断状態が継続することが中国の利益になるのだった。

北京指導部は、アメリカがベトナムで「泥沼にはまる」ことは歓迎していたが、中国人民解放軍がベトナム領内で米軍と対決し、大規模な紛争に拡大することは望まなかった。同指導部は、革命勢力の勝利を展望しながらも、ハノイ指導部がアメリカ側を挑発して戦争がエスカレートしないよう強く望んだ。したがって、北ベトナムに積極的な支援を与えはしたが、同時に同国の自力更生を主張していた［古田　一九九〇］。

❖中国人民解放軍の北ベトナム派遣

北京指導部が方針を転換したのは一九六三年のことだった。国内経済が回復したという判断と、ソ連との論争が激化していたことから、毛沢東は南ベトナムにおける武力闘争への支持を大幅に拡大することを決断した。北ベトナムを中国側に取り込み、中国式革命の成功例とすることが北京の思惑であった。

一九六三年一月、北ベトナムと中国の軍幹部が相互訪問を行ない、中国軍の北ベトナム支援についての秘密合意が成立した。それは、米軍が北ベトナムに侵攻した場合、中国は地上軍をもって参戦し、北ベトナムの防御を引き受け、北ベトナム人民軍は南部に入って戦うというものであった。しかし、この合意では、中国は原則的に一九六五年六月までに、北ベトナムに航空機を提供するはずだったにもかかわらず、中国人民解放軍参謀当局は同年七月、航空機は供給できないと北ベトナム側に伝えた。戦争の長期化を望んでいた北京としては、敵に打撃を与え、戦局を劇的に変化させるような手段は与えたくなかったのであろう。翌一九六六年八月の会談の場でも、中国側は空軍でハノイを防衛する可能性を否認した。

人民解放軍の北ベトナムへの出動は一九六五年六月九日から始まった。以後、一九七〇年代初めまでに、北ベトナムに派遣された中国軍兵士は延べ三二万人を超えた。中国による派兵の事実は極秘にされた。というのも、朝鮮戦争に中国の人民義勇軍が公式に参戦し、国の内外や各界に動揺をもたらした経験があったためである。アメリカも派兵の情報はつかんでいたが、公式には発表しなかった。

中国が北ベトナムに支援部隊を派遣した狙いは、第一に、北ベトナムにおける中国軍の存在を示すことで、アメリカに地上戦を拡大すれば中国と戦争することになる、という警告を与えること。第二に、米地上軍が万一北ベトナムに侵入した場合、それに対処すること。第三に、北ベトナムの前線への輸送や防衛施設の強化、防空作戦に関与することで、ベトナム人を精神的に支えると同時に、北ベトナム人民軍がより多く南の前線に行けるようにする、というものであった［朱　二〇〇一：三七五］。

中国軍のほとんどは後方支援部隊で、北ベトナム領内だけで活動し、前線で戦闘に参加することはなかった。支援部隊の兵士は、ダムや井戸、学校、水路、道路、橋などの建設に携わり、住民に対する医療、散髪や清掃のサービスまで提供した。その過剰とも言える奉仕が、北ベトナム側のプライドを傷つけたことは想像に難くない。北ベトナム側は、中国の援助がハノイ政府に対する国民の信頼や忠誠心に影響することを警戒した。中国が他国に経済・軍事援助を実施したり、顧問団を派遣する時は、常に相手国を中国の路線に従わせるのが目的であるとハノイは見ていた。

三　革命戦略論をめぐる対立

❖文革に対する北ベトナムの警戒

一九六六年夏以降、中国のプロレタリア文化大革命（以下「文革」）が、北京とハノイの党・政府間に深刻な軋轢を生んだ。文革の理念は階級闘争を要としていたが、北ベトナムではレ・ズアンの現実主義路線が党内で主流を占めるようになっていた。それは、生産関係の革命（階級闘争）よりも生産力の発展を重視し、物質的刺激によって生産性の向上を図るというものであった。一九六〇年代後半からの北ベトナムは、かつての中国モデルを見直し、技術革命を要とする路線へと比重を移したのである。

中国人民解放軍の兵士は北ベトナム国内で毛沢東思想を宣伝するようになり、紅衛兵も国境を越えて「支援」（現地造反）にやってきた。ハノイ指導部にとっては、抗米戦争のためにすべての階層の国民を総動員しなければならず、いたずらに階級間の対立を煽る文革の輸出は危険なものだった。

北京指導部は、北ベトナムを刺激しないよう、派遣される部隊に対し、ベトナム人と「談論してもよいこと」と「談論してはいけないこと」を定めた。談論してよいのは、フランス、アメリカとの戦いについて、戦闘生活について、戦いの経験と方法についてであり、談論してはならないのは、「反修正主義」について、文革について、ベトナムの党・軍内部や南北間の矛盾について、というものであった［朱 二〇〇一：四三二］。

ハノイ指導部は、公式の場で文革を直接的に非難することはなかったが、革命指導者の神格化や個人崇拝を批判する論調を公表し、間接的に意思を表明した。中国に留学中のベトナム人学生も帰国を命じられた。北ベトナム国内の華人住民は文革派の手先と疑われ、一九六五年以後は『人民日報』『光明日報』『人民画報』『紅旗』など中国の新聞・雑誌の購読は制限され、ラジオの北京放送の受信も監視されるようになった。レ・ズアンは、かつては毛沢東思想への賞賛を表したこともあったが、そのような論調も姿を消した。一九六七年以後は、華人学校がベトナムの学校に吸収合併され、党・政府機関や軍部の華人系の幹部は左遷された。北ベトナム側は、人民軍の状況や確かな兵力数などについて、中国側に情報を提供しなくなった。これは、一九五〇年代から行なわれてきた両国の党・国家指導者の協議が事実上停止したということであった。

毛沢東の人民戦争論は、「農村から都市を包囲する」という戦術が基本であった。ハノイ指導部は当初これを高く評価しており、前述の一九六三年一二月の中央委員会総会でも支持を表明した。しかし、中国の人民戦争論をそのまま南ベトナムの武装闘争に適用するのではなく、あくまで「創造的に適用」するとも主張していた。ハノイ指導部は一九六〇年代初めから、八月革命方式を基本とする独自の人民戦争論を作り上げていた。それは、武装闘争と政治闘争を結びつけ、農村の蜂起と都市の蜂起を結びつけて権力を奪取するというものであった。そして、一九六八年のテト攻勢でその方法論の正しさが証明されたと考えた。一九七一年二月に実施された国道九号作戦[*1]と、一九七二年の春季大攻勢[*2]で、ハノイ指導部はさらに自らの論理の正しさに対する自信を強めた。

一九七八年以後、中国との対決が決定的になった時期にハノイ指導部は、毛沢東思想の本質は「小ブルジョア・ナショナリズム」であり、これは帝国主義と容易に結びつく「反革命」「反動主義」の思想であると断定した。そして、文革とは決して革命などではなく、中国人民が築き上げた党と国家を破壊する一種のクーデターであり、その指導者は世界の社会主義陣営と労働者の階級闘争を裏切る「大国ショービニズム」「大漢民族膨張主義」「大国覇権主義」の体現者だと非難した。

ハノイ指導部は、ベトナムの革命闘争は、世界の労働者階級および被抑圧民族の運動と一体であると自認していた。中国革命との違いについては、次のように主張した。すなわち、ベトナム労働党は多くの小ブルジョアや知識人を包摂しており、科学技術者や熟練労働者を重視している。そして、労働者階級が率いる堅固な労農同盟を基盤とし、すべての愛国勢力を結集した民族統一戦線を形成した。これに対し、毛沢東思想は農民と小ブルジョア階級を闘争の主体とし、労働者階級を軽視している。ベトナム革命は政治闘争と武装闘争を結合させたが、中国では武装闘争を重視し、政治闘争を軽視した、というものである。しかし、抗米戦争という状況から考えれば、北ベトナムが文革を拒絶したのは、世界の革命運動全体の利益よりも、民族解放という自国の利益のためであったろう。

中国側が、抗米戦争期に北ベトナムに支援部隊を派遣したことを初めて公表したのは、中越対立が武力衝突にまで拡大した一九七九年のことだった。ベトナム側は、同じ年に出版された中越関係史についての文献で、中国人民解放軍の北ベトナム駐留についてごく僅かに、しかも否定的な調子で言及した。それによると、数万の人民解放軍は後方部隊という名目で、北部各省に一九六五年から六八年まで駐留し、北ベトナム国内の反動的な華人住民と共に毛沢東思想と文革を宣伝し、スパイ網を張り巡らしたとされている。また、文革を逃れた難民と称する中国人たちが、ベトナムの北部各省にやってきて秘密諜報部隊を組織したという。一九七〇年九月の中越首脳会談で、毛沢東はこれらの活動の責任を認めたことになっている［Nha xuat ban Su That：54］。

＊1　**一九七一年の国道九号作戦**　一九七一年二月八日、南ベトナム政府軍の歩兵師団、機甲旅団、レンジャー部隊が米軍の砲兵と航空機の支援を受けて国道九号を西へ進撃し、ラオス領に侵攻した。北ベトナム人民軍と解放戦線の大規模な反撃で南ベトナム軍は九〇〇〇人を超える死傷者を出し、三月中旬にラオス領から駆逐された。

＊2　**一九七二年の春季大攻勢**　労働党政治局の一九七一年五月の会議で決定され、一九七二年三月三〇日から開始された北ベトナム人民軍による大攻勢。戦車隊を伴った人民軍主力部隊が一七度線を越えてクアンチ省に進撃し、中部高原やサイゴン西北部でも攻撃を実施した。アメリカはＢ52戦略爆撃機を総動員して全面北爆を再開し、五月には北ベトナム港湾を機雷封鎖した。

❖「主敵」認識の相違

中ソ対立が激化した一九六〇年代末から七〇年代初めにかけて、毛沢東はかつての「中間地帯論」[*3]に代わって、「三つの世界論」[*4]を展開し、主要な敵をアメリカからソ連に変更した。「中間地帯論」は、味方にできる勢力ならば、その階級的性格とは無関係に戦列に加えるという論理であり、ハノイ指導部としてはもともと認め難いものだった。「三つの世界論」に至っては、階級闘争の観点を無視した「敵（ソ連）の敵（アメリカ）は味方」という論理で、ソ連の「社会帝国主義」「覇権主義」に反対する勢力は、政治イデオロギーや階級性を問わず同盟者とみなしていた。ハノイ指導部は、これをアジア、アフリカ、ラテンアメリカにおける反帝・民族解放勢力を分裂させ、同勢力をソ連に敵対させることを目論む論理と考えた。

中国で文革派が実権派に勝利すると、階級闘争を要とし、思想・文化革命を最重視する三大革命運動が展開された。一九六九年以降、北京とハノイの間では、社会主義国家建設路線や内外政策で基本的な相違が表面化するようになった。この年には、中国とソ連の対立は国境での武力衝突にまで発展し、北京指導部はソ連を主敵と位置づけるようになった。九月にホー・チ・ミンが死去し、後継の指導者たちは彼の遺志を継いで、中ソ間で中立を維持するよう努めた。しかし、中越両党の革命理念の差異は、ベトナム革命勢力にとってはより現実的な利害に関わるものだった。というのも、北京側はしばしば、援助を武器としてハノイ側に圧力をかけていたからである。一九六九年の中国の北ベトナムへの援助額は前年比で二〇%削減され、さらに一九七〇年には同比五〇%以上が削減された。

この時期の北京とハノイの革命論の相違は、第一に「主要敵」の認定、第二に世界の革命勢力についての認識、第三に革命戦略にあった。

第一点については、北ベトナムの主敵はアメリカだったのに対し、中国は「三つの世界論」で完全に敵と味方の規定を逆転させ、ソ連を主要敵としていた。第二点では、北ベトナムは社会主義陣営を第一とする「三つの革命潮流」（三六頁参照）を世界の革命勢力とみなしたのに対し、中国は「三つの世界論」で言う「第二世界」と「第三世界」を革命勢力とし、社会主義陣営はもはや存在しないとみなした。第三点では、北ベトナムが社会主義陣営と国際共産主義運動の分裂を阻止し、連帯の復活をめざしたのに対し、中国は反ソ統一戦線を形成するために、イデオロギーや政治体制とは無関係に勢力を結集しようとした。一九七八年以降、両国の関係は修復不可能なまでに悪化したが、その対立の根源には、主敵をアメリカとするかソ連とするか、そしてソ連の世界戦略をどう評価するかについての相違があった。

＊３　**中間地帯論**　中国とソ連を含む社会主義陣営が、アメリカを頂点とする帝国主義陣営と敵対し、その間に反帝闘争の同盟者にしてゆくべき中間地帯の国々が存在するという世界観。アジア、アフリカ、ラテンアメリカを第一中間地帯、西欧、大洋州、カナダなどの資本主義諸国を第二中間地帯としている。毛沢東が一九六三年頃に提示した。

＊４　**三つの世界論**　米ソ両超大国を第一世界、アジア、アフリカ、ラテンアメリカなどの反帝・反覇権主義勢力を第三世界、それと連合し得る発展した国々を第二世界とみなす世界観。ソ連を頂点とする社会主義陣営の存在を否定し、ソ連の覇権主義に対抗して中国を第三世界のリーダーと位置づける論理。

❖中国の対米接近とベトナムへの圧力

中国は一九六九年秋頃から西側陣営への接近外交に転じた。北京指導部はアメリカと歩み寄り、世界の反帝・民族解放運動を積極的に支援する姿勢を放棄した。社会主義陣営の分裂と中国外交の転換は、インドシナの米軍を安全に撤退させるという課題を背負って登場したニクソン政権の利益と一致していた。ハノイは、北京「反動主義者」が無原則に帝国主義者と妥協し、これと結託したことを非難した。中国の対米接近は、ジュネーヴ会議に次いでベトナム革命勢力に対する二度目の裏切り行為となった。

北京指導部は、それまで抗米戦争の長期化を期待し、政治的解決を全面的に否定して、徹底抗戦を主張していた。しかし、アメリカと歩み寄った後は和平交渉を支持する態度に転じた。中国はパリ交渉の過程で米越の仲介役となり、ワシントン政府の意図や、その脅しの言葉までをもベトナム側に伝えた。それによって、アメリカに有利な問題解決方法を押しつけ、ハノイと解放勢力側に譲歩の圧力をかけたのであった。一九七一年一一月の中越間の会談で、北京側は、サイゴン政府の打倒には長期間を要するので、南ベトナムからの米軍の撤退を先に解決すべきだと主張した。ハノイ側はこれを、米軍撤退と南部解放の問題とを切り離し、南北統一を妨害するものと解釈した。

一九七二年のニクソン大統領の訪中後、米軍は南ベトナムの解放勢力に激しい攻撃を加え、さらにＢ52戦略爆撃機でハノイを空襲し、ハイフォン港を機雷封鎖した。ハノイ指導部はこれを、中国が和平交渉を妨害するためにアメリカの爆撃を承認した結果だと非難した。

中国は一九七二年までの数年間に、ホーチミン・ルート上での道路建設と輸送を支援すると約束していた。ホーチミン・ルートは、北ベトナムからラオス、カンボジアを経由して南ベトナムに至るインドシナ三国の軍事上の要路であった。中国はここに、車両と運転手、さらに約二〇万の兵士を派遣することを約束した。北ベトナム側は、ホーチミン・ルートを支配してアメリカとの交渉の武器にするのが中国の狙いと見て、その申し出を受けなかった。

さらに、中国は軍隊を用いて直接ベトナムの領土主権を侵害した。ベトナム人民軍の元将校の証言によれば、一九七〇年以降、多くの人民解放軍部隊が中越国境地域に駐屯し、そこを監視下に置いた。一九七三年からは国境地域で挑発的な行動に出たり、ベトナムの領土をたびたび侵犯した。一九七四年には一七九回もの侵犯行為があったという。一九七四年初めには、中国軍は当時南ベトナムの占領下にあった南シナ海群島を占領した。一月に空軍の護衛を受けた一一隻の艦船が海南島を出発し、南沙群島を攻略したのである。ハノイは中越間の海上国境問題を話し合うことを北京に提案し、一九七四年八月から一一月にかけて両国間で協議が行なわれたが、成果は上がらなかった。

パリ和平協定が締結され、米軍がインドシナから撤退した後は、北京指導部はベトナム革命勢力による南ベトナム完全解放を妨害しようとした。協定締結から五ヵ月後の一九七三年六月に行なわれた中越首脳会談では、毛沢東はレ・ズアンに対し、南ベトナムでの戦闘を停止するように勧告した。停戦の期間は「半年でも、一年でも、一年半でも、二年でも」長いほどよい、と毛は主張した。そして、向こう五年間は一九七三年と同額の援助を継続すると約束したが、実際にはその時点で軍事援助は完全に停止されていた。ハノイ側の史料では、サイゴン政権が崩壊する前の数日間に、北京指導部は南ベトナムの軍部を味方に引き入れようと企て、ズオン・ヴァン・ミン大統領にも歩み寄ったとされている［Nha xuat ban Su That：68］。

四　中越の決裂とカンボジア問題

❖中越関係の決裂

抗米戦争の終結以前から、中越間の革命路線の相違は、援助問題、領土問題、ベトナム在住華人の処遇問題など、あらゆる面で両国の確執を招くようになっていた。ハノイ指導部としては、南部の完全解放と国家統一が達成されるまでは、中ソ双方の援助が必要だった。したがって、両大国に対して等距離の姿勢をとり、表立って中国を非難することは抑えていた。しかし、北ベトナムにとって既に中国は背後の大きな脅威となっており、これに対抗するにはベトナム人民軍が武力で南部を制圧し、ハノイ政府の権力下に統一ベトナム国家を形成するしか道はなかった。

抗米戦争が終結し、南北統一が実現した後も、ハノイ指導部は戦時中からの世界革命戦略論を変更しなかった。つまり、社会主義陣営と帝国主義陣営の平和共存の枠組を維持して世界戦争を回避しながら、同時にアジア、アフリカ、ラテンアメリカの各地で帝国主義勢力と個別に闘争し、これを徐々に弱体化させる、という革命的攻勢戦略論である。そして、抗米戦争の全面的な勝利で自説の正しさが証明されたと考えた。つまり、局地戦争がエスカレートしたにもかかわらず、ベトナムの民族解放戦争が世界戦争につながらなかったこと、さらにアメリカが弱体化したため、帝国主義陣営に対して社会主義陣営がいっそう優位に立ったと認識するようになったのである。戦後のハノイ指導部は、さらに自信を持って戦略的攻勢を主張するようになった。

ベトナム労働党中央委員の中に、毛沢東思想を支持し、階級闘争を重視する党員は、少なくとも一九七六年一二月の第四回党大会まではかなりいたと見られている。しかし、同大会では、初代中国大使であったホアン・ヴァン・ホアン政治局員（一九七九年に中国に亡命）をはじめ、中国と関係が深く、毛沢東思想の信奉者と見られる中央委員や中央委員候補がその地位を追われた。

中国側は、ハノイ指導部がこの大会で毛沢東思想を退け、ソ連と協同する権力構造を確立したと解釈した。そして、ソ連の「大国覇権主義」「全世界的覇権主義」に従うベトナムを、インドシナ地域における「小覇権主義」「地域的覇権主義」とみなした。自国の南方で、統一されて強くなったベトナムが、ソ連の影響下にインドシナを支配することは、中国にとっての脅威であった。一九七七年にはファム・ヴァン・ドン首相、ヴォー・グエン・ザップ国防相、レ・ズアン書記長らが訪中して関係の調整を試みたが、中国側の対応は冷淡だった。

❖中国主敵決議とベトナム軍のカンボジア侵攻

一方、カンボジアでは、中国が支援するクメール・ルージュのポル・ポト派が、一九七五年四月一七日にプノンペンを制圧した。そして、ベトナムでサイゴンが陥落した四月三〇日の直後から、クメール・ルージュの軍隊がベトナム領に攻撃をかけ始めた。ハノイ政府とクメール・ルージュは、国境問題を協議したが物別れに終わり、一九七七年前半からベトナムとカンボジアの国境地帯で武力衝突が繰り返されるようになった。同年一二月、ポル・ポト派の民主カンプチア政府は、ベトナムとの国交断絶を声明した。[*5]

民主カンプチアとの関係が悪化する中で、ハノイ指導部は一九七八年二月以降、同国を支援する中国を間接的に批判するようになった。ハノイから見れば、北京の裏切りは、一九五四年のジュネーヴ会議、七〇年代のニクソン政権との歩み寄りに続いて今回が三度目であった。

北京指導部は、ベトナムで華人住民が迫害されていると非難し、それを理由として一九七八年七月にベトナムへの経済・技術援助を完全に打ち切り、ベトナムに派遣していた中国人技術者を引き上げた。この月に開かれたベトナム共産党中央委員会総会は、中国を「当面の主敵」と決議した。そして、中国との対決を前提に、ベトナムは同年一一月にソ連と友好協力条約を締結した。統一直後のベトナムは、こうして国土の北側に中国、南西側に民主カンプチアという二方面の脅威を抱えることになった。

一九七八年の四月から九月頃まで、ベトナム軍は国境地域の民主カンプチア軍に圧力をかけ続けた。ベトナム国内では三度にわたって兵役召集が行なわれ、五月末には正規軍のほか民兵も動員された。南西部国境に集結した部隊は、民主カンプチア軍の兵力を上回る一三〜一四個師団、一〇万人に及んだ。ハノイ政府はカンボジア国民に向かって、ポル・ポト政権に抵抗して一斉蜂起するよう呼びかけた。そして、クメール・ルージュの迫害から逃れてベトナムにやってきたカンボジア人に武器と軍事訓練を提供し、ヘン・サムリンが指揮する「ＦＵＮＳＫ（カンプチア救国民族統一戦線）」を組織した。一九七八年一二月末、ＦＵＮＳＫを先頭に立てたベトナム人民軍が民主カンプチアに侵攻した。ハノイ政府は、後にこの時のことを次のように説明している。

「一九七八年一二月末、北京の指令を受けたポル・ポト一味は、一九個師団を用いてベトナム南西部に大規模な攻撃をかけた。ベトナムの人民と軍は自衛のために立ち上がり、その結果、ポル・ポト政権はＦＵＮＳＫ率いるカンボジア人民の革命運動の前に倒れた」

しかし、実際は民主カンプチア軍の抵抗はほとんどなかった。クメール・ルージュは壊走し、一九七九年一月八日にはプノンペンにＦＵＮＳＫ指導者を中心にカンプチア人民共和国政府が樹立された。

ハノイ政府が挙げたカンボジア侵攻の理由は、第一が、非人道的なポル・ポト政権に抵抗するカンボジア人民の要請に応じて国際的義務を果したというもの、第二が、ポル・ポト反革命集団によるベトナム侵略戦争に自衛反撃を行なったというものであった。しかし、ハノイ政府の現実的な目的は南部の防衛にあった。「解放」後の南部ベトナムはまだ政治的に不安定だったが、穀倉地帯メコンデルタを有し、経済復興のためにきわめて重要な地域であった。中国という大きな敵と、民主カンプチアという小さな敵に向き合ったベトナムは、この状況を早期に打開するために、まず南部を脅かす小

＊５　**カンプチア**　ここでは、当時の国名が「カンプチア」と表記されていた場合はそれに従い、時代にかかわらず政治単位や領域をさす場合は「カンボジア」と表記した。

チュオンサ（南沙）諸島に作られたベトナム人民軍の滑走路。（小高泰）

さな敵を排除したのだった。

　これに対し、北京政府は二〇日間の限定的なベトナム「懲罰攻撃」を計画した。一九七九年一月にワシントンを訪問した鄧小平は、カーター大統領らに計画をあらかじめ伝達した。二月一七日、人民解放軍六〇万の主力軍と、広州、武漢、昆明、成都の四大軍区に所属する三二の歩兵師団がベトナムの北部全省に進撃を開始した。ハノイ指導部の理解では、この攻撃の目的は、クメール・ルージュ勢力に中国が信頼し得る同盟者であることを証明し、同時に東南アジアでの中国の軍事的影響力を誇示することにあった。しかし、北京指導部の意図はむしろ、ソ連の世界革命戦略を担うベトナムの戦後復興と国力増大を妨害することだったろう。

　ハノイ政府は一九七九年三月三日に総動員令を発し、「全人民軍事化、全人民武装化」の全人民国防体制を敷いた。中越国境地域の軍事的緊張は長引き、この地域の生産機構は疲弊し、ベトナム人民軍は大

チュオンサ諸島を警備する人民軍兵士たち。（小高泰）

きな損失を被った。米軍に勝利し、戦後復興に向かうはずだったベトナムは、再び戦時体制に回帰することになる。中越が国交を正常化するのはそれから一二年後、カンボジア問題で和平協定が成立した後の一九九一年のことであった。

ベトナム革命の正しさを信じる人々は、ポル・ポト政権が残酷であればあるほど、それを倒したベトナムの正当性が証明されると考えるかも知れない。同政権が決して社会主義と呼べるような体制ではなく、その統治下で一〇〇万とも二〇〇万とも言われる国民を死に至らしめたことは、国際社会で広く認知されている。しかし、一九八〇年代の日本社会は、総じてインドシナの現実に無関心、あるいは冷淡だった。それが、当時のベトナム軍やポル・ポト派に対する一面的な評価にもつながっている。

社会主義陣営の分裂や革命路線の相違などが、抗米戦争後のインドシナ情勢の理解を困難にしていたのは確かである。しかし、各国のナショナリズムや国益という視点で見れば、問題はそれほど複雑ではない。中国がベトナム革命を支援する一方で、抗米戦争の早期終結や南北統一を望まなかったのも、ベトナムが自国と同じ革命政権の民主カンプチアに侵攻したのも、つまるところは自国の安全保障や国民経済建設のためであった。

一九八〇年代末以降、ソ連・東欧諸国の社会主義体制が崩壊した後、ベトナム共産党はその指導理念に「ホー・チ・ミン思想」を追加し、ホー・チ・ミンの共産主義者としての性格よりも、民族主義者としての性格を強調するようになった。将来も共産党支配体制を守ろうとすれば、ハノイ指導部はグローバルな階級闘争よりも、自国の国益に奉仕しなければならないだろう。ベトナムは一九九一年に中国と国交を正常化し、今では共産党支配を維持しつつ経済発展に成功した同国を再びモデルとみなし、「中国的特色のある社会主義」を賞賛している。

参考文献

朱建栄　二〇〇一年『毛沢東のベトナム戦争』東京大学出版会

ナヤン・チャンダ　一九九九年『ブラザー・エネミー』(友田錫・滝上広水訳) めこん

日本国際政治学会編　一九九〇年『国際政治　第九五号「中ソ関係と国際環境」』

古田元夫　一九九一年『歴史としてのベトナム戦争』大月書店

三尾忠志　一九七八年「中ソ対立下のインドシナの現状」『国際問題』一〇月号、日本国際問題研究所

――一九八〇年「ハノイにおける『力』の構造」『アジア』一〇月

――一九八一年「ヴィエトナム共産党の世界革命戦略と周辺諸国政策」『季報国際情勢』一月号、(社) 国際情勢

研究会
―――一九八二年「中越関係五〇年史」『季報国際情勢』一〇月号、（社）国際情勢研究会
―――一九八五年「統一後一〇年――ベトナムの新たな試練の道」『海外事情』七・八月、拓殖大学海外事情研究所

Bui Tin. 2003. “Nhung suy tu va uoc nguyen dau nam ve to quoc”. *Hiep Hoi*. 3-2003.

Haas. Michael 1991. *Genocide by proxy*. New York : Praeger.

Nguyen Anh Dung. 1986. *Quan doi Trung Quoc trong tay tap doan Mao*. Ha Noi. Nha xuat ban Quan doi Nhan dan.

Nguyen Ngoc Duc. 2002. “Su that ve quan he Viet Nam–Trung Quoc ?”. *Viet Nam Dan Chu*. 7-2002.

Nha xuat ban Su That. 1979. *Su that ve quan he Viet Nam–Trung Quoc trong 30 nam qua*. Ha Noi. Su that.

Porter. Gareth. 1993. *Vietnam : The politics of Bureaucratic Socialism*. New York : Cornell University Press.

Van Tao. 1980. “The differences between the Vietnamese and the Chinese revolution”. *Vietnam Courier*. 10-1980.

Vien Khoa hoc Xa hoi Viet Nam Vien Su hoc. 1990. *Viet Nam nhung su kien 1945-1986*. Ha Noi : Nha xuat ban Khoa hoc Xa hoi.

Vietnam Courier. 1980. *Beijin's Expansionism and Hegemonism*. Hanoi. Vietnam Courier.

第五章　国際共同体の一員として

中野亜里

自らが正義の側にあり、国際社会がベトナムを支持しているというベトナム革命指導部の信念は、抗米戦争後の外交政策にも少なからぬ影響を与えた。ハノイ政府は、講和条約締結後は通常の国交を回復するという国際社会の原則よりも、アメリカがベトナムに果たすべき道義を重視して、対米復交のチャンスを逃した。また、残虐なポル・ポト政権からカンボジア人民を解放するという自前の道理を通そうとして、国際社会で孤立することになった。

ドイモイ路線への転換後、ハノイ指導部はベトナムの側が国際的なルールに適応するよう努めた。アメリカとは「過去を払拭し、未来に向かう」というスローガンの下、国交正常化を実現した。しかし、「アメリカ主導のグローバル化」には強い警戒を抱いている。二〇〇三年三月の米軍のイラク攻撃に際し、ベトナムは国民を総動員した批判キャンペーンを展開したが、その底流には「アメリカ帝国主義の侵略戦争」という払拭しきれない過去が横たわっていた。

一　失われた対米正常化のチャンス

❖アメリカの道義的責任を追及

一九七三年の米軍撤退後、北ベトナムは武力で一気に南ベトナムを制圧し、サイゴン陥落後は南北の国家レベルの統一を急いだ。ハノイ指導部はその理由として、パリ和平協定締結後もアメリカが南ベトナムを従属国にしておくことを目論んでいたためと主張した。

しかし、ハノイ指導部は、戦争終結後は直ちにアメリカとの関係正常化に乗り出した。戦後復興のための援助を獲得することもその目的だったが、中国とソ連に対してバランスをとるという意図もあった。つまり、アメリカとの関係を改善することで、今やベトナムにとって最大の脅威となった中国に対抗し、同時にソ連に対する依存を減らすという意味である。中ソ対立のはざまで、ハノイ指導部は抗米戦争の終結以前から戦後のアメリカとの関係に期待をかけていた。

ニクソン大統領は、パリ協定調印後の一九七三年二月にファム・ヴァン・ドン首相に送った書簡で、アメリカはいかなる政治的条件も付けずに北ベトナムの戦後復興に貢献すること、五年間に三二億五〇〇〇万ドルを上限とする無償援助と、一五億ドル相当の商品援助を実施することを約束した。ベトナム側は、この約束が履行されることを条件に、アメリカとの完全な外交・経済関係の復活を期待していた。アメリカ側は思いもよらなかったが、このニクソン書簡に記された援助の合計約四七億ドルを、ハノイ政府は戦後経済計画の予算に組み込んでいた［ナヤン・チャンダ：二六六］。アメリカ帝国主義に勝利した自らの正義を信じるハノイ指導部は、アメリカの復興援助を道義的な義務とみなしていた。つまり、加害者による被害者への償い、あるいは負けるべくして負けた悪の側が、必然的に勝った正義の側に謝罪の証を示すという理解である。

サイゴン陥落後、一九七五年六月に開催された北ベトナムの国会は、アメリカ政府に対し、関係正常化の条件として、基本的な民族の諸権利を尊重し、南北ベトナムにおける戦争の傷跡を癒し、戦後復興に貢献する「義務を果たすことを要求する」と声明した。ファム・ヴァン・ドン首相は、アメリカにパリ協定の尊重を要求し、「悪辣な侵略戦争による傷跡を癒すことに貢献する義務」を実現しなければならない、と演説した［*Hoc Tap* so 6-1975］。同年一二月の共産党第四回大会は、「もしアメリカがベトナム敵視政策を放棄するならば」という条件つきで、関係正常化の用意があることを示した。ベトナム戦争を契機に、アメリカは東南アジアで弱い防衛的な立場に追いやられ、かたやベトナムは同地域の革命勢力の先頭にあると認識していたハノイ指導部は、国交正常化問題でワシントン政府が譲歩することを疑わなかった。

アメリカ側では、一九七五年一一月にキッシンジャー国務長官が、ＭＩＡ（行方不明戦士）問題を通してインドシナ諸国の新政権と関係を改善する意思を表明した。その後、パリの北ベトナム大使館で南北ベトナムの代表が米議員と会談し、同年一二月には戦死した米軍パイロットの遺体引き取りが行なわれた。一九七六年一一月からは、パリで米越両国の代表による関係正常化のための予備会談が開催された。

しかし、ベトナム側は戦争期のアメリカの犯罪を非難する態度を変えず、この会談の場でも、ベトナムの戦後復興を援助するアメリカの義務を主張して譲らなかった。また、アメリカの東南アジア政策を批判することもやめなかった。一九七五年一二月にフォード大統領が「新太平洋ドクトリン」を発表した際にも、ハノイはアメリカの「力への信頼」を非難し、このドクトリンを「アメリカ帝国主義者によるアジア・太平洋における侵略的、好戦的企図」と決めつけた。

一九七七年に発足したカーター政権は、中国に対して独立性を主張できる強力なベトナムはアメリカの国益とも一致すると考え、中国に対する緩衝としてのベトナムの戦略的位置を重視した。その結果、この年には両国間に関係改善の兆しが現れた。四月の非公式会談で、ベトナム側がそれまでの意見を改め、アメリカの直接援助および贈与が困難なことを認めたため、翌五月にはパリで両国代表者会談が実現した。アメリカ側はベトナムの国連加盟への支持を表明し、九月の国連総会でベトナム社会主義共和国は一四九番目の加盟国として承認された。

しかし、ハノイ側はアメリカによる戦後復興援助の条件に固執し、ワシントン側はMIAについての情報提供を関係正常化の条件としたため、両者の対話は平行線を辿った。一九七七年一二月の外務次官級会談で、ベトナムは国交正常化後にアメリカが包括的な援助を行なうことを非公式に約束するよう要求し、会談は物別れに終わった。一九七九年一月の米中国交樹立は、ハノイから見れば、それまでの米越間の合意を反故にするものだった。結局、後述のカンボジア問題の発生を契機に、パリにおける米越の国交正常化交渉は中断された。

❖「国際的義務」としてのカンボジア侵攻

ポル・ポト政権の民主カンプチアに侵攻する前、ベトナム政府は東南アジア諸国に向けて活発な訪問外交を展開し、この地域に対する中国「覇権主義・膨張主義」の脅威を訴えた。アメリカとの交渉では、一九七八年七月に経済復興援助などの要求を取り下げ、無条件で正常化問題を先に話し合うところまで譲歩した。

カンボジア問題に関して、ハノイ指導部には二つの点で見込み違いがあった。第一は当時のASEAN（東南アジア諸国連合）諸国（原加盟五ヵ国）の中国に対する警戒とベトナムに対する警戒の度合い、第二はその中国が支援する民主カンプチアをベトナムが攻撃した時のASEAN諸国の反応である。同諸国はベトナムがインドシナで支配力を拡大することを深刻に受け止め、一九七九年一月に臨時外相会議を召集してカンボジアからの外国軍の即時撤退を求める声明を出した。

侵攻直前の一二月半ば、日本を訪れたグエン・ズイ・チン外相は、ベトナムは「周辺諸国への浸透工作は行なわない」と述べ、途中立ち寄ったタイでも「ベトナムがその気になれば二四時間以内にプノンペンを奪取することもできるが、われわれはそうすることを望まない」とコメントしていた［*Bangkok Post*］。それだけに、諸外国がベトナムの二枚舌に強い不信感を抱いたのは当然であった。

国際社会の非難に対し、ベトナムは「カンボジア人民に対する国際的義務」という説明で対応した（三七四頁参照）。カンボジア人民の要請に沿って、ポル・ポト政権の圧制から彼らを解放したという主張は、やはり道義の面から政策決定を説明するものであり、ハノイは国際社会がそれを理解すると考えていた。ポル・ポト政権がいかに残虐でも、独立国である以上、その領土に侵攻するのは主権侵害である。しかし、東南アジアの革命の旗手を自認するベトナムとしては、国際法よりも、革命の同志であるカンボジア人民に対する「仁義」の方が正当な行動規範だった。

アメリカとの交渉は、グエン・コ・タック外相の説明によれば、国交正常化条約の調印一歩手前まで漕ぎつけていたというが、アメリカ側がカンボジア問題を条件に持ち出したために暗礁に乗り上げた。アメリカはベトナムを援助禁止対象国に指定していたが、カンボジア問題の発生後は、アメリカが出資する国際金融機関の対越援助も禁止し、禁輸措置も延長した。

日本はパリ和平協定が締結された一九七三年に、当時の北ベトナムと国交を樹立していた。しかし、カンボジア問題をきっかけに、一九七八年以降はベトナム向け円借款の凍結を決定した。ベトナム側は、「アメリカ帝国主義は人類の主要な敵」と誹謗し、「北京指導部の反動集団と結託したアメリカ帝国主義を筆頭とする帝国主義諸勢力の陰謀」を糾弾した〔*Nhan Dan* 19-7-1980〕。

現在、ベトナムの識者の間では、ベトナム軍がポル・ポト政権を倒したことは間違っていなかったが、一〇年もカンボジアに駐留したのは行き過ぎだったという評価が一般的である。しかし、カンボジア侵攻を決定した時にも、世界の人民がベトナムを支持しているという抗米戦争期からの信念が、誤算につながったと言えるだろう。国際社会の中での自分の位置を見誤ったことが、カンボジア問題による孤立を招き、アメリカとの関係正常化を遅らせる結果になった。

❖中ソ関係改善への抵抗

一九八〇年代に入ると中国とソ連の関係改善が進み、ソ連はベトナムに対しても中国との対話とカンボジア問題での譲歩を迫った。一九八一年九月、ソ連共産党のブレジネフ書記長は、クリミアでインドシナ三国の党首脳と個別に会談し、その意向を伝えた。アメリカをはじめとする資本主義諸国との経済関係が途絶え、ソ連圏からの援助を拠りどころとしていたベトナムとしては、ソ連の対中和解は裏切りと言っても過言ではなかった。この会談の後、インドシナ三国側の党指導部は、モスクワへの対応と今後の外交路線をめぐって動揺した［三尾　一九八八：一五六］。

このため、本来一九八一年末に予定されていたベトナム共産党第五回党大会は、翌年三月まで三ヵ月も延期された。大会でレ・ズアン書記長が読み上げた政治報告は、中国との関係について述べた部分で、ソ連と真っ向から対立する路線を示していた。モスクワからの圧力にもかかわらず、ハノイは北京指導部を批判する従来の立場を変更せず、ベトナムの頭越しに歩み寄る中ソ関係の流れに巻き込まれまいとしたのである。政治報告は、カンボジア問題とは「中国とアメリカのベトナムに対する敵対政策の産物である」と主張した。

レーガン政権のアメリカについて、ハノイ指導部は「チャイナ・カードを弄ぶレーガン政権と米中の結託」はアジアの安全と安定に対する脅威であると見ていた。第五回党大会では、アメリカ帝国主義者はベトナム戦争以来の全般的な衰退から逃れるために「中国政権内部の反動集団という新たな同盟者を見出した」とし、「帝国主義の頭目と中国膨張主義・覇権主義の結託」やアメリカの軍拡政策などを非難した。

ベトナムはその後もソ連から独立した対中・対米姿勢を貫いたが、その強硬姿勢が大きく変化したのは、ゴルバチョフ書記長の登場以後のことだった。一九八五年六月、レ・ズアン書記長はモスクワを訪問し、ソ連新書記長との間で中国と東南アジアについて意見を交換した。この時のソ越共同声明には、ベトナムとソ連が中国との関係を正常化することを肯定する文言が盛り込まれ、対中国政策でハノイがモスクワに全面的に同意したことが初めて示された［*Nhan Dan* 30-6-1985］。これは、ゴルバチョフ指導部がベトナムの社会主義建設と民族独立の闘争を全面的に支持し、あらゆる面での支援を確約した結果だった。以後ベトナムは、公式声明の中で「帝国主義」「覇権主義・膨張主義」を批判する際にアメリカと中国を名指ししなくなり、やがて「覇権主義・膨張主義」の字句も姿を消した。

一九八五年六月のソ越首脳会談の後、グエン・コ・タック外相は「アメリカとの関係正常化は、両国および東南アジアの平和と安定にとって有益である」と語った。しかし、関係正常化の条件を設定するのはベトナム側である、とも主張した［*Vietnam Courier, No.7-1985*］。抗米戦争期、革命勢力は常に戦闘の主導権を握り、敵を受動的な立場に立たせることを基本にしていた。それは外交面の闘争でも同様で、戦後の対米交渉にも作用していたことだろう。

ベトナムが主導権を握ることができるのはＭＩＡ問題だった。一九八五年八月の第一一回インドシナ三国外相会議は、ＭＩＡ問題に関するアメリカとラオスの協力を歓迎し、同問題解決のための米越首脳会議を開催するというベトナムの提案を支持した。翌一九八六年一月の第一二回会議声明は、ＭＩＡ問題でアメリカと協力する用意があるというカンボジアの意思も確認した。こうして、ベトナムはラオスとカンボジアを窓口として、人道的な問題からアメリカとの対話に道を開こうとした。

二　ドイモイ後のベトナム外交

❖「すべての国と友人に」

南部の急激な社会主義改造の失敗と、カンボジア問題に起因する国際的な孤立が原因で、一九七〇年代末から八〇年代前半にかけてのベトナムは未曾有の経済困難に陥った。政府は国家財政をソ連圏からの援助に頼り、国営企業は国庫からの補助金に頼って、採算を度外視した経営が常態化していた。これは、外国が提供する武器と物資で戦っていた時代から続いている構造であった。一九八一年にはこのシステムを改めるべく新経済政策が実施され、自立経済への模索が進められた。しかし、一九八五年以降の経済改革で行なわれた価格・賃金・通貨改革の試みが失敗し、一層の経済困難を招くことになった。

このような中から、南部を基盤とする実務的なグループが、メコンデルタにおける生産の拡大で実績を示し、党内で頭角を現した。一九八六年一二月の第六回党大会では、ホーチミン市（旧サイゴン）の党書記であったグエン・ヴァン・リンが書記長に選出され、あらゆる分野における「ドイモイ（刷新）」路線を打ち出した。大会はこれまでの性急な社会主義工業化を批判し、軽工業と農業部門の発展を重視し、国営・集団経営以外の非社会主義セクターを利用して生産力の拡大をはかる国家資本主義路線を採択した。

外交分野では、国内経済の発展に不可欠な平和的な国際環境の確立がめざされた。「三つの革命潮流」が帝国主義陣営に戦略的攻勢をかけるという抗米戦争期からの世界観は修正され、異なる政治体制の国々との平和共存を前提にした対外任務が策定された。リン書記長は一九八七年五月にモスクワを訪問し、ソ連のアジア政策を完全に支持する態度を表明した。同書記長はまた、中国・ＡＳＥＡＮ諸国との関係を改善し、諸問題を対話で解決する意思も明らかにした。この時の首脳会談で、中国をめぐるソ連とベトナムの立場はほぼ一致を見た。ゴルバチョフ書記長は、ベトナムがソ連の援助に依存した従来の経済関係を改め、世界市場システムに則した対等な交易関係をめざすよう求めた。

一九八八年五月、ハノイの党政治局は新たな外交路線についての「一三号決議」を採択し、「すべての国々と友人になる」新思考外交、いわゆるドイモイ外交へと大きく方向転換した。具体的には、まずカンボジア問題の政治解決を実現し、中国との敵対関係を解消すること、そしてアメリカや西側諸国と復交することであった。カンボジアに駐留していたベトナム軍は、当初の予定を一年切り上げて一九八九年九月に完全撤退した。中国との間では、一九九〇年九月に成都で両国首脳の秘密会談が行なわれ、関係正常化が協議された。カンボジア問題は、中ソ両大国や地域諸国の利害関係から切り離され、紛争当事者どうしの直接対話、関係諸国による国際会議を経て、一九九一年一〇月にパリ和平条約の調印に至った。

❖ソ連ブロック崩壊への対応

一方、一九八九年以降の社会主義圏では、中国の天安門事件、ソ連国内の民族運動、ポーランド

「連帯」内閣の成立、ハンガリーのナジ元首相の名誉回復など、体制を動揺させる事件が起こった。ハノイ指導部は当初、これらの政治変動を帝国主義陣営の陰謀によるものとみなした。一九八九年七月の党中央委員会総会で、グエン・ヴァン・リン書記長は「アメリカ帝国主義が、一部の社会主義国が資本主義『自由世界』の側に寝返るよう、同諸国の状況に介入している」と述べ、それが帝国主義者の『狼の腹の内』を十分に証明している」と強硬に非難した［*Nhan Dan.* 29-8-1989］。ポーランドで「連帯」のマゾヴィエツキ内閣が発足すると、ベトナム共産党機関紙『ニャンザン』は、これをアメリカ帝国主義の支援を受けた反革命クーデターと論評した［*Nhan Dan* 26-8-1989］。

しかし、このような強硬な姿勢には党内からも批判の声が上がった。さらに、東ドイツで社会主義統一党のホーネッカー議長が解任され、ベルリンの壁が崩壊するに至り、ベトナム指導部も認識を改めざるを得なくなった。党政治局は一九八九年一一月の会議でソ連・東欧情勢を再評価し、体制の危機を招いた主要な原因は同諸国の改革の遅れにあると認定した。翌月の国会では、ボー・チ・コン国家評議会議長が演説の中で、「社会主義建設はもはや共通の旧式なモデルに従うことは不可能」であり、「各国の共産党が、マルクス・レーニン主義の基本原則を（略）各国の現実に合わせて具体的に運用すること」が重要であると表明した［*Nhan Dan* 20-12-1989］。冷戦時代に社会主義陣営の最前線として米軍と戦った革命勢力としては、ここで社会主義を放棄するわけにはいかなかった。それは国民の多大な犠牲の意味を否定することになるからである。

一九八九年末から九〇年にかけて、ルーマニアのチャウシェスク政権が崩壊し、ソ連をはじめ東ドイツ、ブルガリア、ポーランドが次々と一党制を放棄し、民主化運動はモンゴルにも波及した。ベトナム指導部は、祖国防衛と社会主義建設、社会主義を志向するドイモイ路線を継続することを再確認したが、党内では様々な議論が噴出した。

一九九〇年三月の中央委員会総会は、「帝国主義勢力と反動勢力」が社会主義諸国の危機を利用して「和平演変」を企てている、というコミュニケを公表した［*Nhan Dan.* 29-3-1990］。和平演変とは、政治、経済、社会、文化などあらゆる分野から社会主義国家を侵食し、社会主義体制の変質を促し、最終的にその消滅を図る帝国主義・反動勢力の陰謀を指している（一〇三頁参照）。ハノイ指導部は、アメリカ帝国主義と亡命ベトナム人「反動分子」による和平演変を警戒し、一九七〇年代のカーター政権による人権外交もその一環と受け止めていた。

ベトナム共産党内部では、東欧の民主化を支持した政治局員が失脚したり、党幹部の中から国外に脱出する者が出るなど、若干の混乱はあったものの、ソ連・東欧諸国の政治変動は国内には波及しなかった。その後、ハノイ指導部は、ソ連・東欧諸国はマルクス・レーニン主義に忠実に改革を行なわず、政治改革を急いだために失敗した、という評価を固めた。一九九一年六月の第七回党大会は、党の指導理念としてマルクス・レーニン主義に「ホー・チ・ミン思想」を追加し、民族主義的色彩を強調した「社会主義志向市場経済」路線を確認した。ソ連でペレストロイカが始まる前から、ベトナムはドイモイの試みを進めていたこと、そしてその路線が一定の成果を上げていることが、ハノイ指導部の自信を支えていた。

❖米越国交正常化の実現

あらゆる分野のドイモイの中で、外交面のそれは最も成果があったと言えよう。第七回党大会は、前述の一九八八年の政治局決議で採択された全方位外交路線を再確認し、一九九二年七月の中央委員会総会は、「対外関係の多様化・多角化」の方針を打ち出した。多様化とは国際機関をも対象とした各分野の協力拡大、多角化とは政治体制にかかわらずあらゆる国々との関係改善をめざすものだった。

カンボジア問題の和平プロセスが進展し、国連監視下での総選挙の体制が整うにつれて、アメリカとベトナムの歩み寄りも加速した。一九九二年一一月、米議会はＧ・ブッシュ政権に対し、ベトナムへの経済制裁を緩和するよう勧告し、これに従って政府は一二月に経済制裁の部分的緩和を発表した。ベトナム側は、この決定以前からＭＩＡ・ＰＯＷ（行方不明戦士・捕虜）問題の早期解決の意思を表明していたが、米議会は関係正常化の条件として、ベトナム側がこの問題でさらに積極的な措置をとるよう求めた。アメリカ国内でベトナムとの復交に反対する声が依然として強いため、ブッシュ大統領は対越禁輸の全面解除は当面行なわず、またＩＭＦ（国際通貨基金）や世界銀行による対越融資への反対も、当分は撤回しない方針をとった。

アメリカが二の足を踏んでいる間に、ベトナムは他の国々との間で政治・経済関係を拡大していった。中国との間では、一九九一年一一月に国交正常化を達成した。日本は一九九二年一一月に、凍結していた総額四五五億円の円借款の再開を決定した。同月、日本とフランスが中心となって、ベトナムのＩＭＦに対する未返済債務約一億四〇〇〇万ドルを肩代わりすることが決まり、ＩＭＦによるベトナム支援再開に道が開かれた。翌一二月にはベトナムは韓国と外交関係を樹立し、同国との経済協力が拡大する条件が整った。ＡＳＥＡＮ加盟への動きも着実に進み、ベトナムは一九九三年七月のＡ

ＳＥＡＮ外相会議からオブザーバーとして参加し、一九九五年には正式加盟を果たした。

クリントン大統領が就任すると、ベトナム共産党のメディアは、アメリカ帝国主義の戦争犯罪は忘れないが、アメリカ人民のベトナム人民に対する団結と支援には常に感謝している、アメリカの指導者がまだ本当に善意を持っていないため関係正常化が遅れているが、クリントン政権が善意を示すよう希望する、と新政権への期待を表した。クリントン政府はＭＩＡ・ＰＯＷ問題などでベトナム側と実務的な協議を進め、一九九三年五月にはハノイにＭＩＡ情報事務所を設置した。同年七月、同政府はＩＭＦ・世銀・アジア開発銀行などの国際金融機関による対越融資を容認することを発表した。米上院は、一九九四年一月に対越経済制裁の即日全面解除を求める国務省案を可決し、二月三日、クリントン大統領は「ＭＩＡ問題の解決に最良の道」として経済制裁全面解除の決定を発表した。ベトナム外務省は、「ＭＩＡ問題は人道問題であり、いかなる政治問題にも結びつけないことを再確認する」とした上で、この決定を歓迎した。

対外開放を進めるベトナムは、新たな市場として諸外国の関心を集めるようになった。この流れに乗り遅れまいと、アメリカの財界も政府と議会に国交正常化の圧力をかけた。一九九六年の大統領選挙を控えていたクリントン大統領は、対越国交問題の決着をつけなければならなかった。一九九五年五月、大統領はＭＩＡの捜索状況を調査する特別使節団をベトナムに派遣し、使節団はベトナム側の積極的な協力を高く評価した。そして七月一一日、アメリカ政府はベトナムとの国交を正常化すると発表した。

アメリカ国内には、依然として在郷軍人やその家族などの反対の声もあったが、クリントン政権は財界の要求に押され、次期大統領選挙も視野に入れた上で、ベトナムとの国交樹立を決断した。ＭＩＡ問題へのベトナム側の貢献を認めるという形で、この問題を人道問題として政治交渉と切り離すハノイ側の立場も尊重した。八月、アメリカの国務長官としては初めてクリストファー長官がベトナムを訪問し、両国が一九九五年七月一二日をもって正式に外交関係を樹立したことを確認し、大使館の相互開設を定めた文書に調印した。米軍のベトナム撤退から二二年、抗米戦争終結から二〇年が経過していた。

両国は次に、通商協定についての交渉を進めた。これは、商品取引、知的所有権、サービス業、投資、経営者の権利、情報公開などについて両国が遵守すべき規則を成文化したものであった。一九九六年に始まった交渉は、五年の歳月を費やして二〇〇〇年七月にやっと調印に漕ぎ着けた。当時外務次官であったヴ・コアンは、交渉が長引いた理由として、両国の政治・社会制度の違いに加えて、過去の戦争が両国関係にしこりを残していたことを指摘した［Vu Khoan 2000］。党・政府指導部は、「過去を払拭し、未来に向かう」をスローガンに、かつての敵国との歩み寄りを実現したが、戦争の記憶を完全に拭い去ることは容易ではなかったようだ。

この条約は、本来一九九九年七月に調印される予定であったのが、「一部の条項がベトナムに不公平」という理由でハノイ側から調印が延期された。ド・ムオイ元書記長やヴォー・ヴァン・キエット首相らが、中国との関係に配慮するあまり調印に消極的だったためという説もある［Doan Hung 2000］。調印に先立ち、二〇〇〇年四月から七月の間にベトナム政府高官が相次いで中国を訪問し、米越関係に対する北京の警戒を和らげる工作も行なわれた。

米越通商協定はWTO（世界貿易機関）の基準に則っており、この協定成立でアメリカがベトナムのWTO加盟を後押しする条件が整った。協定が調印された時期、レ・カ・フィエウ書記長は、「ベトナムは中国の改革モデルに従う」と言明したが、その中国も二〇〇一年にWTOに加盟を果たした。ベトナムは対外経済活動において、ますます世界のスタンダードに合わせることを要求されるようになった。

三　アメリカ主導のグローバル化への警戒

❖「民主主義・自由・人権」問題

抗米戦争後の一九七〇年代後半、ベトナムはカーター政権の人権外交に対し、ベトナム戦争で失敗したアメリカが、「人権作戦」という新たな戦略で社会主義諸国に攻撃の矛先を向けたと非難した。レーガン、ブッシュ（父）の共和党政権に対しては、ソ連・東欧の体制崩壊の過程で人権外交の「危険な作用」を拡大させたと警戒した。クリントン政権に対しては、アメリカ的民主主義と資本主義的自由市場経済を世界に拡大することを目標としている、と批判した。

資本主義諸国との関係改善が進む中で、一九九二年一二月の国会は、「和平演変を警戒し」「敵の諸勢力のすべての陰謀と破壊行為を挫く」という国防・治安上の任務を盛り込んだ決議を採択した。対米関係正常化の過程で、特に軍部と内務省は、ワシントン政府を猜疑の目で見つめていた。内務省筋は、一九九二年の間に国外の敵が国内の敵の各勢力と結びつき、ベトナムを攻撃するために民主主義、自由、人権などの問題を煽り立てたと指摘した。当時人民軍政治総局長であったレ・カ・フィエウは、敵の各勢力が和平演変の陰謀を企て、内部からわが国を転覆させようとしている、と主張した［*Quan Doi Nhan Dan* 1-2-1993］。

こうした態度の背景には、対外開放政策で諸外国の人と情報が流入することへの不安と、MIA問題や、旧南ベトナム系の批判勢力・宗教集団に対するハノイ政府の弾圧を理由に、経済制裁の全面解除をしぶるアメリカへの苛立ちがあった。

対越禁輸は一九九四年初めに解除されたが、米上院は同年一月、政府の国際放送委員会の直属機関として、アジアの社会主義国を対象とした「自由アジア放送」の設立を決議した。ベトナム側はこれを、アジア諸国への内政干渉と批判した。経済制裁の解除後、ベトナム国内では思想的な引き締め策がとられ、特に南部に基盤を持つ宗教団体、少数民族、そして在外ベトナム人の動きが監視され、思想的な理由による逮捕や集会禁止などの措置もとられた。

帝国主義者と反動勢力の和平演変・体制転覆の陰謀に対する警戒は、アメリカとの国交正常化後も衰えず、むしろ思想・文化面の和平演変を警戒する傾向は強まった。ベトナムが世界市場に参入するにつれて、党や軍のメディアは「アメリカ主導のグローバル化」、情報技術を利用した「心理戦争」を批判するようになった。アメリカ企業の進出でベトナムの国営企業の利益が脅かされることさえも、和平演変の陰謀と解釈されることがあった。グローバル化の趨勢によって、一部の党員や人民が資本主義の価値観に毒され、政治的・道徳的資質や生活様式が衰退する「自演変」も問題となった。

一九九七年に、ハノイにほど近いタイビン省で、党官僚の腐敗に対する住民の抗議行動が暴動化した。その後に開かれた党中央委員会総会で、ド・ムオイ書記長は「わが国に対して敵の各勢力は和平演変を激化させており」「（わが国を）内部から衰退させ、侵食すべく攻撃している」と警告を発した［Do Muoi 1997］。

二〇〇〇年一一月、クリントン大統領は現役のアメリカ大統領として初めてベトナムを公式訪問した。ベトナム国民に向けたメッセージで、大統領は一層の対外開放と国際社会参入を促し、調査研究や移動、言論、思想、報道、選挙などにおける自由が拡大されなければならないと主張した。大統領はまた、ベトナムが発展のために民主的で自由な国になることを期待し、自由を選ぶならアメリカが味方になるという意向を伝えた。ハノイの学生の前で演説した時には、「アメリカの経験では、宗教の自由と思想の自由は決して社会発展の障害にはならず、逆に社会の安定と人類の進歩に大きく貢献した」と語った。しかし、ベトナム側はこの言葉を、「技術的な支障」を理由に通訳しなかった。

レ・カ・フィエウ書記長は、クリントン訪越にあたっての演説の中で、「帝国主義者の侵略戦争」に言及し、「平和的な方法で国土を統一できなかったため、われわれは解放戦争という手段を用いなければならなかった」と、戦争の責任をアメリカに帰し、「われわれの政治制度、われわれ民族の選択を尊重することを求める」と、同国の干渉を牽制した［Le Kha Phieu 2000］。

❖「内政干渉」への反発

二〇〇一年二月、共産党第九回党大会の直前に、テイグエンと呼ばれる中部高原地域で少数民族による暴動が発生した。テイグエンの少数民族は、ベトナム戦争期に米軍の支援を受けて「ＦＵＬＲＯ（被抑圧諸民族解放統一戦線）」（五五頁参照）を組織し、革命勢力に対抗した経緯がある。また、共産党傘下の宗教団体への統合に抵抗するプロテスタントの信徒も多く、暴動のきっかけも信徒の逮捕に対する抗議行動だった。事件はテイグエンの開発によって発生した土地問題、民族間の貧富の格差、宗教活動の問題など様々な要素が複雑に絡み合って爆発したものだった。

しかし、ベトナム当局は事件の一因として、アメリカに亡命したＦＵＬＲＯの残党が宗教・民族問題を利用し、国内の一部の「過激分子」「不満分子」や「思慮のない人々」を煽動して和平演変をはかったと説明した。事件に関わった少数民族の一部が国境を越えてカンボジア領に脱出し、アメリカ政府が彼らを難民として受け入れた時も、ベトナム側はこれをアメリカの内政干渉と非難した。

アメリカ下院議会は二〇〇一年九月に米越通商協定を批准したが、これと同時に「ベトナム人権法案」も採択した。法案はその第一部で、ベトナムには政治活動・言論・信仰の自由がなく、議会は政府に対して権限がなく、独立した政治団体・労働者団体・社会団体の結成は禁止され、労働者の権利が抑圧され、児童労働も行なわれていると評価していた。第二部では、ベトナムの自由と民主主義を促進するアメリカの方策として、人道援助以外の援助は、ベトナムの人権状況の改善に応じて増加すること、ベトナムの人権状況改善に貢献した個人や団体を大統領の権限で支援すること、国務長官は毎年ベトナムの人権状況について議会に報告を行なうこと、ベトナム向け「自由アジア放送」に追加予算を支給すること、などを規定していた。

ベトナムの党・政府は、この法案に対して全国民を動員した批判キャンペーンを展開した。法案採択後約一ヵ月の間に、ベトナム祖国戦線傘下の各大衆団体、職能団体が連日集会を開き、法案の撤回をアメリカ側に要求した。各団体の論調はすべて同じで、人権法案はベトナムの情勢を歪曲しており、露骨な内政干渉であるというものだった。団体によっては、この法案は抗米戦争期に「アメリカに雇われてベトナム人民に敵対した犯罪者と兵士を擁護する」ものと断定するものもあった。そして最後には、「そもそもアメリカこそがベトナムへの侵略戦争を引き起こし、多大な人権侵害を行なった責任者であり、そのような国に人権問題で他の主権国家に口を出し、自国の規範を押しつける資格はない」という主張に行き着くのだった［中野　二〇〇二年］。

在米ベトナム人組織が発行したホー・チ・ミンと共産党を告発するパンフレット。

ベトナム指導部は、戦後アメリカに逃れた旧南ベトナム系反動勢力の圧力が、このような人権関連の法制や政策を促したものと見た。米下院は二〇〇三年にもベトナムの人権に関する修正法案を採択したが、この時にベトナム側が再び組織した反対運動では、アメリカ当局が在外ベトナム人の反動組織と結託し、これに資金援助してベトナムの体制転覆を図っている、という論点が前面に出された。

過去の戦争におけるアメリカの犯罪と、現在のベトナム国内の人権弾圧は個別のイシューである。にもかかわらず、アメリカに反論する度に米軍や旧南ベトナム関係者の犯罪を持ち出す論調からは、過去を払拭していないのはハノイの方だという印象を免れない。

❖「世界のアメリカ化」への警戒

一九九一年末のソビエト連邦崩壊後、ポスト冷戦期の世界をどう見るかについて、ベトナム指導部の見解は定まらなかった。社会主義陣営は一時的な低迷期にあるだけで、世界は依然として資本主義から社会主義への過渡期にあるという論理は、今日でも維持されている。ただし、社会主義革命は世界中で同時に進行するのではなく、各国の国情に応じて個別に進むものとされ、社会主義の民族的契機が重視されるようになった。しかし、ベトナム的な社会主義とはどのようなもので、いつ実現するのかについては不明確で、政治エリートたちは現在も敢えて議論しようとしない。

二極体制の崩壊を認めてからは、ベトナム指導部はパックス・アメリカーナの到来を危ぶむようになった。党のメディアは、今やアメリカは唯一の超大国となり、自国が主導する一極世界秩序を構築しようとしている、しかし、現実にはEU、ロシア、中国、日本、インド、アラブ世界などがそれぞれセンターを形成しており、グローバルな多極化が進行している、という見方を示した。地域レベルの民族・宗教紛争はあっても、それは基本的に個々の国家の問題であり、平和共存、発展、協力が世界の趨勢になっているという。これは、ベトナム指導部が願望する世界の姿でもある。

一九九一年の湾岸戦争に対しては、ベトナム人労働者が中東地域に多く派遣されていたという事情もあり、ベトナム指導部は、この戦争はクウェート解放やイラク制裁のためだけではなく、中東におけるアメリカの支配権確立が目的だと批判した。特に軍部は、抗米戦争の歴史と比較して「ベトナム戦争の経験から形成されたのがニクソン・ドクトリンならば、湾岸戦争から形成されたのがブッシュ・ドクトリンである」「G・ブッシュ政権は、ベトナム・シンドロームから脱却して世界の覇者となる野望を抱いている」と強い反発を示した［Tran Trong 1991］。

アメリカとの国交正常化後、国際市場への参入が拡大すると、ベトナム指導部はグローバル化を世界の客観的趨勢と認める一方、現在のグローバル化はアメリカ的価値を世界に押しつける「アメリカ化」の過程であるとし、アメリカの支配力が強いWTO、IMF、世銀や多国籍企業が支配する「資本主義的グローバル化」に否定的な見解を示した。ベトナムとしては、グローバル経済への参画で、外国の資本や技術、経営のノウハウを吸収するチャンスが開ける一方、外国の思想・文化が流入し、現体制の秩序を揺さぶる不安も大きい。クリントン政権のイラクに対する経済封鎖や爆撃、NATO軍による旧ユーゴスラビア攻撃に、ベトナム指導部はアメリカが「グローバルな覇者」「世界の覇主」となる野望を抱いているという警戒感を強くした。

二〇〇一年九月一一日にアメリカで同時多発テロが起こると、ベトナム指導部は、アメリカが標的にされたのは、世界一の強国として傲慢になり、諸外国に内政干渉する権利があると自認していたためだ、と厳しく評価した。そして、テロでアメリカ社会は大きな衝撃を受けたが、G・W・ブッシュ政権にとって「九・一一」は新世界秩序を構築するチャンスにもなった、という見方をとった。

米・英軍のアフガニスタン攻撃が行なわれると、ベトナム指導部は、同国が反テロ戦略の最初の標的にされたのは、この地域の戦略的な重要性に加えて、アフガニスタンが「数十年に及ぶ戦乱で破壊された小国であり、遅れた農業国であり、世界の最貧国の一つ」だったからだ、と断定した。反米的国家の中でも、内戦で疲弊し、武力攻撃に対して脆弱で、アメリカが確実に勝利できる対象として選ばれたという見方は、アフガニスタンにかつてのベトナムの姿を重ねているようだ。

二〇〇三年三月に始まったイラク戦争に対しても、ベトナム人権法案反対キャンペーンの時と同様、上から動員された反対デモが行なわれた。参加者には一人一日あたり一万ドン（約七三円）の手当てが支給されたという話もあるが、ベトナムはサダム・フセイン政権時代からイラクと友好関係にあり、同国への親近感は強かった。メディアは連日、米軍と同盟国軍によるイラク攻撃と占領を「主権を持つ独立国への侵略」と非難した。フセイン政権については、イラク人民によって選ばれた正統な政府であり、サダム・フセイン大統領には人民の堅固な支持がある、と、その立場を擁護した。

アフガニスタンとイラクへの攻撃は、民族国家への侵略、大義なき戦争、近代兵器による大量殺戮、そして虐殺と人道援助とがセットになった戦争という意味で、抗米戦争の記憶と重なるものだった。ベトナム指導部は、ブッシュ・ドクトリンを「脅威が現実になる前に攻撃して殲滅する」戦略であり、「テロとの闘い」「民主主義・人権・自由」の名目で各国の主権を侵害し、干渉戦争をしかけ、反米的政権を倒し、「世界のアメリカ化」を目論むものと非難した。

各国でイラク反戦運動が盛り上がると、ベトナム指導部でも、抗米戦争期にあったような情勢認識が復活した。つまり、イラク戦争を中東地域だけの問題ではなく、「好戦的勢力」と「平和愛好勢力」のグローバルな対立とする捉え方である。より具体的に、「アメリカ・イギリス政府の好戦的勢力」

と「世界の革命勢力、各独立国、民主・進歩的平和運動、各民族人民」の闘争と述べる論者もあり、かつての「三つの革命潮流」論（三六頁参照）からの連続性が認められる。

アメリカのイラク攻撃にフランス、ドイツ、ロシア、中国などが反対したことについては、各国の国益のためだけではなく、世界人民の平和・反戦の願望の表れであるという解釈が施された。そして、この戦争を契機に、「抗米戦争期にベトナム人民を支援したものよりも、さらに大きな反戦人民戦線が形成」され、アメリカの覇権主義、一極世界秩序に対して反覇権・多極化の闘争が激化している、という情勢認識が成立した。

このように、アメリカ帝国主義という共通の敵に、各階層の人民を包摂した統一戦線で対抗するという抗米戦争期の理念が、ここへ来て再び勢いを得ている。これは、共産主義勢力だけでく、様々な立場の人々が抵抗戦争に貢献した歴史を肯定することでもある。

ベトナム革命勢力は、民族自決権という国際社会の共通理解、いわば世界の常識を実現するために長期にわたる抵抗戦争を展開した。しかし、まさにその戦争のために、国民国家間の行動規範や国際市場のルールに馴染んでこなかった。そして、外交上の原則や国際法よりも自らが信じる道理を優先し、それを諸外国が理解するものと考えていた。

その世間知らずなベトナムに対して、民主主義や市場経済で世界の規範に合わせるよう要求してきたのがアメリカだった。しかし、そのアメリカはテロとの戦いで単独行動主義に走り、イラクでかつてのベトナムを彷彿させる泥沼に落ち込んだ。ここに至って、ベトナムはアメリカが自らの道理を世界に押しつけることを戒め、ワシントン政府に向かって民族自決権の尊重という世界の常識を説くようになっている。

参考文献

中野亜里　一九九一年「ソ連・東欧諸国の政治変動とベトナム共産党の社会主義建設路線」『現代アジアと国際関係』慶應通信

――　一九九五年「ヴェトナムの〔全方位外交〕と人権論の発展」『アジア研究』第四二巻第一号、一九九五年一二月

――　二〇〇一年「社会運動――一元的統治と多様な国民の共生――」『現代アジアの統治と共生』慶應義塾大学出版

ナヤン・チャンダ　一九九九年『ブラザー・エネミー』（友田錫・滝上広水訳）めこん

三尾忠志　一九七九年『ヴィエトナム共産党第五回大会の分析』日本外務省

三尾忠志編　一九八八年『インドシナをめぐる国際関係』日本国際問題研究所

Dang Cong san Viet Nam. 1982. *Van kien Dai hoi Dai bieu Toan quoc lan thu V*. Ha Noi. Nha xuat ban Su That.

———. 1987. *Van kien Dai hoi Dai bieu Toan quoc lan thu VI*. Ha Noi. Nha xuat ban Su That.

———. 1991. *Van kien Dai hoi Dai bieu Toan quoc lan thu VII*. Ha Noi. Nha xuat ban Su That.

Do Muoi. 1997. “Tang cuong xay dung nha nuoc va doi ngu can bo vung manh, thuc hien thang loi su nghiep cong nghiep hoa. hien dai hoa dat nuoc”. *Tap Chi Cong San*. so 7-1997.

Doan Hung. 2000. “Nhung van de xoay quanh hiep uoc mau dich Viet-My”. *Viet Nam Dan Chu*. so 47. 8-2000.

Le Kha Phieu. 2000. “Qua khu la goc re, la nen tan, la suc manh cua hien tai va tuong lai”. *Tap Chi Cong San*. so 23. 12-2000.

Trang Trong. 1991. “Cuoc chien trang vung vinh va su ra doi cua <hoc thuyet Bu-so>”. *Quoc Phong Toan Dan*. so 6-1991.

Nguyen Giao Hien. 1976. “Dong Nam A sau Viet Nam”. *Hoc Tap*. so 2-1976.

Vu Khoan. 2000. “Hiep dinh thuong mai Viet Nam-Hoa Ky”. *Tap Chi Cong San*. 8-2000.

Bangkok Post. 13. Dec. 1978.

Hiep Hoi. so 12-2000.

Hoc tap. so 6-1975.

Nhan Dan. 19-7-1980. 30-6-1985. 26-8-1989. 29-8-1989. 29-7-1989. 20-12-1989. 29-3-1990. 26-12-1992. 30-12-1992. 19-11-2000.

Quan Doi Nhan Dan. 1-2-1993.

Tap Chi Cong San. so 11-1977. so 13. 7-1997.

Than Huu. so 35-2000.

Vietnam Courier. No. 7-1985.

あとがき

中野亜里

ホー・チ・ミンが残した有名な言葉に、「独立と自由ほど尊いものはない」というものがある。確かに、抗米・抗仏戦争はベトナム国家の独立と自由（民族自決権）を獲得するための戦いだった。少なくとも戦争の初期には、国家の独立・自由は個人の独立・自由と一体化していただろう。外国の支配から民族を解放することは、そのまま個々のベトナム人が解放されることにもつながっていたはずである。

しかし、近代国家の軍隊を相手に抵抗戦争を遂行するためには、統一的な政治権力が強力に人民を動員する必要があった。長期にわたる民族解放闘争の過程で、ベトナム労働党（現共産党）という単一の政党に権力が集中するようになり、党が闘争の主導権を握るようになった。党は国家の独立と統一という至上価値のために、生命の犠牲と窮乏生活に耐えることを人々に要求した。報道や文学さえも、この至上価値に奉仕する役割を負わされ、個人の言論、思想、表現の自由は制限された。

帝国主義者との戦いに勝利したという自信が災いして、ハノイの党・政府指導部は過去に誤りがあってもそれを認めようとしなかった。党の指導は常に正しいものとされ、南北統一後は経済活動はもちろんジャーナリズムや宗教、文芸などもその統一的な指導下に置かれた。真の自由と独立を求める人々にとって、それは「新たな監獄」(七八頁参照)状況の始まりだった。こうして国家全体の利益と個人の利益は乖離し、対立するようになっていった。国家は個人に対して抑圧的な存在となり、貧しく弱い人々ほど国家権力の重圧に苦しむようになった。

戦争期にはすべての人々が何らかの形で動員され、人間本来の心情をおし殺して、勝利という全体の利益に貢献しなければならなかった。抗米戦争後の社会主義計画経済の時代には、国家が丸抱えで人民の生活を保障していたにもかかわらず、人々は物質的な欠乏と精神的圧迫に耐えなければならなかった。中央集権的な政治機構がいったん内外政策の舵取りを誤るや、国家はたちまち国際的な孤立と経済的困窮に陥り、人々の生活は極限にまで追いつめられた。ドイモイ路線は、窮迫した民生の改善を求める下からの切実な要求によって生まれたものだった。

経済面のドイモイは、個人の生産活動の自由と独立性を認めるものだった。しかし、所有と経営が自由化した現在、競争から疎外された貧困層はますます国家から見捨てられ、国際NGOの支援を受けざるを得ない状態である。

経済が自由化される一方で、政治的な多元化、政治イデオロギーの多様性は否定されている。共産主義勢力と共に抗仏・抗米闘争に参加した多様な政治勢力は排除され、共産党以外の政党は存在を認められない。党・政府は市民の自発的な運動や独立的な組織を警戒し、公的イデオロギーと異なる見解を表明する人々を敵視している。そのような体制の中で、自由な思考の知識人やジャーナリスト、芸術家、外国のNGOスタッフらは、それぞれの闘いを続けなければならない。

これらの闘いが、日本人の目に触れる機会は決して多くない。サイゴン「解放」を歓迎した日本人も、情報の制約があったとはいえ、その後のベトナムの問題にあまり関心を払わなかった。そして、一足飛びにドイモイの目に見える成果だけを賞賛しているようである。戦争からドイモイに至るそれぞれの時代に、諸外国に注目されることもなく、陰で苦しんできた人々の実情をもっと知る努力が必要だろう。

戦争期からベトナムを撮り続けてきたある日本人の写真家は、最近のベトナム人を見て「かわいくない」という感想を漏らしている。おそらく、民族解放のために闘った健気でひたむきな人々の姿を期待して裏切られるからだろう。上は党官僚から下は貧困層の人々まで、大部分のベトナム人は今や、まず自分と家族が少しでも良い生活をすることを欲している。戦争や窮乏時代など早く忘れたいのは、どの国の人間でも同じだろう。忘れたい嫌な時代のことを日本人が掘り返し、こだわりの枠に当てはめてベトナムを見ようとしているのではないだろうか。

ベトナム戦争を取材していた別のジャーナリストは、南北統一後の状況を見て「騙された」と失望し、以後ベトナムのことにはいっさい口を閉ざすようになったという。しかし、ホー・チ・ミンらは外国人の期待を満たすために革命を行なったのではなく、誰も日本人を騙してなどいない。日本人が自分で作り上げた英雄的なベトナム像を信じ、実情がそれに合わないと失望しているだけではないか。

本書の「はじめに」でも述べた二つの神話――社会主義国という神話と、ベトナム（民族解放を成し遂げた国）という神話――を信じ、心情的にベトナムにあまりにも近く寄り添い過ぎた日本人ほど、対象との間に適切な距離を保てず、視野がぼやけて焦点が結べないかも知れない。

そして、戦争を忘れて個人の利益追求にいそしむベトナム人に失望し、ラオスやカンボジアにより純朴な人々の姿を求めたり、ラテンアメリカの一部の国々に革命後の理想社会を期待する傾向もあるようだ。しかし、勝手な幻想を抱き、幻滅したらさっさと見放すのでは、相手を主体性のある人格と見ていないことになる。

ベトナム人はアメリカ帝国主義だけの犠牲者ではなく、米ソ冷戦や中ソ対立という大国間のパワーゲームの犠牲者だった。そして、多くの人々にとっては、外部の侵略者との戦いのみならず、同じ民族による強権支配もまた巨大な暴力だった。過酷な時代をかいくぐってきた人々なら誰でも、政治的立場にかかわらず、自分と家族が安心して豊かに生きられる世の中を渇望しているはずだ。実情を知らない外国人が一方的に「連帯」の手を差し伸べても、「暖かい眼差し」を注いでも、大部分のベトナム人には何の関係もない、与り知らぬことだろう。

外国人がベトナム人を同情や哀れみの目で見る限り、ベトナム人は被害者、犠牲者、弱者であり続けなければならない。戦争の傷跡や貧しさを売り物にして、外国援助に頼る精神構造が生まれるのも当然だろう。それでは独立国家として諸外国と対等につき合うこともできない。

ベトナムに長く住んでいる日本人たちは、きわめて醒めた目でこの国を見つめている。ハノイで一〇年以上学究生活をしているある歴史家は、「ベトナムの指導部は、本当は近代化や発展などしたくないんじゃないか」「彼らは、外国援助なんて、バナナか椰子の実のように、黙っていても落ちて来るものだと思っている」と語っている。ホーチミン市に数年間住んでいるある実業家は、「この国には社会主義も革命も存在しない。ベトナム人にとって日本人はカモに過ぎない」と割り切っている。いずれも突き放した言い方だが、それでもこの国に愛着を持ち、等身大のベトナム人を見つめている人々もいる。

ベトナム戦争は世界を揺るがすほどの大きな出来事だったが、本書で言及されているのは、戦争期とその後の時代にあったことのほんの一部に過ぎない。ベトナムを訪れて各所で人々の話を聞くと、秘められた歴史のタブーがまだまだ多いことに驚かされる。それらの事実が公開され、研究されるまでには長い年月を要するだろう。旧南ベトナム（サイゴン政権）側の視点から歴史が検証される必要もある。今のところ、公正な立場で客観的な情報に基づいてそれができるベトナム人は少ない。国内在住者の場合、南ベトナム国家について中立的な視点で語ることさえ、身の危険につながりかねない。ベトナム人が自国の歴史を自由に研究し、安全にその成果を公表できる時代が早く来るよう祈りたいものである。

本書では、ベトナム革命の負の側面を多く取り上げた。しかし、抗米戦争が終結してから、人間で言えば一世代にあたる三〇年という時が経過している。ベトナム戦争がより多元的な視角から見直され、多様な解釈が行なわれてもよいのではないだろうか。執筆者一同、本書がベトナム現代史研究の進歩に僅かでも貢献することを願ってやまない。最後に、本書のために貴重な情報を提供していただいた方々と、株式会社めこんに心からの感謝を捧げる。

年表

一八八七年　フランス領インドシナ連邦成立
一九一〇年代　ファン・ボイ・チャウ、ファン・チュー・チンなどによる民族運動
一九一九年六月　第一次世界大戦のヴェルサイユ講和会議にグエン・アイ・クォック（後のホー・チ・ミン）が「安南人民の要求」を提出
一九二〇年代　トン・ドゥック・タンらがサイゴンで労働運動。「ベトナム国民党」「ベトナム希望党」「大越維民」「ベトナム革命同盟会」、トロツキスト・グループなどが活動
一九二八年　ホー・チ・ミン、タイ領内に入りベトナム人を組織化
一九三〇年　二月　ホー・チ・ミンを中心に「ベトナム共産党」結成（香港）
一〇月　ベトナム共産党、「インドシナ共産党」に改組
一九三五年　三月　インドシナ共産党第一回大会（マカオ）

一九四〇年　九月　日本軍、北部仏印に進駐。日仏二重支配へ
一九四一年　一月　ホー・チ・ミン帰国
　　　　　　二月　ホー・チ・ミンら「ベトナム救国軍」結成
　　　　　　五月　共産党中央委員会、「ベトナム独立同盟（ベトミン）」結成
　　　　　　　　　アメリカ、ベトミンに軍事援助
　　　　　　七月　日本軍、南部仏印に進駐
　　　　　一二月　太平洋戦争始まる
一九四三年　　　　共産党、「ベトナム文化綱領」を作成
一九四四年　三月　共産党、「文化救国会」を組織
　　　　　一二月　救国軍の中から「ベトナム解放軍宣伝隊」結成、ベトミンの軍事組織に
一九四五年　三月　日本軍、仏印軍を武装解除（仏印処理）、直接軍政へ。日本軍の擁護下にバオ・ダイ帝が対仏独
　　　　　　　　　立宣言
　　　　　　四月　親日のチャン・チョン・キム政権成立
　　　　　　六月　救国軍、北部山岳地帯を解放
　　　　　　八月　共産党全国大会で対日一斉蜂起を決定
　　　　　　　　　日本の無条件降伏後、ベトミンがタンチャオにおける国民大会で「ベトナム民主共和国」臨時政

府を樹立、ホー・チ・ミンを大統領に選出
バオ・ダイ帝退位
九月 ハノイで「ベトナム民主共和国」独立宣言
北緯一六度線以北に中国国民党軍、以南にイギリス軍が進駐
イギリスの支援でフランス軍がサイゴンを再占領

一九四六年 一月 ベトナム民主共和国総選挙
二月 北部接収に関する中仏協定
三月 ベトナム民主共和国新政府発足
フランス軍ハノイに進駐
五月 「ベトナム国民連合会（リエンベト）」結成、ベトミンと並行して活動
六月 フランス、南部に「コーチシナ自治共和国」樹立
七月 フォンテンブローにおけるフランスとベトナム民主共和国の会談決裂
一一月 ベトナム民主共和国憲法制定
一二月 抗仏戦争（第一次インドシナ戦争）始まる

一九四八年 一月 インドシナ共産党拡大中央会議、自らをソ連が指導する社会主義陣営の一員、「三つの革命潮流」の東南アジアにおける最前線と認定
七月 ベトバック（北部山岳地帯）の解放区で第二回全国文化会議開催

一九四九年 三月 バオ・ダイとオリオール仏大統領の間でエリゼ協定締結

六月　エリゼ協定にもとづきフランス連合の「ベトナム国」発足。元首バオ・ダイ
七月　ラオス、フランス連合内の独立国に
一〇月　中華人民共和国成立
一一月　カンボジア、フランス連合内の独立国に
一二月　ホー・チ・ミン、モスクワ訪問。スターリン、毛沢東と会談
トルーマン米大統領、アジアにおける共産主義の拡大阻止を決定

一九五〇年　一月　中国とソ連が「ベトナム民主共和国」を承認
二月　アメリカとイギリスが「ベトナム国」を承認
五月　アメリカ、インドシナのフランス軍への援助開始
六月　朝鮮戦争始まる
八月　アメリカ、サイゴンにMAAG（軍事援助顧問団）設置
一一月　リエンベト、クメール・イサラク、ラオ・イサラによる「インドシナ統一戦線」結成

一九五一年　二月　インドシナ共産党第二回大会、ベトナム労働党・ラオス人民革命党・カンボジア人民革命党への分離を決定
三月　ベトミンとリエンベトを統合、「ベトナム民族連合戦線（リエンベト戦線）」成立
九月　日本、サンフランシスコ講和条約・日米安全保障条約に調印

一九五三年　五月　仏、「ナバール計画」にもとづきベトナム国軍を強化
一二月　ベトナム民主共和国国会「土地改革法」採択

〈ベトナム民主共和国、一九五四～五六年の土地改革で数千～一万数千人の地主を処刑〉

一九五四年　四月　ジュネーヴで停戦会議開始
五月　ディエンビエンフーのフランス軍要塞陥落
七月　ジュネーヴ停戦協定調印。北緯一七度線を暫定軍事境界線とする兵力引き離し、二年後の南北統一選挙を規定
八月　グエン・フー・トらによる「サイゴン・チョロン平和運動」開始
九月　労働党政治局会議、南部ベトナムでの政治闘争推進を決定

一九五五年　三月　南部でベトナム国政府に反対する各勢力が「民族統一戦線」を結成
九月　北部でリエンベト戦線を改組し「ベトナム祖国戦線」設立
一〇月　南部でバオ・ダイの「ベトナム国」に代わりゴ・ディン・ジェムを大統領とする「ベトナム共和国」発足

一九五六年　二月　カンボジアでシアヌーク首相が中立宣言
ソ連共産党第二〇回党大会で「スターリン批判」。中ソ論争へ
五月　ジェム政権、統一選挙を拒否
サイゴンで平和的統一を求める20万人デモ
六月　労働党政治局会議、南部での限定的な武装闘争を承認
七月　ジュネーヴ協定の統一選挙期限終了。北ベトナム（ベトナム民主共和国）と南ベトナム（ベトナ

ム共和国）の分断固定化

八月　労働党中央委、土地改革の行き過ぎを認めチュオン・チン第一書記を解任

一二月　北ベトナムで新聞『ニャンヴァン』、文芸誌『ザイファム』の発禁処分。以後、言論統制強化

ラオス国会、フランス連合からの離脱決議

〈北部ではこの時期までに農業の集団化（合作社への統合）が進められる。南部ではジェム政府に反対する運動が高揚、それに対する政府の過酷な弾圧が行なわれる〉

一九五七年一一月　ラオスで連合政府樹立

一九五八年　六月　中部高原で少数民族の自治を求める「バジャラカ」運動始まる

一九五九年　一月　労働党中央委、南部における武装闘争を承認

五月　ホーチミン・ルートの建設開始

日本、南ベトナムと賠償協定に調印

七月　ラオス国内でパテート・ラーオの攻勢開始

一二月　北ベトナム新憲法採択

一九六〇年　一月　日米新安保条約・地位協定締結

五月　周恩来、北ベトナム訪問。中越間会談で中国側が南ベトナムでの武装闘争に反対

八月　ラオスでコン・レによるクーデター

九月　ラオスで中立派のプーマ内閣成立
労働党第三回党大会、レ・ズアンを第一書記に選出、北部の社会主義革命と南部の民族解放革命の同時推進を決議
一〇月　革命勢力、中部高原自治運動を組織
一一月〜ホー・チ・ミン訪ソ、訪中
一二月　ラオスで右派ノサバン・ブンウム内閣成立
テイニン省で「南ベトナム解放民族戦線」結成

一九六一年　一月　労働党政治局会議、南部での政治・軍事両方面の闘争を決議
二月　南ベトナム人民解放軍発足
五月　ラオス内戦の停戦成立
ケネディ、特殊部隊・MAAGの増派と北ベトナムへの秘密作戦開始を命令
六月　ラオスで左派・右派・中立派の連合政府樹立合意
一〇月　労働党、「南ベトナム中央局」設置

一九六二年　一月　労働党の南部支部として「人民革命党」設立
解放戦線第一回全国大会、政治・軍事・外交における闘争を決定
二月　アメリカ、南ベトナムにMACV（軍事援助司令部）設置。「ステイリー・テイラー計画（解放戦線平定計画）」実施
解放戦線第一回大会、グエン・フー・ト議長選出
五月　アメリカ、タイに軍事援助司令部を設置

七月　ラオスに関するジュネーブ協定調印、ラオスの中立化を規定
八月　解放戦線の一四項目声明公表、南ベトナム・カンボジア・ラオスによる中立地帯構想表明

一九六三年　一月　アプバックの戦いで解放戦線が南ベトナム軍に勝利
中国軍の北ベトナム支援についての秘密合意成立
三月　南ベトナムで仏教徒による反政府運動が激化
四月　ラオス内戦激化
一一月　南ベトナムで軍がクーデター、ゴ・ディン・ジェム兄弟を殺害
アメリカでケネディ大統領暗殺、ジョンソン大統領就任
一二月　労働党中央委、ソ連の「現代修正主義」を批判、中国の人民戦争論を支持

一九六四年　一月　解放戦線第二回大会、フィン・タン・ファット書記長選出
南ベトナムでグエン・カインらがクーデター
八月　トンキン湾事件発生、米軍が北ベトナムに報復爆撃
米議会「トンキン湾決議」で大統領にベトナム戦争に関する全権を委任
九月　中部高原でFULRO（被抑圧諸民族解放統一戦線）結成
一二月　解放戦線、「平和を守る委員会」を結成、広範な市民層を吸収
北ベトナム人民軍の南ベトナム派兵決定

一九六五年　一月　ビンザーの戦いで南ベトナム軍精鋭部隊が敗走
二月　解放戦線がプレイクの米軍基地を攻撃

北ベトナム爆撃「ローリング・サンダー」作戦開始
三月　米海兵隊がダナンに上陸。北爆恒常化。「戦争のアメリカ化」へ
解放戦線中央委、五項目声明
四月　北ベトナム政府、四項目声明で南ベトナムの自決権を主張
日本で「ベトナムに平和を!市民連合（べ平連）」結成
五月　中国で文化大革命始まる
五〜六月　ホー・チ・ミン中国訪問、毛沢東と会談
六月　中国人民解放軍の北ベトナム派遣、後方支援開始
南ベトナムでグエン・ヴァン・ティウらのクーデター
一一月　イアドラン渓谷で北ベトナム軍と米軍が戦闘
〈アメリカ国内でベトナム反戦運動高揚〉

一九六六年　二月　中越首脳会談で中国側が自国主導の「世界人民戦線」の設立を主張
四月　米戦略爆撃機B52のタイ空軍基地利用開始
六月　ジョンソン大統領、北爆の拡大と無条件和平交渉の開始を主張
七月　ホー・チ・ミン、徹底抗戦と国民総動員を宣言

一九六七年　一月　労働党中央委、政治・軍事・外交の三面闘争の路線決議
六月　解放戦線、カンボジア代表部を設置
七月　タイ軍の南ベトナム派兵開始

八月　南ベトナム大統領選挙でティウ大統領、グエン・カオ・キー副大統領選出
一〇月　佐藤首相、南ベトナム訪問
ベトナム反戦国際行動

一九六八年　一月　解放勢力によるテト攻勢（第一波攻勢）開始
三月　ソンミ村での米兵による住民虐殺事件
ジョンソン大統領、北爆の部分的停止と大統領選挙不出馬を表明
四月　南ベトナムで「ベトナム民族民主平和勢力連合」結成
五月　解放勢力の第二波攻勢
パリでアメリカと北ベトナムの第一回会談
八月〜解放勢力の第三波攻勢
一〇月　ジョンソン大統領、北爆の全面停止を発表

一九六九年　一月　パリでアメリカ・北ベトナム・南ベトナム・解放戦線による第一回拡大会談
六月　解放戦線・民族民主平和勢力連合を中心に「南ベトナム共和国臨時革命政府」樹立
東京でベ平連などによる七万人の共同行動
七月　米軍撤退開始。「ニクソン・ドクトリン」発表
八月　アメリカと北ベトナムの秘密交渉開始
九月　ホー・チ・ミン死去
一二月　ジョンソン大統領、「戦争のベトナム化」計画提示

一九七〇年

〈この頃から中越間で内外路線の相違が表面化。中国、北ベトナムへの援助削減開始〉

三月　カンボジアでロン・ノル将軍のクーデター、シアヌーク元首解任

四月　米軍と南ベトナム政府軍、革命勢力掃討のためカンボジア領内に進攻

五月　シアヌーク、北京で「カンボジア王国民族連合政府」樹立

六月　日米安保条約自動延長

一九七一年

一月　米軍機によるラオス南部爆撃

二月　革命勢力による九号道路作戦。南ベトナム政府軍、ホーチミン・ルート攻撃のためラオス領内に進攻

七月　キッシンジャー大統領補佐官、中国を秘密訪問

一一月　中越間会談で中国側が南ベトナム政府打倒より米軍撤退を優先するよう主張

一九七二年

二月　ニクソン大統領訪中

三月　革命勢力による春季大攻勢開始

五月　米軍、北爆を再開

米日間で沖縄返還協定調印

一一月　キッシンジャーとレ・ドゥック・トによる秘密会談開始

一二月　米軍による「クリスマス爆撃」

一九七三年

一月　パリ和平協定調印

三月　米軍完全撤退
二月　ラオス内戦の和平協定調印
ニクソン大統領、北ベトナム首相ファム・ヴァン・ドン宛書簡で復興援助を約束
六月　毛沢東、北ベトナムに南ベトナムでの戦闘を中止するよう勧告
九月　日本、北ベトナムと国交樹立
一〇月　労働党政治局、軍事闘争戦略の見直し
タイで学生革命、民主政権成立へ

一九七四年　一月　中国軍、南シナ海の南沙群島を一時占領
カンボジアで革命勢力が攻勢強化
八月〜中国・北ベトナム間の海上国境問題討議、妥結せず
一二月　労働党政治局、二年以内の全南ベトナム解放を決議

一九七五年　三月　解放勢力、中部高原のブオンマトゥオット（バンメトート）攻撃。労働党政治局、雨季入り前の南部解放を決定。フエ、ダナン陥落
四月　一七日カンボジアでクメール・ルージュのポル・ポト派がプノンペン制圧
三〇日サイゴン陥落。南ベトナムのズオン・ヴァン・ミン大統領が降伏を表明、抗米戦争終結
七月　労働党中央委、南北統一と南部の社会主義化を急ぐ決定
八月　ラオスでパテート・ラーオがビエンチャン制圧、革命政権樹立
一一月　南北統一政治協商会議開催（ダラット）
キッシンジャー国務長官、対越関係改善の意思表明

一二月　パテート・ラーオによる「ラオス人民民主共和国」樹立
　　　　米兵の遺骨引取り開始

一九七六年　四月　カンボジアでポル・ポト派による「民主カンプチア」政府樹立
　　　　南北ベトナム統一選挙
　　七月　統一国会で「ベトナム社会主義共和国」成立
　　八月　タイ・ベトナム国交樹立
　　九月　ベトナム、ＩＭＦ（国際通貨基金）・ＷＢ（世界銀行）・ＡＤＢ（アジア開発銀行）に加盟
　　一〇月　タイでクーデター、民主化勢力がタイ共産党に合流
　　一一月　パリで米越関係正常化の予備会談開始
　　一二月　労働党第四回大会、党名を「ベトナム共産党」に改称。親中国派の党幹部が失脚

一九七七年　一月　民族統一戦線大会開催、南ベトナム解放民族戦線と民族民主平和勢力連合はベトナム祖国戦線に吸収される
　　五月　パリで米越国交正常化交渉開始
　　七月　ベトナム・ラオス友好協力条約締結
　　九月　ベトナム、国連に加盟
　　　　民主カンプチア軍によるベトナム国境地帯攻撃
　　一一月　レ・ズアン書記長訪中、中越間の見解不一致
　　一二月　米越外務次官級会談決裂
　　　　ベトナム、民主カンプチアと国交断絶

〈南部の急激な社会主義改造、旧南ベトナム政府関係者への弾圧などによる難民（ボート・ピープル）の大量脱出続く〉

一九七八年　四月〜中国との関係悪化により中国系住民が大量脱出。中国、ベトナムの「中国系住民迫害」を非難

六月　ベトナム、COMECON（経済相互援助会議）に加盟

七月　中国、ベトナムへの援助全面停止と技術者引き上げを通告

党中央委、中国を「当面の主敵」と決議

一〇月　カーター大統領、対越国交正常化の棚上げを決定

一一月　ソ連・ベトナム友好協力条約締結

一二月　ハノイで亡命カンボジア人による「FUNSK（カンプチア救国民族統一戦線）」結成。議長ヘン・サムリン

ベトナム人民軍、FUNSKと共に民主カンプチアに侵攻

一九七九年　一月　米中国交正常化

プノンペンでヘン・サムリンらの「人民革命評議会」により「カンプチア人民共和国」成立

ASEAN臨時外相会議、カンボジアからのベトナム軍即時撤退を要求

二月　中国、ベトナムに「懲罰」攻撃（中越戦争）

ベトナム・カンプチア人民共和国友好協力条約締結

三月　国民総動員発令

九月　党中央委、「二つの戦略的任務（社会主義建設と祖国防衛）」を採択、新経済政策決定

一九八〇年　一月　日本、対越経済援助凍結
　　　　　一二月　第四回党大会の路線にもとづく新憲法採択
一九八一年　一月　党書記局、農産物請負制と余剰生産物の自由販売を認める指示
　　　　　九月　クリミアでソ連とインドシナ三国首脳の秘密会談。ソ連から三国に対中国関係改善の意思伝達
一九八二年　三月　共産党第五回大会、ベトナムは社会主義への過渡期の最初の段階と再規定
　　　　　六月　カンボジアの反越三派（ポル・ポト派、シアヌーク派、ソン・サン派）による「民主カンプチア連合政府」樹立
一九八三年　二月　インドシナ三国首脳会議、カンボジア駐留ベトナム軍の逐年部分撤退を宣言
　　　　　三月　ＭＩＡ（行方不明戦士）捜索問題協議のため米政府調査団が訪越
一九八四年　七月　チュオン・チン元書記長、党中央委総会で急激な社会主義化を批判
一九八五年　二月　ハノイでＭＩＡ問題に関する第一回米越専門家会議開催
　　　　　六月　党中央委、価格・賃金・通貨改革を決定
　　　　　　　　レ・ズアン書記長訪ソ、ソ連の対中国関係改善への支持を表明
　　　　　一〇月　ゴルバチョフ・ソ連書記長、「ペレストロイカ」路線発表

一九八六年　五月　カンボジア駐留ベトナム軍の部分撤退
　　　　　　七月　レ・ズアン書記長死去。チュオン・チンが代行書記長に就任
　　　　　一二月　共産党第六回大会、「ドイモイ」路線公表。グエン・ヴァン・リン書記長選出
一九八七年　五月　党政治局、大幅な軍縮を決議
　　　　　　　　　リン書記長訪ソ、ソ連のアジア政策への支持を表明
　　　　　一〇月　リン書記長と文芸家との対話集会
　　　　　一一月　党政治局、「文芸は政治に奉仕する」という従来の方針の修正を決定
一九八八年　一月　「土地法」「新外国投資法」公布
　　　　　　三月　南沙群島をめぐり中国とベトナムが軍事衝突
　　　　　　四月　党政治局、農業生産における家族請負制を認める決議
　　　　　　五月　党政治局、全方位外交路線への転換を決議
　　　　　　七月　タイのチャチャイ首相発言「インドシナを戦場から市場へ」
一九八九年　三月　党中央委、配給制度の廃止を決定
　　　　　　五月　ゴルバチョフ書記長訪中、中ソ関係正常化
　　　　　　六月　北京で天安門事件発生
　　　　　　七月　党中央委、東欧の民主化運動を「帝国主義の陰謀」と批判
　　　　　　九月　カンボジア駐留ベトナム軍完全撤退
　　　　　一〇月　中越首脳会談、関係改善を協議

一二月　党政治局、東欧情勢を再評価、社会主義体制崩壊は改革の遅れが原因と認定
一九九〇年　三月　党中央委、一党体制維持を確認
九月　リン書記長、中国を秘密訪問
一九九一年　一月　「私営企業法」「株式会社法」公布
湾岸戦争始まる
六月　共産党第七回大会、「社会主義への過渡期の国家建設綱領」「二〇〇〇年までの経済安定・発展戦略」などを採択
一〇月　カンボジア問題パリ和平協定調印
一一月　中国と国交正常化
一二月　ソ連崩壊
一九九二年　四月　第七回党大会の路線にもとづく新憲法採択
七月　党中央委、「対外関係の多様化・多角化」決定
ベトナム、ＡＳＥＡＮのオブザーバーとなる
一一月　日本、対越円借款再開
一二月　ベトナム、韓国と国交樹立
一九九三年　一月　党政治局、八七年一一月の文芸に関する決議を「右傾化」として訂正
五月　カンボジア、国連監視下で総選挙

ハノイにMIA情報事務所設置
フエで仏教徒による騒乱事件
七月　「新土地法」採択
アメリカ、国際金融機関の対越融資を認めることを発表
九月　「カンボジア王国」成立
一〇月　IMF、WB、対越融資再開
一九九四年　一月　共産党中間期大会、二〇二〇年までに工業国になる目標設定
アメリカ、アジアの社会主義国向けの「自由アジア放送」局設立
二月　アメリカが対越経済制裁解除
七月　党中央委、「国土の工業化・近代化」決議
ベトナム、ARF（ASEAN地域フォーラム）に参加
一九九五年　七月　米越国交正常化
ベトナム、ASEANに正式加盟
一九九六年　一月　AFTA（ASEAN自由貿易地域）計画に参加
六月　共産党第八回大会、中間期大会の路線を再確認、「社会主義的民主主義」の確立を決議
一二月　WTO（世界貿易機関）にオブザーバー参加

一九九七年　五月　タイビン省で党官僚の腐敗に抗議する農民による暴動
六月　党中央委、村落レベルでの民主化と党員の資質向上を決議
一二月　党中央委、レ・カ・フィェウ書記長を選出
〈全国諸省で党・行政当局に対する抗議行動が頻発〉
一九九八年　四月　ポル・ポト死去
一一月　APEC（アジア太平洋経済協力）正式加盟
一二月　ハノイでASEAN首脳会議開催
一九九九年　二月　党中央委緊急総会、党建設・整党運動と党員の批判・自己批判運動の実施を決定
一二月　中越陸上国境協定調印
二〇〇〇年　一月　「新会社法」施行
七月　米越通商協定締結
一一月　クリントン大統領訪越
一二月　中越間のトンキン湾領海協定調印
二〇〇一年　二月　中部高原で少数民族の暴動
共産党第九回大会、全民大団結路線を採択。ノン・ドゥック・マイン書記長選出
七月　ハノイでASEAN外相会議開催

九月　アメリカで同時多発テロ
一〇月　ベトナム、米軍のアフガニスタン攻撃を非難

二〇〇二年

一月　中部高原からカンボジアに脱出した少数民族難民の処遇に関して国連・ベトナム・カンボジア三者合意
三月　カンボジアの少数民族難民キャンプにベトナム人が押し入り、国連は合意の破棄を発表
二月　党中央委、思想・理論の引き締めを決定
五月　ロシア軍、カムラン湾から撤退完了

二〇〇三年

一月　党中央委、少数民族・宗教・土地問題に関する決定
三月　米軍のイラク攻撃を非難
六月　カンボジアと国連がポル・ポト派裁判に関する最終合意文書に調印
一一月　ファム・ヴァン・チャ国防相が訪米、軍事協力を協議
米軍艦船がベトナム戦争以来初めてサイゴン港に入港

二〇〇四年

一月　元南ベトナム副大統領グエン・カオ・キーがアメリカから一時帰国
三月　党政治局、在外ベトナム人への接近路線を決議
四月　中部高原で再び少数民族の暴動
六月　国会常務委員会、「信仰・宗教に関する法令」採択
七月　政府、在外ベトナム人政策の行動計画公布
党中央委、「進歩的で民族色あるベトナム文化の建設と発展」決議

八月　国営企業の株式化を進める首相決定
一〇月　ハノイでＡＳＥＭ（アジア・ヨーロッパ会議）首脳会議開催
一一月「国家安全保障法」採択
二〇〇五年　一月　党中央委、二〇一〇年までに低開発状態から脱却する目標設定
二月　首相指示でプロテスタントの活動に対する管理強化
六月　ファン・ヴァン・カイ首相訪米。米越首脳会談

ら行・わ行

は行

ま行

た行

な行

■地名

あ行

か行

さ行

わ行

や行

ら行

ま行

な行

は行

た行

さ行

か行

■事項

あ行

ら・わ行

ま行

な行

は行

さ行

た行

索引

■人名

あ行

か行

【執筆者】

中野亜里（なかの　あり）　早稲田大学、國學院大學、城西大学、城西国際大学、慶應外国語学校非常勤講師。現代ベトナムの政治と外交を研究。

グエン・ミン・トゥアン　東京外国語大学、亜細亜大学非常勤講師。1997～2000年ベトナム祖国戦線機関紙『ダイドアンケット（大団結）』政治・経済部長。1994～99年ハノイ市人民評議会員。

船坂葉子（ふなさか　ようこ）　日本語教師。元NGOベトナム駐在スタッフ。ホーチミン在住。

高橋佳代子（たかはし　かよこ）　特定非営利活動法人トッカビ子ども会スタッフ。元NGOベトナム駐在スタッフ。

小高　泰（おだか　たい）（社）国際情勢研究会研究員、大東文化大学非常勤講師。1992～93年ハノイ総合大学歴史学部留学、ベトナム国防省軍事史研究所特別講義受講。1994～96年在ベトナム日本国大使館専門調査員。

森　絵里咲（もり　えりさ）東京財団研究員。ベトナム現代文学専攻。

渡部恵子（わたなべ　けいこ）　読売新聞英字新聞部記者。1997～2000年読売新聞ハノイ特派員。

水野孝昭（みずの　たかあき）　朝日新聞ニューヨーク支局長。1992～94年ハノイ特派員。1996～99年ワシントン特派員。

鈴木　真（すずき　まこと）　ジャーナリスト。元日本経済新聞編集委員。1989～95年日本経済新聞シンガポール、バンコク、ハノイ各特派員。バンコク在住。

ベトナム戦争の「戦後」

初版第1刷発行 2005年 9月25日
第2刷発行 2005年12月19日

定価3500円＋税

編者　中野亜里
装丁　菊地信義
発行者　桑原晨
発行　株式会社めこん
〒113－0033 東京都文京区本郷3－7－1
電話 03－3815－1688　FAX 03－3815－1810
ホームページ http://www.mekong-publishing.com
印刷　モリモト印刷株式会社
製本　三水舎
ISBN4－8396－0184－4　C0030　￥3500E
0030－0505184－8347

ベトナム革命の素顔

タイン・ティン　中川明子訳

定価三五〇〇円+税

『ニャンザン』（ベトナム共産党機関紙）元副編集長による決死の告発書。ホー・チ・ミンの失敗、土地改革の誤り、知識人の弾圧など、隠蔽されたベトナム現代史の諸事実を明らかにし、特権的党官僚を弾劾する。

ブラザー・エネミー　サイゴン陥落後のインドシナ

ナヤン・チャンダ　友田錫・滝上広水訳

定価四五〇〇円+税

ベトナムはなぜカンボジアに侵攻したのか？　中国はなぜポル・ポトを支援したのか？　綿密な取材と卓越した洞察力で最大級の賛辞を得たノンフィクション。著者は『ファー・イースタン・エコノミック・レビュー』の編集長。

カンボジア　僕の戦場日記

後藤勝

定価二五〇〇円+税

一九九七年、フン・セン派とラナリット派の対立にポル・ポト派残党がからみ、カンボジア全土は内戦状態となった。砲弾の行き交う最前線で恐怖に震えながら、兵士たちの極限の表情を撮った迫真のフォトレポート。

ラオスは戦場だった

竹内正右

定価二五〇〇円+税

一九七五年の革命を境にラオスはどのように変わったのか。衝撃的なスクープ写真を中心に再構成したラオス現代史。著者は一九七三年から八三年まで、激動するラオスを最後まで撮り続けた、ただひとりのフォトジャーナリスト。